JN062733

文献調査法

－調査・レポート・論文作成必携－

（情報リテラシー読本）

第 10 版

毛 利 和 弘 著

DBジャパン

文献調査法

－調査・レポート・論文作成必携－
（情報リテラシー読本）

大　目　次

1

はじめに

　情報を上手に探すことは、情報化社会に生きる者にとって欠かすことができない重要な問題である。「情報を制する者社会を制する」という言葉があるが、実際は多くの人が原始的な方法によって必要な情報を探しているのが実情である。そして、このこと自体に多くの人は気が付いていないと思う。

　情報や資料の探し方といえば、最近はインターネット情報の方を優先してしまっている人が多い。たしかにそれは便利であるが、やみくもに探している感がある。また、インターネットの"自由に誰でも情報を発信してもいい"という特質から、そこに掲載されている情報は不正確なものがありゴミ情報も多い。商業用(有料)データベースも随分充実してきたが、商業ベースに乗るという条件があるため、その種類は限定されやすい。また、収録の範囲もコンピューター化の時代(1800年代半ば)に連動しているので、特定期間に限定されやすい。そして、個人的にもまだまだ相当な利用料・検索料がかかるのが実情である。最近では、図書館においてオンラインデータベースを団体契約し、図書館利用者に無償提供するところも増えてきている。しかし、調査法全体からみるとまだまだ不十分である。

　本書では、紙媒体のものやオンラインデータベースのような電子媒体のものを含み（ハイブリッド版）、図書については、ジェネラル分野から主題別図書の調査法までを紹介し、次に、雑誌記事や論文、新聞記事調査法、人名調査法など、調査・レポート・論文作成に必要不可欠な文献調査法のあり方を示す。この学習によって情報の大海に必要な航海術ともいえる体系的・組織的な調査法を習得されることを心から祈念する。

　日本では、こうした文献調査法を、ほとんど誰からも教わることがないまま高校や大学を卒業している人が多い。したがって、大学での卒論作成やレポート作成、また企業人における立案・企画や調査レポート作成時の文献調査の場合など、ほとんどの人が文献の上手な調べ方を知らないまま、やみくもに文献収集を行い、場合によってはとてつもない時間を要している。文献を調べるには文献を調べるための道具（ツール）があり、その道具の利用によって、1週間かかるところが1時間で済んだりする。時間はコストである。その意味で、こうした体系的・組織的調査法を学ぶことは、時間という大きな財産を得るチャンスでもある。

　例えば、犬小屋を作るのに、大抵の人はノコギリやカナヅチといった道具を使う。ところが、石器時代のように、石でできたナイフを使って犬小屋を作るとしたらどのくらいの時間と手間を要するであろうか。今日の情報化社会における情報探索で、多くの人は、まさにこの石器時代的手法によって行っているように思える。

　文献情報の流れは、大きくは3種に分けることができる。特に、社会科学分野においては顕著であり、まず新聞記事にある出来事が載り、間もなく雑誌記事になる。次いで本の形態にまとめられるのが普通である。レポートなどを本だけで書く学生は結構多いが、社会を相手にした社会科学では本はすでに歴史資料ともいえよう。とするならば、良いレポート作成のためには、この3種の文献情報の流れを押さえておく必要がある。これをどう料理するかによって、出来栄えが左右されるといっても過言ではない。

　今日は、便利な時代になった反面忙しい時代でもあり、いかにゆとりの時間を生み出し、その時間を人生に意義あるように使っていくかが重要である。「時は金なり」というが、時間は金のように取り戻すことができない。その意味で、時は金以上のものである。これからの時代は、精神文化の時代だ。近年に見る精神世界への関心の高まりは、その一つの現象だと考えられるが、忙しい時代であるからこそ精神を大切にしなければならない。時間を有効に活用し、浮いた時間を自己の人生にとって最大限有効に使い、学習・研究を含め意義ある人

生にする必要がある。なんでもよい。心に湧き出る喜びをより多くした者が、結果的に幸福者であると思う。その意味で、図書館の上手な利用や情報収集の敏速化が、大いに役立つものと信じている。情報化社会や生涯学習社会にあっては、情報の探し方——すなわち文献調査法は、誰もが、生きるために必要不可欠なものである。

　これまで、この領域は図書館学の範囲にとどまっていたが、今やそのような枠を超えた現代の国民的課題であるといえよう。この書が、そのような意味において広く利用されれば、この上ない喜びである。学生の自学自習用として、また図書館においては参考業務（調査相談係、レファレンス係）の文献調査の手引きとして、また、集団を対象に利用指導する場合の基本テキストとして、また調査員に利用されれば大変ありがたいと思っている。

　なお、本書には、全般的な基本文献も取り上げているが、主題の傾向は人文・社会科学系に力点を置いているので、自然科学分野においては、他の参考文献をご覧いただきたい。

　今回の版では、動きが早いインターネット上の情報源ツールの差し替え・追加なども行うとともに、最新の主要レファレンスツールの追加も行った。しかし、陳腐化の激しい時代であることから、使用にあたり新情報があれば、随時ケアしてもらいたい。巻末の索引語は、本書の解説に関係する部分までとし、文献リスト類の分については除いてあるので留意してほしい。

　本文中に、「アルファータイム」を要所に配したのは、自学自習者が楽しみながら独学できる工夫をするとともに、図書館に関わる周辺知識を自然に吸収できるようにしたものである。活用願えれば幸いである。

令和 5 年 5 月 27 日記

ランガナタン 『 図書館学の五法則 』

1．図書は利用するためのものである
2．いずれの人にもすべて、その人の図書を
3．いずれの図書にもすべて、その読者を
4．図書館利用者の時間を節約せよ
5．図書館は成長する有機体である

（初版 1933　2 版 1957）

　文献調査法の指導が、図書館サービスの展開において重要なことは、上記に示したランガナタンの『図書館学の五法則』の一つである 4 の法則、すなわち「図書館利用者の時間を節約せよ」に理論的な根拠を求めることができる。今日のような時代を想定していたわけではないと思うが、ランガナタンの卓越した理論に敬意を表したいと思う。

本書の使い方

　本書は、①資料収集の調査に必要な文献目録や索引（**書誌類**）などに関するもの、②書誌類などを使うのに必要となる人名調査法に関するもの、③事項調査（事実調査ともいわれる→例：大阪万博はいつ開催されたか?）に関するもの、に大きく分けられ、それぞれに必要なレファレンスツール（調べるためのツール→目録・索引・辞典・年鑑・用語集など）を紹介している。全体の構成は、①②で約80％、③が約20％である。

　書誌類に重点指向している理由は、レポートや論文作成にあたり必要不可欠な文献調査法のメインが文献目録・索引類であり、これらの活用なくして上手な文献調査は不可能だからである。しかし、これら書誌類についての教育は、日本の高等教育ではほとんど行われていないのが現状である。こうしたことから、レポート・論文の作成となると、利用されるのは本に限定されやすい。良いレポートや論文を作成するには、雑誌記事や論文、新聞記事など、多様なメディアから文献を巧みに利用しなければならない。こうしたことから、文献を収集するための調査ツールである書誌類に特に重きを置いている。レポートや課題研究、論文作成などの必要性が生じたら、まず本書の大目次を開き、本を探すのか、雑誌記事なのか、それとも新聞記事なのか、翻訳図書か、統計文献を探すのかなどを特定し、該当する目次が見つかれば詳細目次に目を移し、そこに紹介されている個々のレファレンスツール（調べるための本やデータベースなど）を確認し、そのツールを利用する。そうすることによって、目的の文献を容易に入手することができるだろう。ぜひ上手に活用してほしい。

詳　細　目　次

8

　　※索引利用上の注意：p.41 の白書一覧、p.72 の「その他」書誌一覧、Ⅷの書誌一覧、Ⅸの参考図書一覧の書名は索引対象外。

I　本の探し方

主 要 探 索 図

国内市販図書を探す
　　　　　　　　　　　　　　　　　　　　　　→「出版書誌データベース(Books)」1972〜　p.14
最近の新刊図書を探す
　　　　　　　　　　　　　　　　　　　　　→週刊『新刊情報』　　　　　　　p.14
　　　　　　　　　　　　　　　　　　　『これから出る本』月2回　　　　p.14
　　　　　　　　　　　　　　　　　　　国立国会図書館「図書館サーチ」p.21
　　　　　　　　　　　　　　　　　　　地方小出版情報誌「アクセス」月ごと　　p.14
国内市販図書・非売品図書を網羅的に探す
　　　　　　　　　　　　　→国立国会図書館「NDL オンライン」【図書】明治期〜　　p.20
　　　　　　　　　　　　　国立国会図書館「図書館サーチ」【本】明治期〜　　　p.21
件名から国内図書を網羅的に探す
　　　　　　　　→国立国会図書館「NDL オンライン」【図書】＜件名検索＞明治期〜　　p.20
　　　　　　　　　　　　　　　　　『日本件名図書目録』1977〜　　　　　p.24
市販本の内容(要旨・目次)から調べる
　　　　　　　　　　　　　　　　　　　　　→『BOOK PAGE　本の年鑑』1991〜　p.15
　　　　　　　　　　　　　　　　　Web「BookPlus」1986〜　　　　　p.15
　　　　　　　　　　　　　　　　「NACSIS Webcat Plus」明治期〜　p.23
特定主題の類書を調べる
　　　　　　　　　　　　　　　　　　　　　　→『出版年鑑』1950〜2017　　　p.16
国書(日本の古典籍)を探す
　　　　　　　　　　　　　　　　　　→『國書総目録』国初〜江戸期　　p.25
　　　　　　　　　　　　　　　　　「国書データベース」国初〜江戸期　　p.25
『全集・叢書細目総覧』古典編＆索引編、古典編・続、付索引　明治期〜1970刊行の国書　p.46
翻訳図書を探す
　　　　　　　　　　　　　　　　　　→『翻訳図書目録』戦後〜　　p.43
　　　　　　　　　　　　　『翻訳図書目録　明治・大正・昭和戦前期』　　p.44
参考図書(レファレンスブックス)を探す
　　　　　　　　　　　　　　→『日本の参考図書』主要参考図書「解題付き」　p.32
　　　　　　　　　　　　　　　　『参考図書解説目録』2008〜　　p.32
地方史誌図書を探す
　　　　　　　　　　　　　　　　　　　→『地方史文献総合目録』p.52
　　　　　　　　　　　　　　　　『全国地方史誌総目録』　p.52
　　　　　　　　　　　　　　　　『日本件名図書目録』1977〜　p.24
図書の所蔵館を探す
　　　　　　　　　　　　　→公共図書館→国立国会図書館「図書館サーチ」p.21
　　　　　　　　　　　　　大学図書館→「CiNii Books」　　p.30

はじめに　〜国内の出版事情と文献調査法の必要性〜

　国内で市販されている新刊書の年間発行点数は約 7 万点前後である。これに非売品（国立国会図書館納本）の本約 5 万点を加えると、年間点数は約 12 万点前後にのぼる。また、国内に流通している市販本は約 70〜80 万点である。これらの本の中から、自分に必要な本を見つけ出すことが至難の業であることは容易に想像がつくものと思われる。さらに、日本の市販図書は、問屋（取次店）からの委託販売を主に書店販売されている。その委託期間は書店の立場からみると 3 ヵ月間である。約 7〜8 万点の本は、たとえ大型書店といえども、わずか 3 ヵ月で書店の棚から消えてしまう。

　大型書店では、品揃えは豊富であるが、そうした書店は都会に集中している傾向があるため、地方書店の書棚から必要な本を手に入れることは極めて困難である。また、都会の大型書店といえども流通本を全て置ける書店は皆無である。さらに、出版事情に目を移すと、学術図書の出版部数は年々少なくなっており、新刊図書案内にも載せられないような 500 部以内の少部数の本が増えていると、流通関係者から聞いている。著者の世界である図書館界の本でも、2,000 部も売れれば「よく売れた」と言われる。通常では、1,500 前後の部数程度であろう。したがって、文庫・新書サイズのようなものは別として、図書館関係の本が書店の棚に置いてあることなど、ほとんどないのが現実である。これは図書館界だけではない。部数が少ない分野の本に共通している。

　以上のように、新刊点数の多さ（日本は世界でも 6 本の指に入る出版大国）、流通本の多さ、委託販売制度、1 年間の本の絶版率約 7%、学術書の寿命約 3 年（早いものは約 6 ヵ月で絶版＝流通から消える）など、日本の出版事情に鑑みると、いかに本の入手が困難かよく理解できるものと思われる。

　こうした時代の中にあって、効率よく必要な本を探し、手に入れる方法をマスターしておかなければ、高度情報化社会を生き抜くことは難しい。情報化社会では、情報収集のスキルや情報活用能力が強く求められている。ここで紹介する本の探し方の道具（ツール）は、その意味において福音になることと信ずる。

　本の調査法をはじめ、各章で開陳している高度情報化社会を生き抜くための情報航海術を、ぜひマスターしてほしいと願ってやまない。

　レポート・論文作成、調査研究、課題解決などに威力を発揮する、調べるための諸道具を、ぜひ手に取り、体感してもらいたいと願う次第である。

1．国内の本を探す

1）市販図書（売られている本）を探す場合

　市販新刊図書は、書店に並んでいる本の大部分が、問屋（日販、トーハンなどの取次店）からの3ヵ月委託販売が主であり、この期間に売れなかった本は問屋に返品されることになる。期間的に見ると、この委託販売制度が書店での流通図書の入手を困難にしている一面がある。したがって、出た本が入手できるか、また、どのような本が現在流通しているかを知ることは容易ではない。通常、市販本を探す場合、多くの人は大型書店を回ったり、インターネット書店で探したりと様々であるが、現在流通している本か否かが分からなければ、無駄な時を費やすことにもなりかねない。こうしたとき、調べるための道具、すなわちレファレンスツール（Reference Tool）を使うと、意外と簡単に情報を得ることができる。

　以下、本を探す場合の主要なレファレンスツールの使い方と特性を紹介する。

（1）「出版書誌データベース（Books）」　ネット公開（無料）
一般社団法人日本出版インフラセンター（JPO）提供

【どんなときに使うのか】

　現在流通している市販図書や過去に刊行された絶版市販図書を調査したいときに利用する。

【ツールの特性】

　現在の流通図書のみならず、過去に市販された絶版図書など、約300万点以上の調査ができる。現在流通しているか否かの目安は、オンラインストアへのリンクが用意されているので、在庫確認することによってある程度判断ができる。フリーワード検索に対応しているほか、図書の基本情報（著者・書名・出版社・出版年など）も確認できる。**出版情報登録センター（JPRO）**に情報が登録されているものであれば、表紙画像や内容紹介・著者略歴情報も閲覧できる。また、電子書籍が存在するものは「電子版あり」のフラグが表示されるほか、同センターにおける各出版社の配本に対する書籍の登録率は、現在95%まで充実。全ての市販図書を調査できるわけではないが、大手出版社の図書を中心に調査が可能。最も古い登録書籍は大正14年。なお、図書館向けに近刊を含めた新刊情報「**BooksPRO**」を2020年3月から、2021年1月26日から雑誌情報の提供もスタートした。

【変遷メモ】

☞　日本書籍出版協会(略:書協)が提供してきた「データベース日本書籍総目録(呼称Books)、冊子体書名『**日本書籍総目録**』」に蓄積していた市販流通図書約93万点と、一般社団法人日本出版インフラセンター（JPO）の**出版情報登録センター（JPRO）**[2015年1月稼働]が蓄積してきた市販図書(加盟出版社の登録書籍)を2019年1月に統合し、サービスを開始。

★日々出される市販新刊本の情報は、先に述べた「BooksPRO」以外に、近刊予告として『**これから出る本**』(無料配布、ネット公開、月2回、日本書籍出版協会提供、協会会員社ものに限定)や国立国会図書館の「**図書館サーチ**」でも検索可能。取次店の新刊情報には週刊『**日販速報**』(日本出版販売)や週刊『**新刊情報**』(トーハン)があり、いずれも市販図書の約7〜8割(市場シェア率分)をカバー。『新刊情報』は、図書館の選書資料として活用されていることが多い。中小出版物については、（株）**地方・小出版流通センター**の販売促進が目的の書誌案内、**情報誌『アクセス』**Web版(月刊)[定期購読もあり]が参考になる。

（2）『BOOK PAGE 本の年鑑』年刊　日外アソシエーツ　平成3（1991）年～
　　　　Web「BookPlus」日外アソシエーツ（有料）　昭和元（1926）年～

【どんなときに使うのか】
　特に、本の内容要旨または目次など、図書の内容から調査したいときに使う。データベースの場合は、内容要旨や目次の中にあるキーワードからも検索が可能なので、章立ての一部などに含まれる用語から検索する場合に大きな効力を発揮する。

【ツールの特性】
　『BOOK PAGE 本の年鑑』（冊子体）は、前年の市販新刊図書を収録したものであるが、単なる一覧ではなく、図書の内容要旨や目次も掲載している。2022年版では、年間約5万点（市販図書の約7割前後［市場シェア率分］）を収録。収録点数が少ない理由は、本の解説や目次紹介をするには、現物を必ず手にしなければならないため、大手取次店（問屋）が扱う図書に限定されることによる。本体はジャンル別に構成され、索引は事項名索引、書名索引、著者名索引で構成され、完備している。なお、利用者が問い合わせできるように、出版社連絡先一覧が用意されているほか、主要公共図書館一覧がある。
　商用データベースWeb「BookPlus」は、昭和61（1986）年から現在までの市販図書の内容要旨・目次データの全てが提供されている。検索のみなら昭和元（1926）年まで調査が可能。
　双方のツールとも、トーハン、日販、紀伊國屋、日外アソシエーツの4社で共同製作している業務用の「BOOK データベース」（新刊図書内容情報）から作成されている。内、冊子体の方は、年間の新刊分のみを切り出し編纂されたものである。

【他ツールとの関係】
　「Webcat Plus」（国立情報学研究所、無料提供　p.23）にも「Book」（新刊図書内容情報）が全て提供されているので、内容要旨や目次情報からの調査が可能。ただし、有料データベースの「BookPlus」の方が機能差により、迅速に検索が可能である。

【変遷メモ】
　☞ 冊子体→『ブックページ －Book Page』ブックページ刊行会（1988-1990）の改題

【事　例】
　服部禎男著『「放射能は怖い」のウソ』　かざひの文庫（2014）の内容を知りたい。
　（答え）
　内容が知りたいということであるから、『BOOK PAGE 本の年鑑』2015年版、またはWeb「Bookplus」か「Webcat Plus」を使えば内容要旨・目次が容易に分かる。

🐷 ワンポイントアドバイス－地方・小出版社書籍の話－
『BOOK PAGE 本の年鑑』は、市販図書の約8割を収録しているが、地方出版社や小出版社から刊行されたものは含まれていない。地方や小出版の良書を見落とすことがないようにするには、地方出版専門の出版目録『あなたはこの本を知っていますか』1986～（年刊）が利用できる。地方・小出版流通センターの図書と雑誌が収録されている。また、地方・小出版社一覧がある。

📚 情報媒体の話－**蔡侯紙(さいこうし)**－

最近は、情報媒体が多様化してきた。紙・フィルム・電子・視聴覚媒体・インターネットなど、様々である。

紙の起源を遡ると、紀元前 2500 年頃のエジプトで普及したパピルスが有名である。製法は簡単なもので、ナイル河に生えている野草のパピルスの茎を薄く切り、これを縦横に並べ、粘り気のある水を加えながら、強く押しつけ、乾かす製法である。ヨーロッパでは、紙の語源は、パピルスに由来している。

紙すきによる製法は、中国で、105 年頃、後漢の**蔡倫**（さいりん）という人が麻屑、布、樹皮などを使い完成させた。この偉大な発明を称えるとともに、それまでの紙らしきものと区別するために、この紙のことを「**蔡侯紙**」と呼んでいた。

情報は、紙形態の本や雑誌・新聞を通して伝達されることが多かったが、コンピューターの登場によって、そこから全ての情報が入手できるかのように錯覚している人が増えている。いわゆるコンピューター信仰者ともいわれるが、これは要注意。電子媒体も紙と同様、単なる情報媒体の一つであることを忘れてはならない。着眼しなければならないのは、媒体ではなく、情報の収録時期・範囲・内容である。この確認によって、紙媒体などと新しい媒体との正しいつながりができ、体系的な調査が可能となる。

（3）　『**出版年鑑**』2 分冊(年刊)　1950～2017 年

出版ニュース社　昭和 26（1951）～平成 30(2018)年

【どんなときに使うのか】

1950～2017 年までの市販図書が分類番号(NDC 分類、日本十進分類法)および主題別に文献リスト化されているので、類書調査をするときに便利。図書館の NDC 分類別書棚のように調査が可能。

【ツールの特性】

前年の市販新刊書を原則として網羅的に集めた、年刊形式の新刊図書目録。記載されている情報は、著編者など・書名・大きさ・ページ数・価格・出版者(社)・NDC 分類番号・主題・ISBN。最大の特色は、他に例を見ない NDC 分類番号・主題が記載されていること。索引は、書名、著者（訳者編者含む）がある。巻構成は、第 1 巻(年間史・年表・法規・規約・統計・資料・出版社名簿、旬刊『出版ニュース』の一般記事[2005～2017 年分])より成る。第 2 巻が本体の「目録・索引編」。目録は、NDC 分類（日本十進分類法）に基づいた分類番号順(主題が分類番号化されている)に並んでいる。例えば、教育の本にどのようなものが出たかを調べるとき、主題の「社会科学」の中の教育(分類番号 370)というところを見れば、該当年度に出た教育関係の市販新刊図書(類書)を網羅的に知ることができる。必要があれば、昭和 25(1950)年まで遡って探すこともできる。その場合、年ごとに冊子体を使う必要があるが、特定主題に限定されるので意外と時間をかけないで済む。本以外に、市販されている雑誌目録(約 3,500 タイトル)、オンデマンド点数なども収録。

【他ツールとの関係】

　この書より古い図書調査については、東京堂や東京書籍商組合から出された同書名の『出版年鑑』（昭和元〜23年分）の復刻発売（16冊、文泉堂出版［1977〜1978]）がある。

【変遷メモ】

　☞一時期、第3巻目として「日本書籍総目録CD-ROM」が付いたことから『出版年鑑＋日本書籍総目録CD-ROM』（2002〜2004）に書名変更。その後、元の書名に戻る。

【記載例】

著編訳者	書名	大きさ・ページ数・価格	出版・発売者	NDC分類	主題	ISBN
吉田政行	天の声	B6 227 1200	東洋出版	147.3	心霊研究	4-8096-9323-6
E・ケイシー	アトランティス物語	B6 266 1238	中央アート出版社	147.3	心霊研究	4-8136-0071-9
五島　勉	ノストラダムスの大予言・中東編	新書 232 750	祥伝社	147.4	予言	4-396-10309-3
E・ケイシー	神の探求1	B6 268 2000	たま出版	147.6	幽霊	4-8127-0162-7
神尾　学	リラの奇跡	B6 205 1200	星雲社	147.7	心霊研究	4-7952-1098-5
悟楽	驚異の「気能力」	B6 173 1200	現代書林	147.7	心霊研究	4-7745-0408-4

※ISBN 978略

💡 探索のポイント

　例えば、書名からPCを使ってキーワード検索しようとした場合、書名の中に自分が考えているキーワードが入っていない場合はヒットしない。したがって、内容的には該当する図書であっても調査から漏れてしまう。しかし『出版年鑑』のようにNDC分類番号と主題とがあれば、書店や図書館の書棚から類書を一同に探せる。こうした書店や図書館の書棚で探す方式を、ブラウジング方式という。書名に関係なく、類書を調べるときに大変便利である。

★類書調査

　『出版年鑑』の廃刊に伴い、**市販図書の網羅的な類書調査**が困難になった。特に、2018年以降の刊行物については、苦労させられることになる。代用できるものとしては、図書の目次からも検索ができる図書内容情報データベースのWeb「BookPlus」（有料）（本文p.15参照）があるが、市販図書のカバー率は7〜8割のこともあり、漏れは避けることはできない。また、市販図書のみならず**非売品図書も含んでの調査**なら、国立国会図書館「**NDLオンライン**」【図書検索】が活用できる。内、「件名検索」も利用できるが件名が採られていないものに関しては調査ができない。お勧めは「NDC分類番号検索」。[完全一致][前方一致][後方一致]検索がある。[完全一致]で分類番 x z 号を入力した場合は、分類番号と完全一致した分のみヒットするが、147*のように半角文字の「*」を後ろに付けると前方一致検索になり、147を含む全ての図書を検索することができる。なお、ピリオド（点）以下のみ調査したい場合は、147.*のようにする。なお、インターネット上で公開されているNDC分類表は1000区分（三次区分）まで。前記記載例でいえば147の3桁止まり。細かい分類番号で調査したいときは、廃刊になったとはいえ『出版年鑑』に記載されているNDC分類番号が今でも役に立つ。

♨ ✍アルファータイム　－図書館の周辺②－時は金以上？

　　　大きな書店や古書店へ行く前に、まず図書館を利用してみよう！

　町の本屋でいろいろな新刊書を見る楽しさは、時を忘れてしまうし、古書街の散歩で思わぬ掘り出し物にあったときの感激は格別である。しかし、特定のテーマで特定の本を探すときは、体系・系統的に探索する必要がある。特に、論文作成においては、短時間で効率の良い文献収集を図る必要がある。大書店や古書街を歩いて特定の本を探すとしたら、場合によってはとてつもない時間を要することになる。〝情報を制する者社会を制する〟。文献収集は効率的に行い、創作により多くの時間をかけたい。図書館には、文献を調べるためのレファレンスツール（調べるための道具＝文献目録・索引類）といわれるものが多く揃えられている。最近は、コンピューターを利用した検索環境も整っているので上手に活用するとよい。

一度は行きたい**八重洲ブックセンター**

　　東京駅八重洲口に八重洲ブックセンターという本屋がある。この書店は、鹿島建設の元社長であった**鹿島守之助**氏が死去するとき、「国内で流通している本を全て一つの書店で求められる本の殿堂を作るように」という遺言によって、私財を投じて建設されたものである。彼は大変な読書家であり、生前は、本を入手するのに苦労されたようである。その苦労をなくそうとして建てられたのが、このブックセンターだ。当初は、一応流通している本は全て置くということを理想としていたが、出版量は増大するばかりとなり、全てが揃っているわけではない。しかし、流通している本を全て提供しようとする体制が整えられていることは、利用者にとってこの上ない喜びである。1階に行ってみよう。そして、少し下がってみよう。そこにはレファレンスカウンターがあり、レファレンス係がいる。この係は、本の相談員であり、本のカウンセラーでもある。書棚にない本でも現在入手できるか否かを調べてくれ、流通していれば取り寄せてくれる。ここに守之助氏の気持ちが生きており、ありがたいと思うのは私だけであろうか。ちなみに、建築当時、現在流通している本を全て揃えるというコンセプトで建てられた書店が、東京・池袋にあるジュンク堂書店であった。

🐻 ワンポイントアドバイス－**データベースの話**－

　　データベースとは、コンピューターを介して使うことを前提にし、電子データ（本・雑誌・雑誌記事・新聞記事など）が蓄積されたものをいう。これには、外の機関が持っているデータにアクセスして利用するオンラインデータベースと、音楽CDやDVDのように、データそのものがCDやDVDに収録されたROM形式のデータベースが代表的である。今日では、文献調査のためには、主としてオンラインデータベースが重要で、種類も多様化している。それぞれの特色に応じて上手に使い分ける必要がある。

　　オンラインデータベースには、新聞記事を例にとれば、朝日新聞の「朝日新聞クロスサーチ」、読売新聞の「ヨミダス歴史館」、日本経済新聞社の「日経テレコン21」などがある。CD-ROMには、毎日新聞の「CD-毎日新聞」（日外アソシエーツ）などがある。

知っておきたいオンライン書店

 インターネットで書店にアクセス（**オンライン書店一覧**）　　　　価格は税込

Amazon.co.jp:【アマゾン書籍】

Amazon.com 日本版サイト。国内外の本・雑誌・電子ブック・DVD など、最大規模を誇るインターネット小売販売。新刊から古本まで豊富な品揃え。著者情報・著者作品紹介あり。目次情報が掲載されている場合もあり。

紀伊國屋書店ウェブストア

国内外の本・CD・DVD・電子書籍なども取り揃え。目次・著者・内容情報あり。なお、図書館と研究機関を対象にしたオンラインストア「BookWeb Pro（ブックウェブプロ）」が用意されている。

honto 電子書籍ストア・本の通販ストア

旧「丸善＆ジュンク堂ネットストア」と文教堂を統合したハイブリッド型総合書店。簡易な内容情報と著者情報および著者作品紹介あり。電子書籍と連動。

オンライン書店【e-hon】

大手出版取次の株式会社トーハンが運営する日本最大級の本の問屋の通販サイト。本・雑誌・コミック・CD・DVD など。一般書店受取可。目次・著者情報・著者作品紹介あり。

オンライン書店【Honya Club】

日本出版販売（日販）が運営している日本最大級の本の問屋の通販サイト。本・雑誌・コミック・CD・DVD など。一般書店受取可。内容・目次情報を搭載。

楽天ブックス

国内外の本・雑誌・電子ブック・DVD などの通販のオンライン書店。古書も扱う。目次・著者情報はなく基本書誌情報のみ。著者作品紹介あり。

セブンネットショッピング

セブンネットショッピングは、セブン＆アイ・ホールディングスグループと Yahoo! JAPAN が共同提携で行う、インターネットによる書籍・CD・DVD・BD の通販サイト。セブン-イレブン店頭受取可。目次情報あり。

日本の古本屋

古書店約 900 店が持つ書籍を横断的に検索できる。全国古書籍商組合連合会傘下の東京都古書籍商業協同組合のインターネット事業部「TKI」が代表して運営しているサイト。約 630 万件以上の古書調査が可能。注文は直接古書店へ。

※送料、手数料、梱包料などについては、適宜変わる可能性があるので、注文する場合は確認する必要がある。

２）　非売品図書＆市販図書の両方を探す場合

　本には、売られている市販図書と売られていない非売品図書の２種がある。非売品図書には官公庁資料が多く、統計や調査報告などの活用に欠かすことができないものが多い。しかし、非売品図書の調査法が分からないため、多くは市販図書に依存している。ここでは、非売品図書をも探すことができる便利な基本ツールを紹介する。

🐨　探索のワンポイント―まずは「NDL オンライン」で調べる！―

　本を調査するには、必要な本がこの世に刊行されているか否かをまず確認する必要がある。確認できれば手に入る可能性は極めて高い。やみくもに調査せず、まずは国立国会図書館がインターネット上で提供している「NDL オンライン」の図書検索で確認し、必要な本が見つかれば最寄りの図書館で所蔵を確認する。あればその図書館を利用するとよい。

（１）　「NDL オンライン」〈図書検索〉国立国会図書館　無料公開

　国立国会図書館(NDL)ホームページから「NDL オンライン」に入り図書検索をすると、同館が所蔵する図書(紙と電子化図書)を検索することができる。検索項目は、図書、雑誌、雑誌記事(p.80 も参照)、新聞、和古書・漢籍、地図、電子資料、障害者向け資料、その他、に区分されているが、ここでは、図書を中心に紹介する。

【どんなときに使うのか】

　<u>国立国会図書館が所蔵する図書を検索するときに利用する。</u>当館では、法律で定められた<u>国民の納本義務</u>により、<u>原則として国内刊行された市販図書・非売品図書</u>(官公庁資料などの<u>非市販図書)の全てが所蔵されている</u>ので、<u>国内図書を網羅的に調査するときに利用する。</u>

【ツールの特性】

　<u>明治期からの国立国会図書館が所蔵</u>(原則として国内刊行されたもの全て)<u>する全資料約4,620 万点</u>(『国立国会図書館年報令和３年度』)<u>の調査ができるが、内、図書は 1,190 万点(和書約 902 万点、洋書約 290 万点)であり、国内最大の所蔵量を誇る。</u>なお、<u>明治期から今日までの絶版・入手困難図書など約 433 万点が電子化(デジタルコレクション)</u>されている。その提供の内訳は、インターネット経由で約 60 万点、図書館や個人登録者向け「デジタル化資料送信サービス」が約 190 万点、インターネット公開資料と合わせると館外からの利用が可能なのは約 242 万点となる。詳細検索があり、書名・著者・出版者・出版年・NDC 分類・ISBN・件名(一般件名・地名・団体・人名件名・同義語)からの検索が可能。

★地域の図書館にて「図書館向けデジタル化資料送信サービス」を受けるには、館側が申請し、承認を受けることが必要。利用したい場合は最寄りの図書館に確認するとよい。

【他ツールとの関係】

　「国立国会図書館サーチ」(p.21)にも「NDLオンライン」と同じデータが提供されている。

【事　例】

　『星霜五十年を辿る』という山梨県の中小企業団体中央会の本が、2006 年の初めに刊行されているはずだが、市販されたものか否かを知りたい。なお、ページ数も確認したい。

　（答え）

「NDL オンライン」の図書検索にて、書名を入力するだけで容易に見いだすことができる。書誌事項一覧に価格がないことから、「非売品」図書であることが分かる。

（2）「国立国会図書館サーチ（NDL Search）」　平成 24（2012）年 1 月〜　無料公開

　国立国会図書館の「NDL オンライン」と同じデータベースが提供されているとともに、ほかの公共図書館の所蔵図書や学術・研究機関のデータベースが利用できる広域調査ツール。

【どんなときに使うのか】

　前記の「NDL オンライン」同様、国立国会図書館が所蔵する図書や都道府県立・政令指定都市などの全国の主要公共図書館の所蔵図書を調べるときに使う。特に、主要公共図書館の所蔵図書を調べる（p.110 参照）ときに便利。

【ツールの特性】

　横断できる主要なデータベースには、①NDL オンライン、②NDL 雑誌記事索引、③国立国会図書館デジタルコレクション（電子書籍約 97 万点、電子雑誌約 134 万点、古典籍 9 万点など）、④児童書総合目録、⑤全国新聞総合目録データベース、⑥国立国会図書館総合目録ネットワーク（ゆにかねっと）[全国の都道府県立図書館・政令指定都市立図書館など、全国の主要公共図書館が所蔵する和図書を検索できるシステム、1981 年所蔵分〜]、⑦学術・研究機関の「国立情報学研究所」が提供する「CiNii Research」（国内の雑誌記事・論文調査や電子化資料の調査サイト）、⑧ジャパンサーチ（電子化図書）、⑨「出版情報登録センター（JPRO）」の近刊・新刊図書情報[内容要約付き]などがある。図書を検索する場合は、図書に関するデータベースを使用する。

【使用上の留意点】

　検索画面は、「データベース」と「資料種別」および「所蔵館」の 3 区分に大きく分かれ、「データベース」は、さらに「国立国会図書館オンライン」「公共図書館蔵書」「国立国会図書館オンライン（雑誌記事索引）」「NDL デジタルコレクション」「その他」に区分。「資料種別」は、「本」「記事・論文」「新聞」「児童書」「レファレンス情報」「デジタル資料」「その他」「立法情報」に区分。「所蔵館」は、「国立国会図書館」「他機関」に区分されている。それぞれの区分には「チェック窓」が付いている。トップ画面では、「チェック窓」の全てにチェックが入った状態になっているので、そのままで検索すると、とてつもない件数がヒットしたり、ノイズが入ったりしてくる。実際に使用する場合は、一度全てのチェックを外し、必要な項目を選択して組み合わせて利用することになる。

　具体的には、一般的な紙形態の図書検索をする場合は、「データベースの種類」の「国立国会図書館オンライン」を選択し、「資料種別」の「本」を選択して検索すればよい。しかし、注意しなければならないのは、「本」の中に雑誌も含まれていることである。「NDL オンライン」（p.20 参照）の「図書」検索では、純粋な図書検索のみであったが、「図書館サーチ」では、「資料種別」に「雑誌」項目を設けていない。そのため、雑誌は「本」の中に組み込まれている。「図書館サーチ」には、国立国会図書館のデータベースが全て提供はされているものの、検索機能に違いを付けているので、用途に応じて両者を上手に活用する必要がある。

　なお、デジタルコレクションの図書まで広げる場合は、さらに「NDL デジタルコレクション」と資料種別の「デジタル資料」を追加選択すれば拾うことができるが、「NDL デジタルコレクション」には全てのデジタルコレクションが含まれていることから、図書のみならず、雑誌や雑誌記事論文までヒットするので注意を要する。

　なお、ジャパンサーチの図書データ（電子化図書）を利用する場合は、「データベースの種類」の中の「その他」を選択するとよい。

「本」の件名検索では、「NDL オンライン」の場合、団体・人名・同義語を件名に含んでいたが、「図書館サーチ」ではそれが外され、件名も一つのキーワードとして捉えるなど、検索機能に違いを付けている。例えば、ノイズが入りやすい<u>カタカナ用語検索は、「図書館サーチ」の方が便利</u>である。

　また、図書ではないが、「データベースの種類」の雑誌記事検索は、「国立国会図書館オンライン(雑誌記事索引)」とあるように、従来からの純粋な「NDL 雑誌記事索引」データベース(p.80 参照)のことであり、「NDL オンライン」のように電子雑誌やデジタル雑誌の記事は含まれていないことも押さえておく必要がある。

【他ツールとの関係】

　国立国会図書館の「NDL オンライン」(p.20)全てのデータが「図書館サーチ」にも提供されているので、「NDL オンライン」同様のデータが利用できる。また、国の分野横断型統合ポータル「ジャパンサーチ」やほかの学術機関のデータベースとの連携もある。

★以下、「国立国会図書館サーチ」のホームページで紹介されている使い方の主要なものを抜粋しておきたい。(※当サーチについては、「Ⅱ 雑誌記事の探し方」(p.77〜)でも触れる)

1. 検索できる資料

・119 のデータベースから収集した 1.2 億件以上の文献情報が横断検索できる。

・近日中に刊行予定(近刊図書)・刊行直後の資料の検索をすることができる。

・近刊図書および国立国会図書館が収集した国内刊行出版物および外国刊行日本語出版物の作成中書誌情報を、納入後数日の内に検索することができる。

2. 検索支援機能

・目次情報や資料の本文全文を対象とした検索をすることができる。

・自然文検索、あいまい検索、類義語・同義語検索、前方・後方一致検索などを用いた検索支援が利用可能。

3. 検索結果一覧

・検索結果は、適合度順(検索語に対する各資料の関連性が高いと思われるものの順)で配列しているので、用途に応じて日付の新しい順・古い順に並び替える。

・複数の機関で所蔵している同一の資料をまとめて表示。

・形態を異にする同一著作などを関連資料として隣接した位置に表示。

・資料種別、所蔵館などから絞り込み検索を行うことができる。

4. 書誌詳細の活用

・統合検索の結果について、可能な限り入手手段を案内する。

【事　例】

　今村光一訳『エジプト死者の書』が「たま出版」から刊行されているが、出版年が分からない。また、どこの図書館で所蔵しているかも知りたい。横浜在住なので近くにあれば……。

　(答え)

「国立国会図書館サーチ」で検索。詳細検索を使い、書名と出版者を入力すると簡単に見つかる。出版年は 1982 年。所蔵館一覧から、国立国会図書館はじめ全国複数の公共図書館にあるが、横浜市立中央図書館にも所蔵していることが分かる。

♨アルファータイム—図書館の周辺③— **国立国会図書館**の上手な利用

国立国会図書館を利用できる人は、18才以上。土曜日と日曜日は、官公庁の勤務体制に準じているので注意を要する。実際に国立国会図書館を利用する場合は、1日がかりと考え、できるだけ早めに行くのがよい。図書を利用する場合は、「**NDL オンライン**」にて、国立国会図書館用の請求番号を事前に確認しておくと、実際の利用に便利。国立国会図書館から本を借りる場合は、大学図書館や公共図書館などの機関を通さなければならない。すなわち、各図書館機関が国立国会図書館から借りて、利用者に提供するという方式になっている。貸出期限が切れ延滞になった場合は、個々の図書館に督促状が行く。1館当たりの貸出冊数も制限されている。児童図書は、東京・上野に「**国際子ども図書館**」（国立国会図書館の支部図書館）が利用できる。

（3）「Webcat Plus」(「NACSIS Webcat Plus」) 国立情報学研究所（国情研、NII） 無料公開
【どんなときに使うのか】

<u>図書館 OPAC</u> (Online Public Access Catalog) <u>の書名検索に限界を感じ、図書の内容要旨や目次など、本の中身のキーワードから調査したいときに大変便利</u>。特に、書名中のキーワードで検索できない場合、<u>図書の内容要旨や目次中のキーワードから、特定テーマに関する文献を調べたいときに使う</u>。書名検索のみならず本の調査が飛躍的に拡大する。

【ツールの特性】

膨大な**国内図書・雑誌**などを<u>多様なデータベースを使い横断的に検索することができる</u>。本の書誌情報（書名・著者・出版者など）や表紙の**書影**がある。雑誌は「本」に含まれている。

検索には連想検索・一致検索の2種がある。連想検索は、特定のキーワードを入れると関連用語も複数現れ、その関連用語からさらに本の調査ができる。一致検索は、書名・著者など、書誌事項が確定している場合に便利。セットものの中の作品調査、人物調査もできる。

提供されているデータベースは、①国情研の「**大学図書館目録所在情報データベース**」（共同書誌作成加盟の大学図書館の図書・雑誌所蔵情報、1985～2013年8月分）、②「JAPAN/MARC」（国立国会図書館が機械化した以降の国立国会図書館書誌データ、1981年分～）、③「**BOOKデータベース**」（図書内容情報：要旨・目次情報を提供、1986年～、詳細はp.15参照）、④「**和書書影**」（2003年～）、⑤「**国立国会図書館デジタルコレクション**」、⑥「**青空文庫**」（<u>明治</u>～<u>昭和</u>初期の作品群の書誌・人物情報）、⑦「Wikipedia 日本語版 人物情報」、⑧「**近代日本人の肖像** 人物情報」（国立国会図書館）など。

★特に便利なのが、③の「**BOOK データベース**」。各章立ては特定テーマとして情報が独立しているので、雑誌記事・論文のような活用ができる。また、図書や雑誌の出版者・誌名などの履歴情報も豊富。

【他ツールとの関係】

前期の③「BOOK データベース」は、有料データベースの「BookPlus」(p.15)の図書内容情報(1986年～)が「Webcat Plus」に無料で提供されているもの。「Webcat Plus」の方は、ヒットした図書の書影の一つ一つを開いて図書の内容情報を確認する必要があるが、本体の「Bookplus」はヒットした図書が一覧リスト化され、必要なものにチェックができるとともにダウンロードもできるので、迅速な調査が可能。有料・無料には大きな違いがある。

　　📖　　アルファータイム―本の周辺①―『まちの図書館でしらべる』
　今の公立図書館がどのようなところであるかを知りたい場合にお勧めの本。図書館現場の司書たちが豊富な事例を通して図書館の姿を紹介している。目次は、第1章「図書館で謎を解く」、第2章「まちの図書館はどんなところ?」、第3章「図書館でしらべてみよう」、第4章「図書館はつながっている」、第5章「図書館は進化する」の構成。最初の「図書館で謎を解く」では、図書館で行っている調査・相談の仕事「レファレンスサービス」における質問事例と、解決するための図書などを具体的に紹介し、図書の書影や挿絵などを入れ、なじみやすくしている。また、図書館相互協力サービスなど、一般の人があまり気付いていない本来の図書館サービスをも紹介。(『まちの図書館でしらべる』編集委員会編　柏書房　2002)

（4）『日本件名図書目録』　日外アソシエーツ

　資料の内容を主題や概念に基づいて調査できるもので下記の2種類の形態がある。

① 『日本件名図書目録77/84』全29冊　昭和59〜61（1984〜1986）年　累積版

　77/84とあるのは、1977〜1984年までの累積図書目録の意味。五十音順の件名からできており、編集は主題別編の一般件名、人名、地名、団体名編の件名ごとに分冊されている。

② 『日本件名図書目録』1985〜　昭和61（1986）年〜　年刊版

　前記を後継するもので、毎年1年分をまとめて刊行。全3冊で、「一般件名」編が2冊、「人名・地名・団体名」編が1冊である。

※両者を使うことによって、件名別に1984年から現在までの国内図書の調査ができる。

〰件名とは、例えば「京都」という地名で引くと、書名の中に「京都」という文字がなくても京都に関する図書が分かるようにしたもの。一般件名は特定用語、用語を統一(例：デパート、百貨店→百貨店に統一)したものなどから成り立つ。

【どんなときに使うのか】

　一般件名・地名・団体名・人名など、件名から国内図書を網羅的に調べるときに使う。

【ツールの特性】

　国立国会図書館に納本されたものを元に、さらに未収録の図書があればそれを加えて作成したものを件名別に再編成したもの。冊子体のみ。特に、地方自治体の郷土・行政資料調査(地名・団体名からの調査)にも効果的。

【他ツールとの関係】

　国立国会図書館「NDLオンライン」<「図書」検索>(p.20)や「NDL図書館サーチ」<「本」検索>(p.21)でも件名検索ができるが、国立国会図書館の件名を補完するなど、さらに便利に使えるように作成されている。

『日本著者名総目録』の利用

　『日本件名図書目録』に関連した著者名総目録が日外アソシエーツから刊行されているので、著者名（団体著者含む）・書名の両方から探すことができる。刊行は、①『日本著者名総目録27/44』10冊(昭和2-19)(1991刊)　②『日本著者名総目録45/47』2冊(昭和20-22)(1990刊)　③『日本著者名総目録48/76』2冊(昭和23-51)(1989刊)　④『日本著者名総目録77/86』14冊(昭和52-61)(1986刊)　⑤『日本著者名総目録87/88』4冊(昭和62-63)(1989刊)で、以降は、2年間ごとに続刊行。なお、昭和戦前期の『日本著者名総目録27-44』(1991刊)もある。

＆アルファータイム─図書館の周辺④─
全ての品揃えが夢となった大型書店

現在、国内で流通している市販図書は約70万点。流通本を全て揃えるというコンセプトで東京・池袋に登場したのが、**ジュンク堂書店池袋本店**(2001年5月〜)である。最初は、古い形式の図書館のようにB5サイズ用7段書架が、所狭しと並んでいたが、法改正もあり、近年はレイアウトが変わり、車イスも入れるほどの空間を持つようになっている。そのため、最初のコンセプトは崩れてしまい、全ての品揃えは夢となってしまったが、昔の図書館机を利用したカフェもあるなど、趣は顕在である。会計は10階建てビルの1階のみ。

　創業時に、市販流通本は全て揃えてあるといううわさを聞いて、特定のジャンルのコーナーを調べてみた。ない本はやはりあったが、書籍売り場の床面積(7,700㎡)は何と言っても日本一だ。東京には大型書店が目立つ。ちなみにその他の大型書店の広さは、**丸善丸の内本店**(書店)(5,800㎡)、**ジュンク堂書店大阪本店**(4,900㎡)である。

3)　国書を探す場合

　国書とは、江戸末期までに日本人によって書かれた旧書を(訳本含む)いう。

（1）『國書総目録』補訂版　全9巻（第9巻目著者別索引）　岩波書店　平成元年（1989-91）

【どんなときに使うのか】

江戸末期までに日本人によって書かれた著作(和訳本を含む)を調査するときに利用する。

【ツールの特性】

江戸末期までの日本人によって書かれ、または編纂・翻訳された古書、すなわち国書を、慶応3(1867)年までのもの約42万件、人名約6万名を収録。この書が大変重宝される一つの理由は、所蔵しているところが明記されていること。中には、すでに廃棄されている図書もあるが、調査に欠くことができない基本文献。ここでの所蔵館は、国書の特殊性から、特別な文庫や図書館などに限定（研究者向け）されている。

　図書の配列は、書名の五十音順。記載事項は、書名、その読み、巻・冊、別称、分類、著者名、成立年、写本・刊本(版本)所蔵箇所、所収活字本など。

　貴重な国書の所蔵館としてよく知られているのが、栃木県の「足利学校遺跡図書館」、東京都の「三康図書館」、愛知県の「蓬左文庫」、神奈川県の「金沢文庫」などがある。

【他ツールとの関係】

　『國書総目録』補訂版の続編として、国文学研究資料館の『**古典籍総合目録**』全3巻　岩波書店（1990）があり、『**國書総目録**』補訂版の8巻「補遺」との関連付けを該当項目ごとに表示している。

　一般の図書館(公立図書館、大学図書館)が所蔵する国書については、国文学研究資料館が提供している「**国書データベース**」(無料公開、詳細は次ページの囲み記事参照)を利用する。新規調査により発見された追加国書のみならず、『**國書総目録**』補訂版に掲載されている国書の所蔵情報を個々の作品別に抽出しまとめ、「国書データベース」に搭載している。国書の所蔵館調査をする場合は、こちらの方が大変便利に利用できる。

　国書使用に役立つ人名辞典『**国書人名辞典**』全5巻、岩波書店（1993-1999）、『**国書読み方辞典**』おうふう(1996)が刊行されているので、参考になる。

【事　例】

　『蘭学階梯』2 巻 2 冊（天明 3 年）の写本はどこの図書館に所蔵されているか。また、何かの全集や叢書の中に収録されていないか。

　（答え）

　『國書総目録』補訂版　第 8 巻の五十音順書名にて容易に見いだすことができる。写本は、慶大（1 冊）とあり、なお天明 8 年の刊本を所蔵しているところが結構多いことがわかる。活字本では、『文明源流叢書 1』に収録されていることがわかる。

　「国書データベース」無料（「国文学研究資料館」提供）の話

　前述した、『國書総目録』の継承・発展を目指して構築されたものが「国書データベース」。いわば「新国書総目録」とも言うべきものだ。古典籍の書誌、所在情報が、著作および著者の典拠情報とともに提供されている。典拠情報には、前述の『國書総目録』、『古典籍総合目録』所収の全てを含む。さらに国文学研究資料館が持つ和古書目録データとマイクロ資料目録を含む。また、新規に発見された国書を随時追加しているので公共図書館や大学図書館の所蔵状況も分かる。なお、2023 年 3 月 1 日から「日本古典籍総合目録データベース」（目録）と「新日本古典籍総合データベース」（イメージ）が統合され、「国書データベース」となった。国文学研究資料館は、図書館（東京都立川市）としても一般に公開されている。

（2）　『國書解題』増訂改版　2 冊　臨川書店　昭和 43（1968）年

　国書の一つ一つを解説（解題）したものである。明治期の復刻版であるため活字は読みにくいが、国書を解説した基本的文献である。『増訂　國書解題』上下 2 冊の復刻版が、東出版から『辞典叢書』シリーズの 18 番目に刊行（1997）されている。

　『國書解題』は、図書の分類・目録作業が図書館内において行われていた時代には、図書の整理係（図書の分類・目録作業をする係のこと）の座右の書といわれていたが、近年では、図書の整理は、外部の図書整理会社が行うようになったことから、図書館内ではあまり使われなくなっている。しかし、未だに新しいものは刊行されていないので、国書の内容を理解したり、利用提供したりするには、大切なツールであることを覚えておきたい。

　☞　図書館利用ガイド

　レファレンスサービス（参考業務、参考調査）とは？

　図書館サービスの一つである。分かりやすくいうと、図書館のカウンセラー。著者がここで記述しているような文献調査法に関する質問、卒論・レポート作成の文献収集についての相談など、図書館利用に関わるあらゆる相談や質問を受けてくれるサービス業務である。利用している図書館に文献がないときには、他地域の公共図書館や大学図書館など、図書館仲間を紹介するほか、遠方の図書館にコピー依頼も行う。また、パソコンを使って文献調査を行うための、コンピューター操作法やアクセス法に関して、個人指導や集団指導も行ってくれる。図書館によっては、参考係、参考調査係、資料相談係など、いくつかの名称が見られる。名称がない場合は、サービスカウンターに相談してみるとよい。

✍アルファータイム—図書館の周辺⑤—国会図書館の電子出版物と納本制度
　CD-ROM などの電子資料を国立国会図書館法（24 条〜25 条の 2 まで）で定める納本対象に
なるか否かが問題提起され、「納本制度審議会」が平成 9 年 1 月からスタートし、その答申が
まとまり、法改正（「CD-ROM などの有形の媒体に情報を固定した場合「パッケージ系電子出版
物」について従来の紙媒体による出版物と同様に納本すること。」）が行われたのは平成 12 年
である。以降電子出版物も保存されることになり、その資料も充実してきている。NDL オンラ
イン検索メニューの「電子資料」では、図書・雑誌・録音資料類を除く CD-ROM、DVD-ROM が
検索でき、それ以外は、それぞれの図書検索・雑誌検索・録音資料検索の中に含まれる。
　参考：納本制度の規定文（昭和 23 年制定）
「出版物を発行の日から 30 日以内に最良版の完全なもの一部を国立国会図書館に納入しなけ
ればならない」

4）　漢籍を探す場合

　漢籍とは、日本でいえば国書に相当するものである。一般的には、中国人が漢字（中国語）
を用いて著した書物の内、おおむね清朝末まで（辛亥革命以前）の人物が著した書物を漢籍と
いう。1912（民国元）年以降の書物は新書といわれる。境界は、1911 年の辛亥革命の挙兵に
より、清朝を倒し、1912 年に孫文が共和制を宣言して中華民国が誕生したときである。

（1）『大漢和辞典』修訂第 2 版　　全 15 巻　　大修館書店　　平成元〜2（1989-1990）年
　語彙 52 万語に及ぶ大漢和辞典には、漢籍が多数収録されているので、読みの調べ方など、
簡単なことは最初にこの文献を使うことを覚えておくとよい。漢字関係の百科辞典的な書で
ある。2000 年の補巻刊行により本体 13 巻、語彙索引巻と合わせ 15 巻となった。

（2）『中国学芸大事典』　　　　近藤春雄著　　大修館書店　　　昭和 53（1978）年
　漢籍と現代の書を含んだこの書は、漢籍調査をはじめ、著名な現代書の概要を調べる基
本といえるもの。現代の読みにて表記されているので大変使いやすく、漢籍調査をする場合
の基本文献にもなっている。総画索引がある。
　次に紹介する『漢籍解題』は、『中国学芸大事典』が刊行されてからは、ほとんど利用さ
れなくなっている。名著であれば『世界名著大事典』全 8 冊　平凡社（1960-62）を調べる
ことによって、国内外の文献解題を見ることもできるので覚えておくと便利。

（3）『漢籍解題』（復刻版）　　　　桂五十郎著　　　名著刊行会　昭和 45（1970）年
　原本刊行は明治 38 年（明治書院）。漢籍約 1,500 点を解題。分類は、経・史・子・集・政
治・地理・金石・目録・小学（言語）・修辞・類書・雑書・叢書の 13 部門に分け、それぞれ時
代別に配列。各書の下に、書名・著者・体裁・伝来・注釈・参考の 6 項目に分けて細かく説明
され、目次に、収録書名を列記。巻末索引には、字画・仮名・異名・著者索引がある。復刻版
は原本の活字印刷であるため、現代の人には読みにくい。収録書は経学関係が中心であるた
め、ほかの分野での主要書が漏れているものがある（東出版から『辞典叢書 24』としても復
刻、1997）。なお、明治書院の『漢籍解題事典』(2013)［新釈漢文大系　別巻］もある。

（4）『京都大学人文科学研究所漢籍目録』　全2冊　京都大学人文科学研究所

昭和54（1979）年

（5）『東京大学総合図書館漢籍目録』　東京堂出版　平成7（1995）年
（6）『全国漢籍データベース—日本所蔵中文古籍數據庫—』全国漢籍データベース協議会

平成13（2001）年からスタート

　日本の主要な公共図書館・大学図書館が所蔵する「漢籍」の書誌情報について、伝統的な「経・史・子・集」の四部分類（叢書部を加えて五部分類）に基づいて収集・登録した連合漢籍目録データベース。目録76機関、約93万レコード、画像3機関約1万5,000枚。京都大学人文科学研究所　附属東アジア人文情報学研究センターが管理・運営している。

＊漢籍目録を利用するなら、分かりやすい(4)・(5)の文献を利用したい。そのほかに、関係文献として内閣文庫編『**内閣文庫漢籍分類目録**』(1971)、『**東京大学東洋文化研究所漢籍分類目録**』東京大学東洋文化研究所(1973-1975)、『**静嘉堂文庫漢籍分類目録**』静嘉堂文庫(1930・続1951)、『**早稲田大学図書館所蔵漢籍分類目録**』早稲田大学図書館(1991、索引1996)、『**国立国会図書館漢籍目録**』(1987、索引1995)などがある。

【事　例】
魯迅の『阿Q正伝』とは、どのような本なのか簡単に解説したものをみたい。
　（答え）
　漢籍と現代中国書の両方を収録し、解題を付している基本図書『**中国学芸大事典**』を調べると、「中国現代文学の代表作。阿Qという浮浪の貧農を主人公にして、中国の国民生活の弱点と、何をももたらせなかった**辛亥革命**を批判した書」などという解説を発見することができる。この本は有名な本なので、ほかの文学関係の事典や名著案内等によって知ることもできるが、ここでは中国書物を調査する基本文献として押さえておきたい。

　📖 アルファータイム—本の周辺②— 『図書館利用教育ガイドライン合冊版』
　図書館では、図書館の利用法や文献調査法など、図書館を上手に活用してもらい、利用者が自立して必要な文献情報を自由自在に入手してもらう手助けとして、図書館利用指導を実施している。学校図書館や大学図書館等の教育機関においては、教育的視点から「**図書館利用教育**」といわれ、公的な公共図書館では「**図書館情報活用能力指導**」（古くは「図書館利用支援」と呼ばれた）といわれる。こうした図書館の利用指導のためのガイドラインが**日本図書館協会(JLA)**から出されている。実際に行う場合はこのガイドラインを指針にする。合冊版とあるのは、内容構成が「総合版」「学校図書館（高等学校）版」「大学図書館版」「公共図書館版」「専門図書館版」から構成されているからである。各版とも、①各図書館で実施すべき項目と手順、②目標、③方法、に区別され、②目標と③方法は、表組みになっており、実施段階レベルを領域1〜5までに分け、実施項目・実施方法を具体的に掲げている。JLAホームページで公開。（日本図書館協会図書館利用教育委員会編　日本図書館協会　2001）

２．国外の本を探す

１） 市販図書を探す場合

（１） Books in print　　　　New York　Bowker　1948～

　アメリカ国内で入手可能な市販図書の目録。現在入手可能な図書を調べるための基本図書目録。データベース（有料）として提供されている。日本国内で提供されている市販図書のデータベース「出版書誌データベース（Books）」（一般社団法人 日本出版インフラセンター）に相当するものであるが、新刊、絶版、近刊、電子書籍のみならず、ビデオ、オーディオ・カセットテープなども収録している。流通本か否かについては、取引が可能か否かの表示で確認できる。BIP の略称で呼ばれている。

> 市販図書の書評（レビュー）を掲載したものには次のものがある。　　　　　　📖
> Book Review Index（ Gale　提供）
> 　図書と雑誌・新聞などに掲載された書評を収録・提供。1965 年から現在まで。

（２） Global Books In Print　　　　New York　Bowker

　英語圏の洋書、約 5 万の出版者から刊行されている 180 万点以上の書籍および 1979 年以降の絶版または品切れとなった書籍の書誌情報を収録し、提供しているオンラインデータベース（有料）。また、Library Journal、Kirkus Reviews、Publishers Weekly、CHOICE、Booklist などに掲載された書評の全文にもアクセス可能。CD-ROM 版もあり。

代表的な海外のオンライン書店は！

> Amazon.com（アメリカに本拠を構える Web サービス会社）
> 　インターネットで、洋図書データにアクセスができる。書名、著者、主題、キーワードなどから検索ができ、購入可能。

> ☕　✐アルファータイム─図書館の周辺⑥─「丸善のハヤシライス」　　　🏠
> 　　書店「丸善」の創業者である早矢仕有的（はやし ゆうてき、天保 8 年 9 月 8 日～明治 34 年 2 月 18 日）が、友人をもてなすために西洋風に考案したとされるのが、元祖「早矢仕ライス→ハヤシライス」。濃厚なデミグラスソースベースのハヤシライスは、奥深い味わいで大人気。東京の日本橋店、丸の内本店など、図書館関係者なら一度は訪れて賞味したい一品だ。ちなみに、早矢仕有的は医師であったが、貿易商人として手広く事業を行い、明治 13 年に丸屋商社設立、東京支店を正式に本店とし、書籍、薬品、舶来雑貨の三科を本業、裁縫、家具製造の二科を余業としていたという。「洋書の丸善」といわれた。

2） 外国書がどこの図書館に所蔵されているかを知りたい場合

（1） CiNii Books 国立情報学研究所 無料 （p.109「所蔵館を調べる」も参照）

【どんなときに使うのか】

<u>主として大学図書館が所蔵する和書・洋図書、および永久保存する雑誌を探す</u>ときに使う。洋図書は大学図書館に豊富に所蔵されているので、このツールを活用する。

【ツールの特性】

洋書データは、国立情報学研究所が提供している大学図書館「**目録所在情報サービス**（NACSIS-CAT→2023 年 1 月 31 日から新 NACSIS-CAT として稼働）」の「**目録所在情報図書データベース**」の洋書がベース。これは、各大学図書館が図書整理のために<u>オンライン目録作成加盟館</u>として参加している<u>全国の大学図書館</u>(約 1,300 館)が受け入れた**和・洋図書の書誌データ約 1,200 万件**(内、和書約 440 万件、英書約 380 万件、その他言語約 380 万件を**国立情報学研究所がデータベース化**して提供している。

【他ツールとの関係】

CiNii Books で調査できるのは、オンライン目録作成加盟館のみであるとともに、加盟した時期からのものしか調査できない。より幅広く調査したい場合は、それぞれの大学図書館が公開している蔵書検索ツール(OPAC)を利用する。

（2）アメリカ議会図書館(LC)所蔵図書の調査

アメリカ議会図書館(LC)が収集している図書（LC Catalog）をホームページで調査することができる。1987 年以降に受け入れた図書約 1,200 万冊以上の検索が Library of Congress Online Catalog を通して利用できる。有料のオンラインデータベース（LC MARC-BOOKS 1968～）もある。

（3）英国（大英）図書館(BL)所蔵図書の調査

BL と BLDSC（British Library Document Supply Centre）のコレクションのほぼ全てが検索できる。1215 年頃から現在までのものを調査することができる。特に、英語図書はかなり充実しているので、活用したい。

✍ 市販図書のみではないが、外国の本をより網羅的に調査する場合は、世界各国の国立図書館が便利。世界各国の主要な国立図書館を調査するには、次のようなサイトを利用したい。

📠世界の国立図書館へのリンク✈

A. 西岡達裕研究室(国際政治・アメリカ研究)

　個人のサイトであるが、ホームページ上に日本の図書館のみならず世界各国の図書館にもアクセスができる。

B. Public Libraries(publiclibraries.com)

　英語サイトだが、翻訳機能付きで手軽に利用できる。アメリカの州立図書館のほか、国立図書館の一覧が各国別に紹介される。アメリカの公共図書館、大学図書館などのリンク集。

耳より情報～**図書館の相互協力制度は便利！**～

　大学生は、在籍している大学図書館の紹介状を持参すれば、原則どこの私立大学図書館でも利用が可能。また、国立大学はほとんど公開されているので、一般の人を含め、身分証明書(学生の場合は学生証)を持参すればいつでも利用することができる。また、在籍する図書館を通して外国の図書館から本を借りることもできる(相互協力制度)。国際的相互協力機関として「BLLD（英国図書館貸出部）」や「IFLA（国際図書館連盟）」がある。BLLDは 1994 年に「BLDSC（British Library Document Centre）」を設立し、国立情報学研究所との接続サービスが開始されたので、国際相互協力機関の要となっている。FAX、航空便、国際宅配で利用者に送付。国内の代理店（紀伊國屋書店）を通しての利用も可能。なお、平成 14 年 1 月から国立情報学研究所の NACSIS-ILL（参加館間での文献貸出、複写依頼・受付を行うシステム）と、アメリカを本拠とする世界最大規模の図書館ネットワーク、OCLC(Online Computer Library Center)の OCLC-ILL との相互接続が開始され、文献の相互提供がなされている。

　✍アルファータイム─図書館の周辺⑦─
　　　　　　ほかの図書館とのリンクと関係機関ガイド

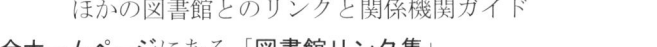

１．**日本図書館協会ホームページ**にある「**図書館リンク集**」

　「**公共図書館リンク集**」や「**大学図書館リンク集**」が作成されている。これを使うと、どこの図書館がホームページを開設し、OPAC 公開しているかが分かるので、遠方からでも当該図書館の蔵書などの検索ができる。

２．『**インターネットで文献探索 2022 年版**』伊藤民雄著　日本図書館協会　2022

　　日本を含め世界各国の図書などの各種文献情報において、インターネットから調べられるツールを紹介した大変便利なもの。百科事典・人物情報調査・日本語を含めた各国の言語図書・新聞・雑誌調査や灰色文献(日本・各国)調査・視聴覚資料調査など、世界各国の文献情報にアクセスできるサイトを紹介している。拙著『文献調査法』は、国内文献調査を主に冊子体とデータベースを紹介しているが、国外文献の調査でインターネット活用できる詳細情報については、こちらを利用されたい。

３．『**仕事に役立つ専門紙・業界紙**』吉井潤著　青弓社　2017

　　400 もの専門新聞と業界紙の読み方や活用法を紹介したもの。

４．『**情報便利屋の日記　専門図書館への誘い**』村橋勝子著　樹村房　2016

　　企業の資料室や団体機関などの専門図書館における基本的知識や用語を解説し、専門図書館に勤務を希望する司書にとって有用な書籍になっている。また、様々なレファレンス事例も紹介している。

３．レファレンスツール（参考図書など）を探す

　参考図書（レファレンスブックス）とは、調べるための本のこと。例えば、辞典、事典、用語集、年鑑、統計集、文献目録、索引、図鑑等々をいう。英語で「Reference Books」といわれる。参考図書には、二次資料・三次資料がある（例：人物評伝［一次資料］→伝記事典［二次資料］→人物レファレンス事典［三次資料］）。利用者と接していると、「**参考書**」と勘違いしている人がいる。参考書はあくまでも教科書に対して参考にする書物のこと。

１）総合的にレファレンスツールを探す
（１）『日本の参考図書』第 4 版　日本図書館協会　平成 14（2002）年
【どんなときに使うのか】
　国内の主要な参考図書の種類と内容(解題)を知りたい場合に利用する。
【ツールの特性】
　日本国内で出された明治以降から平成 8（1996）年までの主要な「参考図書」を対象に、主要文献 7,033 点を選び、図書ごとに解説（解題）を付した基本文献。カレント情報として、同協会の『日本の参考図書　四季版』がある。第 4 版以前には、『日本の参考図書』→『日本の参考図書』改訂版＆補遺版→『日本の参考図書　解説総覧』があり、現在に至る。主要なものを選定しているので、丁寧に調査する場合は過去の『日本の参考図書』の利用も必要である。
【他ツールとの関係】
　『日本の参考図書』第 4 版以降の分は、次に紹介する『**参考図書解説目録**』（適宜刊行）を活用する。なお、解題はないが全ジャンルを対象にした『**調査研究・参考図書目録**』（本編・索引編 2 冊）改訂新版（図書館流通センター　2002）も参考になる。なお、国立国会図書館が、「**リサーチ・ナビ**」の中で紹介している「参考図書紹介」（解題付き）も役に立つ。
【事　例】
　「ことわざ辞典」はどのようなものがあるか。なお、辞典の特色を解説した文献が見たい。
（答え）
　『日本の参考図書』より『故事ことわざ辞典』のほか、いくつかの「ことわざ辞典」あり。

（２）『**参考図書解説目録 2017-2019**』日外アソシエーツ　令和 2(2020)年
　1990〜2002 年版までの『年刊参考図書解説目録』の続編、『参考図書解説目録 2003-2007』『参考図書解説目録 2008-2010』『参考図書解説目録 2014-2016』がある。参考図書を網羅的に収集し解題を付す。なお、同社が提供する「**日外 e-レファレンス・ライブラリー**」（日外アソシエーツの参考図書を一括検索できるとともに全文も収録）でも利用できる。

　　　　　　参考図書(Reference Books)の解説版の代表には『**日本の参考図書**』(p.32)があるが、最新版(2002)が刊行されてからかなりの時間が経過しているので、上記（2）の『**参考図書解説目録**』にて繋いでおく必要がある。参考図書の比較研究は、図書館司書にとってとても大事な仕事の一つである。自己研修に役立つ。

（3） Guide to Reference　Chicago　American Library Association　2008〜

　Guide to Reference Books（Chicago, American Library Association, 1986〜）の最新版。デー
タベースなどの電子媒体のレファレンスツールが入ったことによりタイトル変更となり、オ
ンライン刊行のみとなった。1万6,000点を超えるレファレンスツールについて概要説明を
している。このツールは、前述の『日本の参考図書』と類似のもので、アメリカのレファレン
スツールを中心に世界各国で出版されたあらゆる分野のレファレンスツール（事典、書誌、
年鑑、統計集、地図、図鑑等々）を採録し、解説（解題）を加えたもの。

（4）　The New Walford Guide to Reference Resources
　　　　　　　　　　　　　　　　　London　Facet Publishing　1980〜　随時刊行
　→Walford's Guide to Reference Material,（Library Association 刊）の改題（2005）
　前述した『日本の参考図書』と類似のもの。イギリスのレファレンスツールを中心に世界各
国で出版されたあらゆる分野のレファレンスツールを採録。アメリカの Guide to Reference
とともに、外国の参考図書などを探すための基本ツール。データベースなどの電子媒体のレ
ファレンスツールが入ったことによりタイトル変更となった。構成は、全3冊（1巻：科学・
技術・医学、2巻：社会科学、3巻：芸術・人文学・全般）。冊子体、データベースがある。

2）特定分野の参考図書（レファレンスブックス）を探す

（1）『日本年鑑総覧』　書誌研究会編　日本図書センター　昭和62年（1987）

　宝暦7（1757）〜昭和62（1987）年6月末日までの間に、日本および外国において、日本
語で書かれた「年鑑」または「アニュアル」と題された図書を集めたもの。収録点数は、1,253
点である。解説はない。

（2）『年鑑・白書全情報』日外アソシエーツ

　年鑑、白書、年報、年刊類などをジャンル別に収録。書名、事項名索引がある。

① 　『年鑑・白書全情報 45-89』日外アソシエーツ　平成3（1991）年
② 　『年鑑・白書全情報 1990-2002』日外アソシエーツ　平成15（2003）年
③ 　『年鑑・白書全情報 2003-2012』日外アソシエーツ　平成25（2013）年
④ 　『年鑑・白書全情報 2013-2022』日外アソシエーツ　令和4（2022）年
　　　最新版は約1万4,000点を収録。随時継続刊行される。

（3）『辞書・事典全情報 45-89』〜　　日外アソシエーツ　平成2（1990）年〜

　昭和20年からの国内で刊行された辞書、事典、用語集、百科事典など約1万5,000点を収
録。最近のものは、内容紹介・目次付き。続編として『辞書・事典全情報 90-97』平成11（1999）、
『辞書・事典全情報 1998-2005』平成18（2006）、『辞書・事典全情報 2006-2013』平成25（2013）、
『辞書・事典全情報 2013-2020』令和2（2020）。継続刊行される。

（4）『便覧図鑑年表全情報 45-89』～　日外アソシエーツ　平成 3（1991）年～

　ある特定期間に刊行された便覧・図鑑・年表を収録した参考図書目録。索引には書名、事項名がある。以降、『便覧図鑑年表全情報 90-99』平成 13（2001）年、『便覧図鑑年表全情報 2000-2010』平成 21（2010）年、『便覧図鑑年表全情報 2010-2019』令和 2（2020）年と続く。

（5）『名簿・名鑑全情報 45-89』～　　日外アソシエーツ　平成 3（1991）年～

　最初の版は、昭和 20～平成元年の間に刊行された紳士録、人名事典、会社年鑑、団体名簿など約 6,200 点を収録。索引には書名、事項名がある。続編に、『名簿・名鑑全情報 1990-2004』平成 17（2005）年がある。

（6）主題別『レファレンスブック』シリーズ　日外アソシエーツ　平成 22（2010）年～

　主題別にレファレンスブック（参考図書）を調査したい場合には、下記のものが使える。刊行年が異なることから収録年に違いがあるものの、1990 年からのものを採録。刊行年順。『福祉・介護レファレンスブック』2010、『「食」と農業レファレンスブック』2010、『児童書レファレンスブック』2011、『動植物・ペット・園芸レファレンスブック』2011、『環境・エネルギー問題レファレンスブック』2012、『学校・教育問題レファレンスブック』2013、『美術・文化財レファレンスブック』2013、『図書館・読書・出版レファレンスブック』2014、『歴史・考古レファレンスブック』（1990-2013 の 24 年間）2014、『文学・詩歌・小説レファレンスブック』2014、『事故・災害レファレンスブック』2015、『児童・青少年レファレンスブック』2015、『音楽・芸能レファレンスブック』2016、『スポーツ・運動科学レファレンスブック』2017、『日本語レファレンスブック：熟語・語源・ことわざ・方言』2017、『科学への入門レファレンスブック』2017、『地理・地誌レファレンスブック』2018、『郷土・地域をしらべるレファレンスブック』2018、『観光・まちづくりレファレンスブック』2019、『日本の伝統文化・風習レファレンスブック』2020、『人をしらべるレファレンスブック』2021、『国際関係レファレンスブック－国際交流・異文化理解・多文化共生のために』2021、『世界の伝統文化・風習レファレンスブック』2022、『家庭・社会・ジェンダーレファレンスブック』2023。継続刊行。

（7）『日本書誌の書誌』　全 7 巻　天野敬太郎編　日外アソシエーツ
　　　　　　昭和 48（1973）～平成 18（2006）年
　ただし、1～2 巻は巌南堂書店、5 巻においては金沢文圃閣より刊行。
【どんなときに使うのか】
　図書形態の書誌（文献目録・索引類）のみならず、雑誌の中にある書誌も採録しているので、幅広く調査したいときに利用する。特に雑誌に掲載された文献目録・索引類の調査には不可欠である。

【ツールの特性】

　書誌（Bibliography）（※p. 35 参照）を探すときの基本ツール。<u>二次資料</u>（または二次文献）の書誌を対象に編纂しているので、<u>三次資料</u>（または三次文献）といわれる。三次資料とは、二次資料にアクセスするツールのこと。

　収録年は、原則として明治〜昭和 45（1970）年までの刊行物を対象にしているが、<u>総載編（総記編のこと）のみ昭和 40 年まで収録され、遡及調査は 1277（建治 3）年まで行われている</u>ので、<u>国書（古典籍）の文献目録まで調べることが可能である</u>。

　収録対象は、<u>単行書、単行書の中に掲載された書誌、雑誌の中に掲載された書誌を収録</u>。第一巻「総載編」(1973)に出版目録、古書目録、図書館蔵書目録、個人著作目録等を主として収録。明治維新前の書誌 215 点を含み、昭和 40 年までに発表された 6,335 点を収録。第二巻「主題編Ⅰ」(1981)に図書・図書館学、人文科学総記、哲学、心理、宗教、歴史、地理分野の書誌（8,560 点）。第三巻「主題編Ⅱ」(1984)に芸術、語学、文学分野。第四巻「人物編Ⅰ」(1984)に芸術、語学、文学分野（5,450 点）。第五巻「主題編Ⅲ」(2006)に社会科学編。

【他ツールとの関係】

　当文献と同じ基準で編纂されているのが、後述する『書誌年鑑』。少し空白があるが、継続的に利用できる。

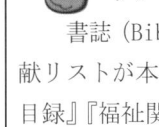

> ワンポイントアドバイスー書誌とは？　書誌の書誌とは？ー
>
> 　書誌（Bibliography）とは文献目録・索引といったもの。目録は、本の巻末にある参考文献リストが本格的な本になったものと考えると分かりやすい。例えば『日本女性史研究文献目録』『福祉関係総合図書目録』。索引は『NDL 雑誌記事索引』『朝日新聞記事総覧』など。「書誌の書誌」とは、各種文献目録や索引類をさらに集め、それを 1 冊にまとめた本などをいう。前述した『日本件名図書目録』『日本書誌の書誌』、後述する『書誌年鑑』、洋書では <u>World Bibliography of Bibliographies</u>(Rowman and Littlefield)、<u>Bibliographic Index</u>(Wilson →Wilson Web 版に Bibliographic Index Plus)などがある。したがって、「書誌の書誌」の言葉の最初の書誌は、単体の文献目録（例：『日本女性史研究文献目録』）を指し、後者の意味の書誌は、各種文献目録を集めて作成された文献目録を指す。

（8）『書誌年鑑』　深井・中西・有木等編　日外アソシエーツ　昭和 57（1982）年〜 年刊

　この文献は、『日本書誌の書誌』に相当するもので、書誌文献調査の幹になる基本文献である。収録年は昭和 55（1980）年からであるため、『日本書誌の書誌』との間に空白があることに留意する。収録期間は当該年度の 4 月〜翌年の 3 月までに発表された書誌と、前年度に漏れがあった分を入れた分を収録している。収録書誌の種類（図書・雑誌などの中からも採録）は、主題書誌、人物書誌、地域書誌（日本・世界の歴史、地理の書誌、各地の団体刊行物・業績目録など）、雑誌総目次・総索引（各雑誌の 2 年間以上にわたるもの）、書誌関係文献より成る。人文・社会科学関係分野を主としている。索引は編者名索引がある。

（９）『**日本書誌総覧**』日外アソシエーツ　平成 16（2004）年

　昭和 20（1945）〜平成 15（2003）年の戦後 59 年間に単行図書として編集・刊行された図書目録・記事索引・文献解題書など書誌類約 2 万 5,000 点を収録した"書誌の書誌"。名著案内、児童書ガイドなども収録されている。なお、人物、主題、地名などから文献が直接引ける「事項名索引」が付いている。

（１０）『**主題書誌索引**』　深井人詩編　日外アソシエーツ　昭和 56（1981）年〜

　若干重複期間があるが、前述の『**日本書誌の書誌**』を補完できるもの。収録は昭和 41（1966）〜昭和 55（1980）年まで。収録対象は、『**日本書誌の書誌**』と同様、単行図書、単行図書中の文献リスト、雑誌中の文献リストを収録。ある主題のもとに集められた文献のリストを対象にし、人文・社会科学関係分野を主としている。書誌記述数 1 万 1,150 件。継続文献として『**主題書誌索引 81／91**』(1994)、『**主題書誌索引 1992-2000**』(2003)、『**主題書誌索引 2001-2007**』(2009)、『**主題書誌索引 2008-2014**』(2016) が刊行されている。以降適宜刊行。

（１１）『**人物書誌索引**』　深井人詩編　日外アソシエーツ　昭和 54（1979）年

　前述の『**日本書誌の書誌**』を補完する。また『**主題書誌索引**』とは期間的に重なる部分がある。昭和 41（1966）〜52（1977）年に発表された人物書誌約 8,000 件。以降、『**人物書誌索引 78/91**』(1994)、『**人物書誌索引 1992-2000**』(2003)、『**人物書誌索引 2001-2007**』(2009)、続編として中西裕編『**人物書誌索引 2008-2014**』(2016)、『**人物書誌索引 2015-2021**』(2023) がある。適宜刊行。

【事　例】

　邪馬台国の研究をしたいが関係する文献が紹介されている文献目録のようなものはないか。

（答え）

　ここでは基本文献の「書誌の書誌」を利用してみたい。前記『**日本書誌の書誌**』の文献を利用してみると「主題編 I 」の「日本−古代」の項に「邪馬台国」という見出しがあり、4 種の文献リストが収録されている。また、『**主題書誌索引**』『**書誌年鑑**』にも複数の関係文献が紹介されているなど、"書誌の書誌"を使うことによって、容易に文献目録から必要文献を探し出すことができる。

　　"書誌の書誌"としての文献の相関関係は下記のようになる。

　　明治元年　　　『**日本書誌の書誌**』

　　　−−−−−−−−−−−−−−−−−−−−→1970（S. 45）

　　　　　　　　　　　『**書誌年鑑**』1980（S. 55）−−−−−−−−−−−−→現在

　　『**日本書誌総覧**』1945（S. 20）−−−−−−−−−−−−−−−−→2003（H. 15）

　　『**主題書誌索引**』1966（S. 41）−−−−適宜刊行−−−−−−−−−−−→現在

　　『**人物書誌索引**』1966（S. 41）−−−−適宜刊行−−−−−−−−−−→現在

■ メモ　本以外の書誌調査に使えるものに『**日本古書通信**』（日本古書通信社）がある。この中に「最近の書誌図書関係文献」が昭和 41 年から連載されている。図書館では購入しているところが多いので尋ねてみるとよい。

 アルファータイム―本の周辺③―

レポート・論文作成に役立つ DVD 　『情報の達人』
「論文の書き方」

　紀伊國屋書店から 2007 年に全 3 巻ものの DVD 版『**情報の達人**』が刊行されている。第 1 巻が「図書館へ行こう！ インターネット時代の情報活用入門」、第 2 巻が「ゼミ発表をしよう！ テーマ選びからプレゼンテーションまで」、第 3 巻が「レポート・論文を書こう！ 誰にでも書ける 10 のステップ」である。特に第 3 巻目は、著者のお気に入りで、大学図書館の現職のときに行っていた図書館利用指導(図書館利用教育)における文献調査法のイントロで随分活用させてもらった。レポート・論文作成がどうも苦手という方がいたらお勧めの DVD。レポートを書くには、10 のステップを守れば、誰もが容易に良いレポートや論文が書けるという内容である。ちなみにそのステップとは、テーマの選択→事前調査→仮アウトラインの作成→関連文献の調査→文献の入手→文献の読解と整理→最終アウトラインの作成→執筆・校正→出典の表示→仕上げ、という 10 の流れである。

　最初からテーマが与えられたレポートの場合はこの流れでよいが、卒論のように自分でテーマを決める場合は、この流れに入る前に「仮テーマ」を決め、卒論作成にふさわしいテーマに関する文献資料が適正(適量)にあるか否か、事前の文献調査を行った上でテーマを決定することが肝要。なぜなら、卒論の失敗は、長いレファレンスデスクでの学生指導の経験から、①文献が少なすぎること、②文献が多すぎること、の 2 点に絞り込むことができるからである。卒論を書くには、適量の文献が理想。提出期限も決まっているので、そこから逆算し、期限に確実に間に合うように対策を決める必要がある。また、卒論を書くには、コア文献がどうしても必要になる。文献目録や索引類を上手に使い、コアとなる学術図書や学術的な雑誌記事・論文を収集しておく必要がある。雑誌記事論文調査なら学術的雑誌を中心に編纂してきた国立国会図書館の「**NDL オンライン**」内の「雑誌記事」や国情研の「**CiNii Research**」を使うのが理想である。もちろん、特定の主題が決まっていれば、主題書誌を使うのも良い。例えば、法律分野であれば、『**法律判例文献情報**』の方が優れており、学術図書・雑誌記事・新聞記事まで同時に調査ができる。

☞　図書館利用ガイド

「レファレンスツール」と「レファレンスブックス」の違い

　「参考図書」とは、レファレンスブックスのことを指す。レファレンスツールとは、レファレンス、すなわち調べる場合の道具（ツール）の全てを指す。最近は、電子媒体のツールが著しく増加してきているが、これらの電子媒体ツールを含め、調べるためのツールを指す。「参考図書」は、紙に限定されるので、「レファレンスブックス」といわれる。用語の使い方に十分注意したい。

４．官公庁資料・白書を探す

　統計調査や調査報告書の類いは、**官公庁資料**（行政資料）に多いので、調査研究や学生のレポート・卒論作成などに官公庁資料は大変役に立つ。また、こうした資料は非売品文献（**灰色文献**）が多く、調べ方を知らないとなかなか入手が困難である。最近は、政府・地方自治体が公表する資料の多くは、各省庁や地方自治体が開設しているホームページ、日本政府の情報ポータルサイト「**電子政府の総合窓口（e-Gov）**」、「**わがマチ・わがムラ-市町村の姿-**」（農林水産省）［無料］や地方公共団体ホームページへのリンク一覧が閲覧できる「**全国自治体マップ検索**」（J-LIS）［無料］を活用することによって、現物を入手することが可能である。

１）政府刊行物資料を探す

「全国官報販売協同組合」　政府刊行物の総合サイト　（無料公開）

　市販されている「**政府刊行物**」の文献を探すなら、インターネット上の「**全国官報販売協同組合**」サイトがお勧め。書籍検索から注文までできる。書籍の検索は、多様な条件検索（キーワード検索、各府省庁別検索、白書・統計・報告書・法令などに分けて検索できる分野別検索、経済・法律・教育など主題別の書籍カテゴリ別検索、新刊検索など）ができるので大変使いやすい。**政府刊行物サービス・センター**一覧もある。電子書籍の紹介、法令解説「時の法令」も搭載。冊子体の『**政府刊行物等総合目録**』（全国官報販売協同組合　年刊［1987年版-2011年版］）は廃刊になっているので、政府刊行物調査はこのサイトを活用する。

　📖　インターネットで「官公庁へアクセス　現物をゲット！」

　官公庁資料を探す場合、国内外ともインターネット利用が便利である。インターネットが学術研究関係者に急速に普及した理由の一つに、アメリカのホワイトハウスが持つ政府関係資料群へ無料でアクセスできる状態にあったことは知られるところである。こうしたスタート事情から、国内の政府刊行物公表資料の多くが、インターネットホームページ上で、無料入手できるようになっている。

ワンポイントアドバイス－政府刊行の「官報」を探す！－

　毎日の政府の出来事を搭載した「官報」を調査するのは結構苦労するものであるが、インターネットで探せる「官報情報検索サービス」が、平成 13 年から会員制定額有料制でスタート（国立印刷局提供）している。昭和 22 年 5 月 3 日（日本国憲法施行日）～当日分の全文が検索・閲覧できる。官報の目次だけなら、「官報目次検索」が無料公開されている。また、冊子として『官報総索引』（年刊）文化図書 1990～もあるので活用できる。

２）白書を調べる

（１）白書について

　白書は、最も世間に知れている官公庁出版文献であり、年鑑的な役割を果たすとともに豊富な統計図表が多いことから、**準参考図書**といわれる。利用されることが大変多いため、利用の際には白書に関する知識が不可欠である。

　白書とは、中央省庁が編集し、法律に基づいて国会報告されるものと閣議報告を行うものとがあり、政治・経済・社会の実態および政府の施策の現状について国民に知らせるものである。民間版で白書と名の付くもの、例えば、日本婦人団体連合会編『女性白書』、電通メディアイノベーションラボ編『情報メディア白書』などがあるが、これらは年鑑的な意味合いはあるものの呼び名を真似しただけで、本来の意味の白書ではない。

　白書の名の由来は、もともとイギリス政府の公式報告書の白い表紙にちなんで White Paper と呼ばれたことから「**白書**」という言葉が生まれた。中には、外務省の『外交青書』というように「**青書**」という呼び名もあるが、これは、イギリスの議会や枢密院の報告書が青色の表紙（Blue book）を使用したために生まれたものである。したがって、白書や青書は、一般に政府の公式文書に使用されるもので、政府の 1 年間の実情報告書と解釈されるものである。

（２）白書利用の注意点

①**原局版書名**［公文書版書名］と**市販版書名**を持っている場合がある

　白書を利用する際、特に注意する必要があるのは、同じ内容の本なのに、二つの書名―すなわち**原局版書名**［公文書版書名］と**市販版書名**を持っている場合が多々あることだ。閣議や国会に提出される白表紙時の「白書」（原局版）書名と、民間の印刷所にて一般に刊行(市販)されるときの書名とは、表紙の装丁が変わるのみならず別書名に変更されることがある。いわゆる**原局版書名**と**市販版書名**の二つの顔を持つケースである。こうしたことから、図書館所蔵の白書に二つの書名のものが入り組んでいたり、図書整理時に書名の取り方が別々になったり、書棚に一緒に並んでいなかったりなど、図書館現場では諸問題を起こすことがある。所蔵をしているのに、利用者から「○○白書を見せて下さい」と言われて OPAC 検索しても、こうした知識がないばかりに「所蔵していません」と答えた事例を知ってい

る。こうした過ちを防ぐには、白書に関する知識が不可欠である。

　なお、**原局版書名・市販版書名**の比較は、国立国会図書館の**「リサーチ・ナビ」（調べ方案内）**の官庁資料「日本−白書・年報」の中に、省庁別の「現在出版されている主な白書の一覧」があるので活用するとよい。

★原局版書名［公文書版書名］（前者）と市販版書名（後者）が異なる白書の例★

　人事院：『年次報告書』　　　　　　　→　　　　『公務員白書』

　内閣府：『年次経済財政報告』　　→　　　　『経済財政白書』

　（前書名：『年次経済報告』）　　　　　　　　（前書名：『経済白書』）

　　　　　　　『交通事故の状況及び交通安全施策の現況』→　『交通安全白書』

　公正取引委員会：

　　　　　『公正取引委員会年次報告』→　『公正取引委員会年次報告：独占禁止白書』

　総務省：『地方財政の状況』　　　　→　　　　『地方財政白書』

　　　　　　　『情報通信に関する現状報告』→　　　『情報通信白書：ICT 白書』

　経済産業省・厚生労働省・文部科学省：

　　　　　　　　　『ものづくり基盤技術の振興施策』　→『ものづくり白書』

　文部科学省：『科学技術の振興に関する年次報告』　　→　　　『科学技術白書』

　環境省：『環境の状況・環境の保全に関する施策；循環型社会の形成の状況・循環型社会の形成に
　　　　　　関する施策；生物の多様性の状況・生物の多様性の保全及び持続可能な利用に関する施
　　　　　　策』　→　『環境白書—循環型社会白書／生物多様性白書』

　国土交通省：『土地に関する動向』　　→　　　　『土地白書』

　　　　　　　『首都圏整備に関する年次報告』　→　　　『首都圏白書』

　　　　　　　『国土交通白書』　　　→　　　『国土交通白書：年次報告』

　　　　　　　『交通の動向』　　　→　　　『交通政策白書』

　厚生労働省：『労働経済の分析』　　→　　　『労働経済白書』

　　　　　　　『我が国における自殺の概況及び自殺対策の実施状況』→『自殺対策白書』

　　　　　　　『我が国における過労死等の概要及び政府が過労死等の防止のために講じた
　　　　　　　施策の状況』　→　『過労死等防止対策白書』

　農林水産省：

　　　　　　　『食育推進施策』　　→　　　『食育白書』

　水産庁：『水産の動向』　→　『水産白書』

　林野庁：『森林及び林業の動向に関する年次報告』　→　　　『森林・林業白書』

②書誌データが図書と雑誌に泣き別れている

　「NDL オンライン」〈図書〉検索では、1985 年以降が目安ではあるが、古い白書は図書扱い、新しいものからは雑誌扱いにされるなど、同じ白書でも図書と雑誌に泣き別れている

ことが多い。この現象は国立国会図書館を問わず多くの図書館に見られる。したがって、検索をする場合は、「図書」「雑誌」の両方から検索するのが望ましい。また、白書と刊行形態が同じ年刊類『○○年鑑』なども同じ傾向にある。したがって、書誌事項の注記・備考欄には細心の注意を払う必要がある。なお、国立情報学研究所が提供する「CiNii Books」の書誌事項は、結構優れているので上手に活用するとよい。

③新聞の見出しには気を付ける

　新聞発表の見出しで『○○白書』という形で公表されるものの、俗称名で出され、実際の正式な書名とは違うことがよくある。したがって、小さな見出しや記事の内容をよく読み、正式な書名を確認する必要がある。

　★俗称名の例★

文部科学省：「教育白書」、以下が正式書名

　昭和 55 年度『我が国の教育水準』、昭和 63 年度より『我が国の文教施策』、平成 12 年度より『文部科学白書』

④書名が変わる

　外務省：『わが外交の近況』　→　『外交青書』

　　　　　『日本の国際協力：政府開発援助（ＯＤＡ）白書』

　　　　　　　　　→　『開発協力白書：日本の国際協力』

　海上保安庁：『海上保安白書』→『海上保安レポート』

📖 　民間の白書一覧

　先述したように、非公式な民間の白書も多く出されており、「統計年報」的なレファレンスツールとして活用することができる。主なものを紹介しておく（末尾番号：NDC1000 区分）。

【主要白書一覧】（書名索引対象外）

『情報メディア白書』 電通メディアイノベーションラボ編　ダイヤモンド社　007

『情報サービス産業白書』情報サービス産業協会編　インプレス　007

『IT 人材白書』情報処理推進機構編 情報処理推進機構社会基盤センター・刊　007

『情報セキュリティ白書』情報処理推進機構編　　情報処理推進機構　　007

『公民連携白書』東洋大学 PPP 研究センター　時事通信社　335

『弁護士白書』日本弁護士連合会編　日本弁護士連合会　327

『司法書士白書』日本司法書士会連合会編　日本加除出版 327

『新規開業白書』日本政策金融公庫総合研究所編

　　　　　　　　　　　佐伯コミュニケーションズ（旧：佐伯印刷）　335

『株式公開白書』ディスクロージャー実務研究会編　プロネクサス　335

『東証上場会社コーポレート・ガバナンス白書』東京証券取引所上場部

　　　　　　　　　　　　　　　　　　　　東京証券取引所　335

🐨ワンポイントアドバイス—「白書」利用に便利な『白書統計索引』と『白書の白書』—

　すでに述べたように、白書の中には、豊富な統計図表がある。白書の数はかなり多いので、何の白書の中に、どのような統計図表があるかは、簡単に分からない。そこで、各種白書（主要な民間白書も含む）の中に、どのような統計図表があるかがすぐ分かるように作成されたものに、『白書統計索引』（p. 66 参照）がある。最新刊は『白書統計索引 2022』（日外アソシエーツ 2023）。1997 年版から刊行を始め、その後は適宜刊行。例えば、国内における最近の外国人旅行者の数が出ている統計図表が欲しいと思えば、この「白書統計索引」を使い、事項目の「外国人旅行者」を引くと『観光白書』に掲載されていることが分かる。統計図表番号も付されているので、現物の『観光白書』を見る場合でも図表に容易にアクセスできる。

　なお、『白書の白書』（木本書店編集部　木本書店　1986〜）も年刊形式で継続刊行されているので、最新の「白書」の全体状況(刊行状況など)を確認するのに活用できる。

５．翻訳図書を探す

翻訳図書を探す人は結構多いものである。ここでは翻訳図書調査の基本文献を紹介する。

（１）『**翻訳図書目録**』日外アソシエーツ　平成 3（1991）年〜　随時刊行

【どんなときに使うのか】

　<u>国内で出版された昭和 20 年からの全分野の**翻訳図書**を調査する</u>ときに利用する。

【ツールの特性】

　構成は、Ⅰ.総記・人文・社会、Ⅱ.科学・技術・産業、Ⅲ.芸術・言語・文学、Ⅳ.総索引（4 分冊）から成る。本文は、原著者名アルファベット順と原著者名カナ表記の五十音順によって構成。索引は原書名索引（アルファベット順）、訳書名索引（五十音順）、原著者名カナ表記索引（五十音順）がある。今までに刊行されているものは下記の通り。

　　　　『翻訳図書目録 45/76』　　　全 3 冊　　平成　3（1991）
　　　　『翻訳図書目録 77/84』　　　全 3 冊　　昭和 59（1984）
　　　　『翻訳図書目録 84/88』　　　全 3 冊　　昭和 63（1988）
　　　　『翻訳図書目録 88/92』　　　全 3 冊　　平成　4（1992）
　　　　『翻訳図書目録 92/96』　　　全 4 冊　　平成　9（1997）
　　　　『翻訳図書目録 1996/2000』　全 4 冊　　平成 13（2001）
　　　　『翻訳図書目録 2000/2003』　全 4 冊　　平成 16（2004）
　　　　『翻訳図書目録 2004/2007』　全 4 冊　　平成 20（2008）
　　　　『翻訳図書目録 2008/2010』　全 4 冊　　平成 23（2011）
　　　　『翻訳図書目録 2011/2013』　全 4 冊　　平成 26（2014）
　　　　『翻訳図書目録 2014/2016』　全 4 冊　　平成 29（2017）
　　　　『翻訳図書目録 2017/2019』　全 4 冊　　令和　2（2020）　以降継続刊行

【他ツールとの関係】

　　明治期〜戦前期までの分は、次の『**翻訳図書目録　明治・大正・昭和戦前期**』を利用。

【事　例】

　トマス・モアの『ユートピアと権力と死－トマス・モア没後四五〇年記念』という本が訳本として出ているはずだが、出版社および出版年、また価格を知りたい。

　（答え）

　『翻訳図書目録 84/88』の索引からアプローチができる。1 冊目の p.388 に該当する図書を発見することができる。

例

> More, Sir Thomas, Saint　モア, トマス　ユートピアと権力と死－
> トマス・モア没後四五〇年記念　トマス・モア〔著〕　日本トマス・モア
> 協会編　荒竹出版　'87.1　287p 20cm　4000 円
> 内容：ピコ伝　塚田富治訳、　警句集　菊池理夫訳

（2）『翻訳図書目録　明治・大正・昭和戦前期』日外アソシエーツ　紀伊國屋書店〔発売〕
　　　前者『翻訳図書目録』の戦前以前の分をまとめたもの。このツールを使うことによっ
　　て、明治～昭和戦前期までの全分野の翻訳本を探すことが可能である。
①　『翻訳図書目録　明治・大正・昭和戦前期〈1〉総記・人文・社会』2006
　　　明治元(1868)～昭和19(1944)年に刊行された翻訳図書1万5,807点を収録。
②　『翻訳図書目録　明治・大正・昭和戦前期〈2〉科学・技術・産業』2006
　　　明治元(1868)～昭和19(1944)年に刊行された翻訳図書4,962点を収録。
③　『翻訳図書目録　明治・大正・昭和戦前期〈3〉芸術・言語・文学』2007
　　　明治元(1868)～昭和19(1944)年に日本国内で刊行された翻訳図書ないしは翻訳を
　　　含む図書を収録。収録図書1,236点。
④　『翻訳図書目録　明治・大正・昭和戦前期〈4〉総索引』2007

（3）『明治・大正・昭和　翻訳文学目録』国立国会図書館編　風間書房　昭和34（1959）年
【どんなときに使うのか】
　明治から昭和30年までに刊行された文学分野の翻訳図書調査に利用する。
【ツールの特性】
　構成は、第Ⅰ部.大正元年－昭和30年、第Ⅱ部.明治元年－明治45年、および著者名索引
からなっている。収録点数は約4万点。本文の配列は、第Ⅰ部は原著者の五十音順、第Ⅱ部
は刊年順。この書でいう翻訳文学は、小説・戯曲・詩・評論・随筆・紀行・日記・書簡を含む
が、収載した著者の作品は、文学と関係がないものでも網羅的に収録している。
【他ツールとの関係】
　昭和31年以降分の調査は、前述の『翻訳図書目録』の文学分野を使う。類書に、『明治翻
訳文学総合年表』（明治翻訳文学全集『新聞雑誌編別巻1』大空社　2001）がある。

【事　例】
　イギリスの作家、スティーヴンソンの『ジィキル博士とハイド氏』佐々木直次郎訳の本を
探しているが、どこの出版社であったか、文庫で出ていたのかを知りたい。
　（答え）
　『明治・大正・昭和　翻訳文学目録』を使い、原著者のスティーブンソンから当たることに
よって下記のように見いだすことができる。

例	スティヴンソン　Stevenson, Robert Louis Balfour (1850) イギリス ジィキル博士とハイド氏　佐々木直次郎　新潮社　昭25　新潮文庫 　　　　　　　　　　　　　　　　Dr. Jekyll and Mr.Hyde

（4）『児童文学翻訳作品総覧－明治大正昭和平成の135年翻訳目録』全8巻

大空社　平成17（2005）～18（2006）年

　この文献は、明治・大正・昭和・平成時代（H16まで）の135年間の児童文学翻訳作品を集めたものである。この文献により、明治期からの児童文学翻訳作品が容易に調査できるようになった。巻構成は、1・2巻がイギリス編、3・4巻がフランス・ドイツ編、5巻が北欧・南欧編、6巻がスペイン・ロシア編、7巻がアメリカ編、8巻がその他編となっている。

（5）『全集・合集収載翻訳図書目録シリーズ』日外アソシエーツ

　全集類の形で刊行された翻訳出版物に含まれる、様々な分野の著作の中にある翻訳文献を収録している。全集・叢書・双書などの中にある翻訳文献も容易に調べられる。本文は原著書名アルファベット表記とカナ・漢字表記。書名索引もあり。現在、以下のものが刊行されている。
① 　『全集・合集収載翻訳図書目録45/75』日外アソシエーツ　平成8（1996）年
② 　『全集・合集収載翻訳図書目録76/92』日外アソシエーツ　平成7（1995）年
③ 　『全集・合集収載翻訳図書目録1992-2007』 日外アソシエーツ 平成21（2009）年
内容構成は Ⅰ.総記・人文・社会、Ⅱ.科学・技術・産業、Ⅲ.芸術・言語・文学の3分冊。

（6）Index Translationum　年刊　Paris　Unesco　1932-1992

　「ユネスコ世界翻訳書総目録」である。Web版にて提供されている。データベースは、ユネスコに集う世界100を超える国家から出版された翻訳図書（1979-）を搭載している。Web版は、Unesco Webサイト内にある翻訳図書データベースを利用する（無料）。

 翻訳図書探索のポイント

前記のように『翻訳図書目録』・『翻訳図書目録　明治・大正・昭和戦前期』・『全集・合集収載翻訳図書目録』など、翻訳調査ツールが揃っているので効果的に活用すること。

　　　アルファータイム―本の周辺④―

　　　　　図書館広報の指針　　『図書館広報実践ハンドブック』

　図書館では、様々な広報活動がなされている。どういう仕掛けをするか否かで図書館活動が活発になったり沈んだりする。そういう意味において、図書館における広報活動は重要である。こうした図書館広報の指針的に編纂されたのが、私立大学図書館協会東地区部会研究部企画広報研究分科会編『図書館広報実践ハンドブック-広報戦略の全面展開を目指して』である。大学図書館の司書たちの研究成果をまとめたもので、第1章「停滞的現状-実践を阻むカベの厚さ」、第2章「広報のための20大手段」、第3章「実現のための基本戦略」、第4章「立ち塞がるカベ-停滞の悪循環構造」、第5章「実践の手引き」、第6章「基本戦術42」より成る。広報に必要なのは、やはり仕掛け。図書館広報の虎の巻として活用できる。

6．全集・叢書から探す

　全集には、個人全集をはじめ特定の目的に従い多種類の作品を集めた全集—例えば、日本文学全集、日本古典文学体系、考古学選集、近代経済学体系、教養全集等々、挙げればきりがないほど多くの全集類が出ている。用語的には、全集、叢書、体系、大系、選書、文庫、双書、講座、シリーズといったもので複数巻から成るものを指している。

　個別に単行書として刊行されているときは、単純に図書館OPACを検索したり、今まで述べた基本文献にて調査できるが、何かのセット物の中の一部に収録されている場合は、セット物の中から調査できる専門のツールを利用する必要がある。特に、国書(日本の古典籍→江戸末期までの図書)や文学作品の場合に必要である。

（１）　　『**全集・叢書細目総覧**』　古典編＆索引編　全２巻　国立国会図書館編

　　　　　　　　　　　　　　　　　紀伊國屋書店　昭和48（1973）～52（1977）年

　　　『**全集・叢書細目総覧**』　古典編・続、付索引　全１巻　国立国会図書館編

　　　　　　　　　　　　　　　　　　　　紀伊國屋書店　平成元（1989）年

【どんなときに使うのか】

　江戸末期までに日本人によって書かれた古典籍、いわゆる国書を探す場合に使用する。国書のほとんどは何かのセット物に収載されていることが多いので、図書館のOPAC検索調査では限界がある。したがって、このツールを上手に活用する。

【ツールの特性】

　"古典編"とあるように、国内で出された国書を対象としたもの。収録されているものは、国の初めより幕末までに日本人によって書かれた書物(国書)。明治以降～昭和45年末までに活字本として刊行された、古典の全集・叢書の内容細目を集めた目録。続編は、昭和46～60年までの間に刊行された全集・叢書を収録の対象としている。書名索引・難読索引がある。本体の全集・叢書名を五十音順に配列し、その下に内容作品の紹介がある。全集・叢書類は1,200種。内容を個々の作品ごとに検索でき、本体の該当ページにアプローチできる。

【他ツールとの関係】

　国書は、江戸時代中期から塙保己一によって編纂が始まった『**群書類従**』『**続群書類従**』『**続続群書類従**』にも収録されている。その内、前者の2種類は国立国会図書館にてデジタルコレクション化。3種類は「**ジャパンナレッジ（JapanKnowledge）**」（有料データベース）で全文電子化され提供されている。

【事　例】

　沢庵和尚の著作『不動智神妙録』、『東海夜話』を見たいが、沢庵全集のようなものは出ているか。

　（答え）

　『全集・叢書細目総覧』古典編の作品名の索引より、3種類の沢庵全集を見いだすことができる。内、二つの全集に、質問の2作品が入っていることが分かる。

メモ

　どういう叢書があるか？　こうしたことを調べたいときに参考になるものを次に紹介する。古くはなったが、過去よく利用されたものに『全集叢書総覧』（八木書店 1975）『新版 日本叢書索引』（名著刊行会 1969）がある。併せて覚えておくとよい。

（２）『全集・叢書総目録 45/90』〜　　日外アソシエーツ　平成 4（1992）年〜

　戦後の国内の全集・叢書類を集めた目録。最初の版の巻構成：①総記　②人文　③社会　④科学・技術　⑤芸術・言語　⑥叢書名索引。続編として『全集・叢書総目録 91/98』全 6 冊（1999）（構成が若干変更→④科学・技術・産業　⑤芸術・言語・文学　⑥総索引）、『全集・叢書総目録 1999-2004』全 6 冊（2005）、『全集・叢書総目録 2005-2010』全 6 冊（2011）。『全集・叢書総目録 2011-2016』全 6 冊（2017-2018）と、続く。

（３）『全集・叢書総目録　明治・大正・昭和戦前期』　日外アソシエーツ

①『全集・叢書総目録　明治・大正・昭和戦前期〈1〉総記・人文・社会』　　平成 19（2007）年

　前記『全集・叢書総目録 45/90』の戦前の遡及版である。これにより、明治期から一貫して調査が可能となった。本書は、1868〜1944 年に刊行された全集・叢書類および多数の主題にまたがる、または特定の主題を持たない全集・叢書類、1 万 7,481 種、6 万 8,450 点を収録している。

②『全集・叢書総目録　明治・大正・昭和戦前期〈2〉科学・技術・産業・芸術・言語・文学』

　　　　　　　　　　　　　　　　　　　　　　　　　　　　　　平成 19（2007）年

　1868〜1944 年に刊行された 1 万 8,769 種 6 万 3,669 点を収録。①同様『全集・叢書総目録』シリーズの遡及版。

（４）『全集講座内容総覧』日外アソシエーツ

①『全集講座内容総覧 1995-1999』日外アソシエーツ　平成 12（2000）年

　文学全集以外のあらゆる分野・領域の全集・講座・選集・大系など 221 種、1,897 冊の内容細目を掲載している。もともと出されていた『人文社会全集講座内容綜覧　社会編』（1995）、『人文社会全集講座内容綜覧　人文編』(1995) の継続・延長版として作成されたもの。収録対象は、全集類の内容細目で複数の単独著者がいる論文・講義録が中心。後述する雑誌記事・論文の探し方と関連付けておきたい。

②『全集講座内容総覧 2000-2004』日外アソシエーツ　平成 17（2005）年

　前記の続編。全集・講座・選集・大系など 241 種、1,904 冊の内容細目を掲載。

（５）『個人著作集内容総覧』日外アソシエーツ　紀伊國屋書店〔発売〕

　1997〜2006 年の 10 年間に刊行された各分野の個人著作集・全集の内容細目を調べることができる。

① 『個人著作集内容総覧 1997-2001』上・下　平成 14（2002）年

　　　上巻は、人文・自然科学など各分野の文芸作家を除く個人著作集・全集の内容細目総覧。
　著作集 312 種、1,416 冊を収録。下巻は、社会科学・科学技術・産業・芸術・言語・文学
　の各研究者や著述家の個人著作集・全集の内容細目総覧。著作集 301 種、1,109 冊を収録。

② 『個人著作集内容総覧 2002-2006〈上〉総記・人文』平成 19（2007）年

　　　前記『個人著作集内容総覧 1997-2001』上の継続版。2002〜2006 年に刊行された 224
　人の個人著作集・全集類を精査。241 種 979 冊の内容細目を掲載。
　　　上下とも論題索引あり。

③ 『個人著作集内容総覧 2002-2006〈下〉社会・科学・芸術・文学』平成 19（2007）年

　　　前記『個人著作集内容総覧 1997-2001』下の継続版。2002〜2006 年に刊行された 257
　人の個人著作集・全集類を精査。267 種 735 冊の内容細目を掲載。

（6）『現代日本文学綜覧シリーズ』　日外アソシエーツ　昭和 57（1982）年〜

　　　文学の全集調査に欠かすことができないツール。シリーズを下記に紹介する。

　① 全集一般

　1 期版：『全集・内容綜覧』2 冊、『全集・作家名綜覧』2 冊、『全集・作品名綜覧』2 冊。
　　　　明治以降昭和 56（1981）年までの主要文学全集 104 種、3,200 冊の内容細目が一覧
　　　できる。刊行された個々の全集内容を調査するのに便利。（1982 刊）

　2 期版：1 期版と同じ編成。昭和 57（1982）〜平成 4（1992）年までの間に刊行された全集
　　　　28 種類、438 冊を対象にしている。各 1 冊。（1993 刊）

　3 期版：個人全集と統合されて刊行。『全集／個人全集・内容綜覧』1 冊、『全集／個人全集・
　　　　作家名綜覧』2 冊、『全集／個人全集・作品名綜覧』2 冊として刊行。平成 5（1993）〜
　　　　平成 9（1997）年までに刊行された全集の細目一覧。（1998 刊）

　4 期版〜：3 期版と同じ編成。平成 10（1998）〜平成 15（2003）年までに刊行された全集
　　　　の細目一覧。（2004 刊）続いて 5 期（2010）、6 期（2016）、7 期（2022）。適宜刊行。

　② 個人全集

　1 期版：『個人全集・内容綜覧』5 冊、『個人全集・作品名綜覧』4 冊。収録範囲は、詩歌、
　　　　戯曲、児童文学などの専門ジャンルのものを除き、明治以降〜昭和 58（1983）年までに
　　　　520 名、557 種の個人全集の内容細目一覧。（1984-1985 刊）

　2 期版：『個人全集・内容綜覧』2 冊、『個人全集・作品名綜覧』3 冊から成る。収録範囲は、
　　　　昭和 59（1984）〜平成 4（1992）年までに出された文学者、思想家、評論家など 193 名、
　　　　224 種の個人全集の内容細目一覧。（1994 刊）

　3 期版（1998）〜：全集一般と統合刊行。以降は、上記「全集一般」の「4 期版〜」を参照。

　③ 詩歌全集関係

　1 期版：『詩歌全集内容綜覧』2 冊、『詩歌全集・作家名綜覧』2 冊、『詩歌全集・作品名綜
　　　　覧』2 冊がある。収録対象は、昭和 4（1929）〜昭和 59（1984）年刊行のもの。

２期版：『詩歌全集内容綜覧』１冊、『詩歌全集・作家名綜覧』２冊、『詩歌全集・作品名綜覧』２冊。収録対象は、昭和59（1984）～平成11（1999）年刊行。

④児童文学関係

ａ．『児童文学個人全集・内容綜覧』１冊、『児童文学個人全集・作品名綜覧』２冊。昭和20（1945）～平成5（1993）年までに刊行された児童文学における主要な個人全集173種、1,316冊の内容と作品名一覧が分かる。**第Ⅲ期版**が『児童文学個人全集・内容綜覧　作品名綜覧〈第Ⅲ期〉』として平成25(2013)年に刊行された。

ｂ．『児童文学全集・内容綜覧　作品名綜覧』（1995）。昭和20（1945）～平成6（1994）年までの児童文学全集49種923冊の細目一覧。**第Ⅱ期版**(2004)として、平成7（1995）～平成15（2003）年分の52種541冊を採録。

ｃ．『児童文学全集・作家名綜覧』１冊。前記ｂ．のⅠ期版、約２万1,000点の作家名索引。

⑤戯曲・シナリオ

『戯曲・シナリオ集　内容綜覧』平成14（2002）年
文学一般・ルポルタージュを採録。昭和23(1946)～平成13年（2001）までの間に日本国内で刊行された戯曲・シナリオ集（古典芸能を除く）の内容細目集。
第Ⅱ期(2002～2011)が平成24(2012)年、第Ⅲ期(2012～2022)が令和5(2023)年に継続刊行。

【事　例】
『太宰治の建碑式』という作品を読みたいが、何の全集に収録されているかを知りたい。
（答え）
『現代日本文学綜覧シリーズ』１期版の「個人全集・作品名綜覧」編の「たさい」の項に当たると、『太宰治の建碑式』が『浅見淵著作集』の第３巻目にあることが分かる。

（７）『児童文学テーマ全集内容総覧』日本編、世界編　日外アソシエーツ　平成15(2003)年
なお、続編として『日本編 2003-2012』(2013)がある。

（８）『日本古典文学全集・内容綜覧』『日本古典文学全集・作品名綜覧』日外アソシエーツ
前者は、第１期（2005）、第２期(2019)として刊行。いずれにも付録として作家名索引がある。後者の『日本古典文学全集・作品名綜覧』は、第１期(2005)、第２期(2019)として刊行。第２期では、両者とも古典文学全集84種類からの内容細目を搭載。

　メモ　　日外アソシエーツから電子書籍版も刊行されている

『CD-現代日本文学全集綜覧』、『CD-世界文学全集綜覧』、『CD-児童文学全集綜覧』など、数多くの電子書籍版も刊行されているので、冊子体のみならず電子体も利用可能。

アルファータイム—本の周辺⑤—『法情報の調べ方入門』

『**法情報の調べ方入門-法の森のみちしるべ**』補訂版（ロー・ライブラリアン研究会編　日本図書館協会 2017）は、『リーガル・リサーチ』いしかわまりこ編著(日本評論社 2012)以来版を重ねてきた法律を学ぶ基本的な書籍。サブタイトルに「法の森のみちしるべ」とあるように、法情報の世界、法体系、法令の条文を探す、法令の解説資料を探す、通達・告示等を探す、法律はどう作られるか、行政機関が発する法情報を探す、判例とは、判例を探す、判例評釈を探す、審決・裁決等を探す、法分野の人物・図書館・書店情報で構成され、法律情報調査専門の入門的書籍であるとともに、図書館現場の法律情報支援マニュアルとしても活用できる。

（9）　『世界文学綜覧シリーズ』　日外アソシエーツ　昭和 61（1986）年～
　前記『現代日本文学綜覧シリーズ』の姉妹編

　　　日本文学同様、世界文学関係全集にも全集一般(例：「世界文学全集」)と個人全集(例：「ダンテ全集」)がある。全集一般では、作家名別、作品別に調査する必要があり、個人全集では、作品別に調査する必要がある。これらのニーズを解決するために編纂されたのが下記ツールである。

① 　『**世界文学全集・内容綜覧**』2 冊、『**世界文学全集・作家名綜覧**』2 冊、『**世界文学全集・作品名綜覧**』2 冊。大正 15（1926）～昭和 59（1984）年までに刊行された。
　　世界文学全集 166 種、3,100 冊の内容細目が一覧できる。

② 　『**世界文学個人全集・内容綜覧**』2 冊、『**世界文学個人全集・作品名綜覧**』2 冊。明治～昭和 61（1986）年までに国内で翻訳刊行された、主要な世界文学個人全集 394 種，作家 191 名、約 2,800 冊の内容細目が一覧できる。

　①と②の続編として次の③が刊行されている。

③ 　『**世界文学全集／個人全集・内容綜覧**』1 冊、『**世界文学全集／個人全集・作家名綜覧**』1 冊、『**世界文学全集／個人全集・作品名綜覧**』1 冊（1998 刊）。
　　昭和 61（1986）～平成 9（1997）年の間に刊行された世界文学全集 38 種、364 冊、102 名の作家の個人全集 125 種、517 冊の内容細目が一覧できる。
　　この**続編**として**第Ⅲ期分**（1998-2004 年分）が 2005～2006 年に刊行され、**第Ⅳ期分**（2005～2016 年分）が 2017 年に刊行。

④『**世界文学詩歌全集・内容綜覧**』『**世界文学詩歌全集・作家名綜覧**』『**世界文学詩歌全集・作品名綜覧**』各 2 冊（2003 刊）。
　　昭和 23（1948）～平成 13（2001）年までに刊行された、海外の詩歌作品を収録した全集・叢書 43 種 513 冊を収録。原本調査から目次に記載のない作品解説や年譜なども採録。2,798 名の作家の作品 6 万 415 件、作品数 5 万 4,027 点を収録。

⑤『世界児童文学全集・内容綜覧』(1998)『世界児童文学全集・作品名綜覧』2冊(1999)
　『世界児童文学全集・作家名綜覧』2冊(1999)
⑥『世界児童文学個人全集・内容綜覧』『世界児童文学個人全集・作品名綜覧』(2000)
　　1945～2000年までに刊行が完結した児童文学全集233種、1,412冊を収録。
　『世界児童文学全集/個人全集・内容綜覧作品名綜覧』Ⅱ期(2018)
　『世界児童文学全集/個人全集・作家名綜覧』Ⅱ期(2019)
　　1995～2017年に刊行が完結した世界児童文学全集・個人全集を採録。

> この『世界文学綜覧シリーズ』は、原綴りからも引けるようになっているので、日本での人名の読み方や日本名での題（邦題）が分からなくても検索が可能である。単行本がないものでもこの索引の活用により、全集に入っているものの中から探し出すことができる。索引には、収録全集一覧、出版者（社）索引、作家名・作品名原綴索引が用意されている。

7．書評された図書を探す

　図書を選ぶ場合、その内容が一応の評価を得たものであるかどうかという観点から、書評されているか否かが、図書選定の重要な要素になることが多い。

　日常的には、日刊新聞の書評欄が多く読まれているようであるが、書評や出版記事などを専門とした『図書新聞』や『新文化』『週刊読書人』などもある。しかし、いざ書評されているかどうかを調べるとなると、決して容易ではない。そんなときに、書評された図書を探すための文献を利用することによって、効率的かつ系統的に調査することができる。ここでは、これらの代表的な基本文献2点を挙げておきたい。

（1）　『書評年報』1970～2000年版　書評年報刊行会

昭和46(1971)～平成13（2001）年

　主要新聞・雑誌に掲載された書評の書名、著者、出版者、定価と評者名および掲載紙誌名（発行月・号数）などを収録してきた。平成12年をもって廃刊となったが遡及調査に役立つ。収録紙誌約100。刊行形態は本編「人文・社会・自然編」と別編「文学・芸術・児童編」に分けて刊行。索引は、図書名索引、著訳編者名索引、評者名索引より成る。

（2）　Book Review Digest Plus　　　　　EBSCO

　代表的なアメリカの書評誌の有料サイト。約80誌の雑誌に掲載された書評のダイジェスト付き索引誌で、書評対象はアメリカ国内のものに限定されている。1983年まで調査が可能。

　原著者、タイトル、ページ、価格、出版事項、書評文などが記載されている。レビューの多くはアカデミック作品を取り上げ、文学や伝記研究のための貴重なリソースになっている。

8．主題から文献を探す

　今までは、総合的なレファレンスツールによって調査することを述べてきたが、特定の主題に関する文献を調べる場合は、特定の主題テーマのみを扱った専門書誌（主題別の文献目録や索引類）といわれるツールを利用する方が、はるかに効率的に調査できることが多い。

　ここでは、そうした主題調査のための基本ツール（書誌類）を紹介する。主題書誌は、専門主題の特性から「NDL 雑誌記事索引」のようなジェネラルなツールよりも採録を広く、また深く掘り下げる傾向があるため、図書・雑誌記事・新聞記事など幅広く文献を収録している場合が多い。雑誌記事や新聞記事に限定して調査する場合は、後述する雑誌記事および新聞記事の調べ方を参照願いたい。

１）郷土資料（地方史料）を探す場合

　郷土資料は、基本的には、地方自治体の公立図書館が責任を持って管理・提供している。近年では、インターネットの発展により、各図書館が公開するホームページによって外部からでも容易に蔵書検索ができるようになっている。したがって、郷土資料を利用したい場合は、基本的には都道府県市町村が設立した図書館を利用することになる。しかし、事前にどのような郷土の資料があるか否か、専門の調査ツールによって確認をしておけば、迅速に利用することができる。特に、雑誌記事に関しては、国立国会図書館の雑誌記事索引で採録していないものも調査することができるので、ぜひ活用したい。

郷土資料専門の文献目録類

（1）『地方史文献総合目録』阿津坂林太郎編 3 冊　巌南堂書店 昭和 45(1970)～50 (1975)年

　戦前編・戦後編・索引の 3 分冊。明治～昭和 45 年に刊行された図書で、国立国会図書館・主要大学・公立図書館 302 館が所蔵する地方史文献を採録した労作。調査の基本文献。

（2）『全国地方史誌総目録』全 2 巻　日外アソシエーツ　　　平成 19 (2007) 年

　1 巻目：北海道・東北・関東・北陸・甲信越、2 巻目：東海・近畿・中国・四国・九州・沖縄　明治～平成 19 年 3 月に刊行された全国の地方史誌（自治体史）を採録している。基本的には、自治体が編纂・発行した図書を対象にしている。

（3）『全国地方史誌関係図書目録－国立国会図書館納本非流通図書』クオリ 平成 2(1990)年

　平成元(1989)～19(2007)年に国立国会図書館に納本された図書の内、書店購入できない非流通本（非売品図書）のみを対象に収録。年刊、県別。

（4）『県史誌内容総覧 資料編』全 4 冊、『県史誌内容総覧 通史編』全 4 冊

　　　　　　　　　　　　　　　日外アソシエーツ　平成 21(2009)～22 (2010)年

　原本本文から採録した全国の「県史誌」（雑誌）の詳細な内容が分かる細目集。目次には掲載されていない小項目まで記載されている。近世、近現代に区分。明治期以前の調査も可能。

（5）『地方史文献年鑑－郷土史研究雑誌目次総覧－』1997 年版～ 岩田書院　平成 11(1999)年

　～、年刊、採録誌数約 1,600 誌。当該年に発行された地方史研究雑誌を都道府県別に収録し目次を紹介している。

　　　図書については、1.「本の探し方」で紹介した『日本件名図書目録』の地名・団体件名を、雑誌記事では、雑誌記事の探し方の「ざっさくプラス」（『明治・大正・昭和前期雑誌記事索引集成』）のオンライン版（後述）を、ともに郷土資料を調べることができる。

２）アジア関係・国際関係文献を探す場合

（１）アジア経済研究所図書館 OPAC（発展途上国関係）アジア経済研究所　無料公開

【どんなときに使うのか】

　世界の発展途上国に関する文献（図書・雑誌記事など）を幅広く調査したいときに利用する。

【ツールの特性】

　アジア経済研究所図書館が受け入れた世界の発展途上地域の経済・政治・社会などを中心とする諸分野の図書、雑誌情報のみならず独自の雑誌記事を作成し提供している。また、入手困難だった灰色文献や調査レポートなども含む。名称は OPAC になっているが、その中身は研究所が独自に作成している「発展途上国関係データベース」といえるテーマ型専門書誌ツール。日本語文献のみならず、欧米語・中国語・ハングル語など多言語の文献に及ぶ。雑誌記事に関しては、受け入れ雑誌を対象に、個々の雑誌記事や論文を抽出し、記事索引を独自に作成している。特に雑誌記事の検索機能として、国立国会図書館の「NDL 雑誌記事索引」にもない件名検索機能が搭載されている。したがって、記事のタイトルに入力したキーワードがなくても、記事の内容と一致すればそれもヒットするなど、幅広い調査が可能。なお、先進国の発展途上国政策をも含むので、発展途上国関係文献の調査には不可欠なツールである。

【他ツールとの関係】

　テーマ型専門書誌のため採録範囲が深くて広い。そのため国立国会図書館の「NDL 雑誌記事索引」に採録されていない雑誌記事の調査も可能。同類ツールに、次ページに述べる『東洋学文献類目』がある。こちらはアジア（主として東アジア）に限定され、重要な学術文献に限定されている特徴がある。

【使い方】日本語文献を検索したい場合、日本語でタイトルやフリーキーワードで検索すると、最初のヒット一覧画面では日本語文献のみならず、中国語文献やハングル語文献が混ざった状態で時系列順に表示される。画面の左側の絞り込み検索機能を利用し、日本語のみを選択すると日本語文献のみが表示される。各国別の地域指定機能もあるので、国が限定されている場合はこの機能を使うと便利。また、最初の入力画面で図書・雑誌・雑誌記事索引の３つを選択できる。雑誌記事のみを検索したい場合は、最初に雑誌記事にチェック（選択）を入れて検索する。多様な検索機能が用意されているので、とても便利に活用できる。

　なお、検索した結果、現物資料を閲覧したい場合は、書誌データを基に最寄りの図書館などにて利用することもできるが、最寄りの図書館で所蔵していない場合は、直接アジア経済研究所図書館を利用することができる。

　「アジア経済研究所図書館」は、文科省が所管する国立の公開図書館の一つ。開館条件は、公務員の勤務条件に従っているが、一般の人も気軽に利用できる施設。発展途上国関係の研究者、国際関係学部の学生や院生にお勧めの図書館。また、この図書館でのレファレンス係は、皆、特定の地域研究の主題司書（サブジェクトライブラリアン）なので、専門的な相談にも対応してくれる。

★図書館のネットワークサービスにも不可欠★

　図書館は、１館のみでサービスを提供しているわけではない。図書館サービスの基本は、ネットワークサービスである。そうした意味において、「アジア経済研究所図書館」は、重要な専門図書館の一つとして全国の図書館のネットワークに入れておく必要がある。

ワンポイントアドバイス—**アジア経済研究所図書館**と**日本貿易振興機構**—
　アジア経済研究所図書館は、発展途上国を専門にした国立の一般公開専門図書館。**日本貿易振興機構**（JETRO＝ジェトロ）と統合されているので、**日本貿易振興機構**のホームページからも当図書館のホームページにアクセスできる。アジア経済研究所図書館では、学術研究リポジトリ「ARRIDE」を公開しており、刊行雑誌『アジア経済』や『現代の中東』など、研究所職員たちの研究成果の一部の論文を全文閲覧できる。また、「アジア動向データベース」、「近現代アジアの中の日本」など、「デジタルアーカイブス」もある。国別研究者としてのサブジェクトライブラリアンたちが、レファレンスサービスを担当し、遠方からの相互貸借やコピー依頼もできる。なお、「JETRO」が提供するデータベース「J-FILE」（国・地域別情報）は、貿易、経済、投資、地域開発などアジア地域関係も多く含み、世界 100 カ国以上の各国別基礎データをインターネット経由で提供している。

（2）『**東洋学文献類目**』京都大学　人文科学研究所付属東アジア人文情報学研究センター
　　　　　　　　　　　　　　　　　　　　　　　昭和 38（1963）年〜　年刊

　<u>冊子体とデータベースの両方があったが、現在はデータベースのみ(無料公開)。</u>
　<u>セレクトされた良質なアジア関係の学術的図書や雑誌論文を探す場合に使う。収録文献は、日本の文献、中国文、朝鮮文と欧文から成る。データベースの検索は 2 つに分かれ、[第 7 版]と[第 6 版]がある。1934〜1980 年および 2001 年〜現在については[第 7 版]から、1981〜2000 年までの分については[第 6 版]</u>を利用する。なお、中国・韓国など漢字圏の利用者に配慮しているため旧漢字が使用されている。冊子体目録は、昭和 9 年度以来逐年編纂されてきた『**東洋史研究文献目録**』(1934-1960)に始まり、『**東洋学研究文献類目**』(1961-1962)を経て『**東洋学文献類目**』の書名に至るが、1983 年度版(1986 年刊)をもって廃刊。
　前述の**アジア経済研究所図書館 OPAC**「発展途上国関係データベース」(仮称)の採録文献が網羅的なのに対して、当ツールは、専門家(教授など)によって選択されているので、学術的な文献を探すときに活用できる。

【事　例】
　1973 年以降のモンゴルに関する学術図書と雑誌論文にはどのようなものがあるか。
　（答え）
　『東洋学文献類目』のオンラインデータベースの[第 6 版]、[第 7 版]を使う。容易に学術図書・雑誌論文を探し出すことができる。

☞　　☆探索のポイント★
　学術図書・雑誌論文とあることから、より専門的な文献が求められていることが分かる。学術文献が厳選された東アジア中心の『東洋学文献類目』が使える。質問は 1973 年以降とあるから、その前の分は、『東洋学文献類目』を基本に編纂された『モンゴル研究文献目録』日本モンゴル学会 1973(収録期間 1900-1972)があることを前提にした質問といえる。

アルファータイム―図書館の周辺⑧―

「アジア歴史資料センター」「国連大学」の利用

　国立公文書館「**アジア歴史資料センター**」が提供する資料は、明治～戦前期の我が国とアジア近隣諸国との関係に関わる重要な歴史資料で、国立公文書館所蔵資料、外務省外交史料館の外務省記録、防衛省防衛研究所の陸軍関係史料と海軍関係史料などが、インターネットを介して無料で閲覧できる。書誌情報（目録）だけではなく、デジタル化された原資料（複製）もある。

　国連資料なら、「国連大学」の図書館が使える。国立国会図書館では「議会官庁資料室」に国連資料が納められている。また、「**国際連合広報センター**」のホームページでも新しい情報（国連関係議事録など）を入手することもできる。

3）法学関係文献を探す場合

（1）　『**法律判例文献情報**』法律判例文献情報研究会編　第一法規

昭和56（1981）年4月～　月刊

　冊子体と有料データベース（1981 年～）がある。データベースは、「D1-Law.com　第一法規法情報総合データベース」（商用データベース）の中の1メニューに含まれている。

【どんなときに使うのか】

　法律に関するあらゆる文献（図書・雑誌記事・主要新聞記事）を調査したいときに利用する。

【ツールの特性】

　昭和56（1981）年以降の法律文献、判例文献、判例評釈文献などがより網羅的に採録されている。法律関係の図書、雑誌記事、紀要論文（約1,600誌）、**新聞掲載署名論文**（採録対象新聞：朝日、日経、毎日、読売）**を採録。**索引には、各年の年間索引（文献事項索引、著者名索引、判例編事項索引、判例編法条索引、判例研究年月日索引）がある。なお、採録は、雑誌記事が出てから3ヵ月後に掲載されるので、タイムラグに注意が必要。

　データベース契約すると、後述（p.57）する**『判例体系』データベースの利用（リンクが張られている）もできる。判例の採録は1980年～であるが、下級裁判所から最高裁までの判例解説、判例評釈文献**なども**同時に調査**することができる。判例絡みの文献調査にも大変便利。

【他ツールとの関係】

　1981年以前の文献調査をしたい場合は、後述（p.56）のオンラインデータベース「**法律文献総合 INDEX**」（日本評論社・TKC ローライブラリー）が利用できる。また『**法律判例文献情報**』に相当する海外の法律情報ツールに <u>Index to Legal Periodicals & Books</u>（EBSCO 提供、有料）があり、1981年～現在までの情報を提供している。

【使い方】『**法律判例文献情報**』のデータベースの入り口メニューには、「文献編」と「判例編」の2つがある。判例から判例文献評釈（判例研究文献）を調べる場合は、「判例編」から入るのが便利。判例文そのもの、判例書誌、判例解説、判例評釈文献一覧が容易に分かる。判例研究からではなく、特定テーマの文献―例えば、「表現の自由」に関する文献を調査したい場合は「文献編」からの方が便利。もちろん、判例のリンクが張られているので判例との関係があれば判例文献調査もできる。1981年以降～現在までの分のみという点に注意しておく。

ワンポイントアドバイス―データベース検索とブラウジング調査は相補う関係―
　最近は、データベース化されると冊子体が廃刊されることが多いが、冊子体には冊子体の魅力がある。それは、キーワードに関係なく、特定テーマの文献を一網打尽に調べられることである。キーワード検索は、串刺し検索であり、膨大な文献群の中から、特定のキーワードが含まれているものを瞬時に抽出することは得意であるが、キーワードに関係なく関係文献をより多く収集したい場合には不向き。そうした場合は、冊子体のようにブラウジング(拾い読み閲覧方式)の方が便利。「法律判例文献情報」には、月刊雑誌『**法律判例文献情報**』も刊行されているので合わせて活用するのが望ましい。

（2）『**戦後法学文献総目録**』全 13 巻　　法律時報編集部　　日本評論社

　　　　　　　　　　　　　　　　　　昭和 29(1954)～平成 8(1996)年

　月刊雑誌『**法律時報**』(1929 年創刊) の巻末に紹介されている「文献月報」(単行書、雑誌論文などを収録) から再編・刊行された。刊行形態は下記の通り。三者とも索引がない。

① 　昭和 20 年 9 月～28 年 12 月までの法学文献（単行本、雑誌論文記事）を収録。2 冊。
・第一集　法学一般、憲法、行政法、民法、商法、刑法、刑事政策、法制史（1954 年刊）
・第二集　民事訴訟法、刑事訴訟法、経済法、労働法、社会法、国際法、政治学(1955 年刊)
② 　前記続編として、公法編、私法編（計 3 冊）から成る。
・公法編　昭和 44 (1969 年刊)
　昭和 29～41 年までの法学文献（単行本・雑誌論文記事）を収録した上下巻の 2 冊。
　上：憲法、行政法、行政学など
　下：刑法、刑事訴訟法、国際公法、国際政治・外交史、法・法律学、法政史など
・私法編　昭和 41 (1966 刊)
　昭和 29～37 年までの法学文献（単行本・雑誌論文記事）を収録している。1 冊。
　民法、商法、労働法、司法制度、民事訴訟法、国際私法など。
③ 　前記の続編として公法編、私法編が 1981 年(6 巻目)～1996 年(13 巻目)として刊行。
☀ 1997 年分以降は刊行されていないが、次に説明する『**法学文献総目録**』も含め、オンラインデータベース「**法律文献総合 INDEX**」（日本評論社・TKC ローライブラリー)で、昭和 4 年～現在までを提供している。なお、本データベースは、雑誌『**法律時報**』の巻末の「文献月報」に掲載される法律・政治学関係の単行本と、約 650 種類の雑誌論文・判例評釈文献などから成る。前述した「**法律判例文献情報**」のような網羅性はない。

（3）『**法学文献総目録**』　全 3 巻　日本評論社　昭和 54 (1979) 年
　戦前の法学文献を調べるための基本文献である。全 3 巻より成るが、1 巻を除いて、雑誌『**法律時報**』に毎号掲載されていた「文献月報」を月ごとに転載しているものである。
　1 巻は、大正 5～昭和 5 年に至る間に公刊された法学に関する著書、論文の主要なものを収めてある。2 巻は、昭和 4 年 10 月～10 年 12 月までの文献（『**法律時報**』の創刊号〈昭和 4 年 12 月 1 日〉～8 巻第 2 号〈昭和 11 年 2 月号〉まで）を収録し、第 3 巻には、昭和 11 年 1 月～19 年 12 月までの文献(第 8 巻 3 号〈昭和 11 年 3 月号〉～第 17 巻 2 号〈昭和 20 年 2 月号〉まで)を

収録している。

　この目録によって、戦前のものが素早く分かるようになったので、前述した『戦後法学文献総目録』と併せて利用すれば、相当期間に及ぶ文献調査が可能である。ただし、この文献目録には索引がないため、調査するのに相当時間を要する可能性がある。配列は主題別。データベースは、前記(2)参照。

（4）「**LEX/DB インターネット**」（TKC ローライブラリー）　　有料
　判例専門のデータベース。判例関係のみを調べるならこれがお勧め。<u>明治 8(1875) 年の大審院判決から今日までに国内で公表された、あらゆる判例を網羅した国内最大の判例データベース。</u>
　一番利用される検索メニューが「総合データベース」。このメニューを使い、フリーキーワード入力すると事件名、判例要旨、判例全文に含まれる言葉がヒットする。フリーキーワード以外に、裁判年月日、事件番号、事件名、裁判所別、法条別など多様な検索方式が用意されている。データの内容には、**判例要旨、判例掲載雑誌、判例研究雑誌（評釈文献）が掲載**されている。また、公的な判例集（例：最高裁判所民事裁判例集など）とリンクされているものもある。最高裁判所判例の場合は、一審・二審の判決にもリンクが張られている。判例全文が必要な場合は、全文を開くと判決主文など判例文全てを見ることができる。
　本データベースは、TKC ローライブラリーが提供する各種データベースの「**TKC ローライブラリー**」(p.58 参照)の基本データベースの一部として提供されている。

　　　　　ワンポイントアドバイス―**判例**と**判決**ってどう違うの？―
　判例とは、判決として出された内、裁判上の先例となるものをいう。判例集や判例雑誌、判例データ、裁判所のウェブサイトなどに掲載される。判決として出たものが、必ずしも判例になるとは限らないので、判決のみの記事調査をするような場合（特に、下級審の判決調査は困難なときがよくある）は、新聞などに掲載された判決にも注意の目を配っておきたい。著者の経験では、記事そのものは小さいが、『日本経済新聞』に結構多くの判決が紹介されていた。マークしておいて損はない。週刊誌で話題になったようなものは、雑誌記事から調査するのも一方法。

（5）『**判例体系**』　（加除式判例集＆CD-ROM 版・オンライン版）　　第一法規
　<u>明治期からの判例を条文ごとに体系化したもの。条文ごとに判例について学習・研究する場合に欠かせない基本文献</u>で、冊子体と**オンライン版**がある。**オンライン版は、冊子体と異なり、判例要旨、裁判年月日、裁判所、判例評釈に関する情報のほか、判例全文そのものも入手できるようになっている。**また、冊子体で分かれていた 1 期・2 期もオンライン版では統合されているので、**オンライン版**がお勧め。オンライン版は「**第一法規法情報総合データベース**」(D1-Law.com)に収載されている。前記した「**法律判例文献情報データベース**」のリンクも張られている。
　冊子体は、判決要旨が掲載されているとともに、公的判例集にアプローチするために必要

な<u>索引的役割</u>を果たしている。内容は、条文ごとに過去に出た判例を網羅的に紹介し、判決年月日・公的判例集名・巻号・掲載ページなどがある。

　例えば、憲法第七条について研究しているなら、冊子体の憲法編の憲法第七条のページを開いてみると、過去の七条関係の判例を通覧することができる。そして、判決要旨ではなくて判決全文を見たいときは、そこに掲載されている出典判例集を確認して原資料に当たる。「○○○判例集、第○巻第○号、＊＊ページ」などのように表示されているので、容易に原資料に当たることができる。公的判例集（最高裁判所、高等裁判所、地方裁判所など公的機関から出されたもの）をはじめとして、民間から出されている各種判例掲載誌（例：雑誌形態の『判例時報』『判例タイムズ』『ジュリスト』等々）にもアプローチできるので、学習・研究における調査法の基本として覚えておきたい。

　「TKC ローライブラリー」データベース　　　　　　　　⚓データベース(略：DB)
　法律関係全般にわたる総合的データベース。基本 DB に「LEX/DB インターネット」のほか、「公的判例集」DB、「Super 法令 Web」DB、「法律文献総合 INDEX」DB など、計 10 本があり、『最高裁判所判例解説』『判例タイムズ』『季刊労働法』など、出版者(社)別 DB が、35 本用意されている。

　　❋法学文献の調べ方に関する参考文献紹介
　略語調査や法学文献の調べ方、また外国法の調べ方に大変便利な本がある。
① 法律文献の略語一覧は『法律時報』月刊の 1 月号に毎年紹介されている。要マーク。
②『外国法の調べ方』田中英夫著　東京大学出版会　　昭和 49（1974）年
　　外国判例の調べ方など、詳細に記述されている。
③『法学文献の調べ方』板寺一太郎著　東京大学出版会　　昭和 53（1978）年
　　　国内文献もさることながら、外国文献の調べ方まで紹介された便利なものである。
④『法律文献学入門－法令・判例・文献の調べ方』西野喜一著　成文堂　平成 14（2002）年
　　　法令・判例・文献はどのように調べ、引用するにはどうするのかを解説。
⑤『リーガル・リサーチ』4 版　いしかわまりこ編著　日本評論社　平成 24（2012）年
　　　現職の図書館が関わり編集。レファレンスの視点から編纂。
⑥『法情報の調べ方入門』補訂版　ロー・ライブラリアン研究会編　日本図書館協会
　　　　平成 29(2017)年
　　　現職の法律司書たちが編集。法律情報支援用として図書館員必携の書。

　ワンポイントアドバイス－判例調査に事件名入力は落とし穴－
　判例調査で最も気を付けねばならないのが、新聞や雑誌記事に書かれている事件名。これらの事件名を使って検索するとほとんどヒットしない。なぜなら、裁判上で付けられる正式な事件名とは乖離しているからである。例えば、実際にあった図書館司書の「歴史教科書廃棄事件」の正式な裁判上の事件名は単なる「損害賠償事件」である。著者のレファレンスサービス経験でも、法学部の学生が検索で一番はまりやすい落とし穴は、新聞・雑誌などに付けられた事件名をキーワードにすることであった。通称の事件名検索は要注意である。

※　判例略語集〜法曹界では判例集の引用は略称が常識〜

　判例集の調査でよく困惑するのが、判例集の引用において略称になっている点である。調査する方もサービスを提供する方もこれを知っていないと、入手できなかったり、提供できなかったりすることがある。そこで公的な判例集の略称一覧を紹介しておく。

（名称）	（略称）	（刊行期間）	（巻号表示）
大審院民事判決録	民　録	明治 28.7-大正 10.12	1-27 輯
大審院刑事判決録	刑　録	明治 28.7-大正 10.12	1-27 輯
大審院民事判例集	民　集	大正 11.1-昭和 21.1	1-25 巻
大審院刑事判例集	刑　集	大正 11.1-昭和 22.3	1-26 巻
最高裁判所民事判例集	民　集	昭和 22.11-	1 巻 1 号→
最高裁判所刑事判例集	刑　集	昭和 22.11-	1 巻 1 号→
高等裁判所民事判例集	高　民	昭和 22.9 -	1 巻 1 号→
高等裁判所刑事判例集	高　刑	昭和 22.1 -	1 巻 1 号→
下級裁判所民事裁判例集	下　民	昭和 25.1-昭和 59.12	1 巻 1 号-35 巻 8 号
下級裁判所刑事裁判例集	下　刑	昭和 34.1-昭和 43.12	1 巻 1 号-10 巻 12 号
刑事裁判月報	刑裁月報	昭和 44.1-昭和 61.12	1 巻 1 号-18 巻 6 号
労働関係民事裁判例集	労民集	昭和 25.1- 平成 8	1 巻 1 号-48 巻 5・6 号
行政事件裁判例集	行　集	昭和 25.1- 平成 9	1 巻 1 号-48 巻 11・12 号
家庭裁判月報	家　月	昭和 24.4- 平成 26.3	1 巻 1 号-65 巻 8 号

　民間の判例集の略称例は、『判例タイムズ』「判タ」、『判例時報』「判時」、『法律新聞』「新聞」、『労働判例ジャーナル』「ジャーナル」などがある。整理しておく必要がある。

〔引用例〕	（裁判所名）	（判決年月日）	（事件番号）	（出典（引用））
	最判	昭○0.7.7	昭和○(れ)1234	民集○巻 123 頁

※判例集略語調査→ホームページ上の「判例集・法律雑誌略語集」、「判例集・判例評釈書誌の略称」、「日本の判例集・法律文献略語一覧」などが役に立つ。

◆◇◇オンライン・インターネット情報◆◇◇◆◇◇◆◇◇◆◇◇◆◇◇◆◇◇◆◇◇

　最近では、判例、法令などの情報が、コンピューター検索によって、比較的容易に入手できるようになった。以下、主要なデータベースとインターネットアクセスできるものを紹介しておく。

有料オンラインサービス「国内の判例・国外の判例」

【判例】

（1）LexisNexis ASONE　　レクシスネクシス・ジャパン提供

　一般法人向けの日本法総合データベース。国内判例、法令、書誌・文献情報などを収録。判例は、昭和 23 年以降に発行された公式判例集・商業判例雑誌に掲載された判例と、判例解説および大審院判例を収録。法令は、現行法令および昭和 22 年 5 月 3 日以降の過去改正履歴を収録。書誌・文献情報は、法律関連図書、雑誌、紀要を収録。審決・裁決も収録。

（2）Lexis　LexisNexis 提供（代理店：レクシスネクシス・ジャパン）

　世界各国の判例と法令の全文を収録している。

- ・アメリカ：判例は連邦判例（1789 年～）と全州の判例を収録。法令では、連邦規則、連邦法令、全州の法令を収録。その他、国務省官報、連邦議会の議事録・法案・審議、大統領公開文書、連邦の行政命令集なども調べることができる。
- ・イギリス：判例は、イングランドの判例（1945 年～）、アイルランドの判例（1950 年～）、スコットランドの判例（1945 年～）を収録。法令はイングランドのものを収録。
- ・ヨーロッパ共同体：判例はヨーロッパ裁判所判例（1954 年～）、ヨーロッパ商法関係判例（1978 年～）、ヨーロッパ人権裁判所判例（1960 年～）が収録されている。その他、EC 委員会決定や官報も調査できる。
- ・フランス：判例は、憲法院、破毀院など。法令、国際条約も収録。
- ・カナダ：判例として、オンタリオ最高裁判所判例（1986 年～）。
- ・その他：ニュージーランドの判例（1970 年～）、オーストリアの判例（1973 年～）、中国の法令および制定法のダイジェスト、NAFTA や各国の税法・環境法のダイジェストなど。

（3）Westlaw Japan　（日本法総合オンラインサービス）

ウエストロー・ジャパン提供

　判例、法令、800 誌以上の法律雑誌・紀要などから必要な情報を検索することができるとともに、ニュースや公的資料、特許情報など、ビジネス法務に関わる各種周辺情報を検索することができる。

　法令では、現行法令（憲法、法律、政令・勅令、府令・省令・規則、告示、最高裁規則・議院規則）はもちろんのこと、特定時期からの旧法令、施行日待ちの法令を収録。その他、法律案・パブリックコメント、未施行法令・廃止済み法令をも含む。

　判例では、ウエストロー・ジャパンおよび新日本法規出版の独自取材の判例、裁判所の公的判例集をはじめ、官公庁判例集、民間判例集、判例関係雑誌（主要 30 誌）から網羅的に収録。判決・決定などに関しては、全文に加え、要旨、出典、判例評釈、関連判例、引用判例、被引用判例などを収載。また、戦前（大審院時代）の判例も採録（大審院判決録、大審院判例集、大審院判決抄録、行政裁判所判決録、法律新聞、大審院判決全集、大審院裁判例、法律学説判例評論全集）されているので、戦前・戦後を通しての判例調査が可能である。

　電子化文献・文献情報では、電子化されている特定雑誌のオンラインサービス提供会社複数社と連携（「判例タイムズ・主要民事判例解説」判例タイムズ社）。また、法律に関する文献情報については、ウエストロー・ジャパン独自作成のほかに、1946（昭和 21）年以降の法律分野の雑誌・大学紀要・学会誌など約 1,000 誌（「MAGAZINE PLUS」日外アソシエーツ社と提携）および国立国会図書館に納本された 2000 年以降の法律分野書籍情報（国立国会図書館と提携）を知ることができる。利用するにはオプション契約が必要である。

無料インターネット情報「国内の判例・法令・条約・条例」

　判例・法令など政府機関から公表される公的資料の入手は、インターネット利用が大変便利であるが、下記に、個人作成のものを含めて無料で利用できるウェブサイトを紹介する。

【判例】

（1）「**裁判所**」最高裁判所事務総局提供

　　　昭和 23（1948）年以降に公表された判決の全文および著名な判決の概要を紹介。最高裁判例集、高裁判例集、下級審主要判決情報、行政事件裁判例集、労働事件裁判例集、知的財産権裁判例集などがある。また「最近の裁判例」として、最高裁判所判例集および下級裁判所判例集については過去 3 ヵ月以内、知的財産裁判例集については過去 1 ヵ月以内分を表示。戦後の新裁判所制度後の判例であれば、図書館の判例集を使わずともこちらで済む。

（2）「**労働基準判例選集**」労務安全情報センター提供

　　　労働基準判例選集。1933〜2008 年までの分。事件概要、判決理由、判決全文がある。

【法令】

①　「e-Gov 法令検索（電子政府の総合窓口）」デジタル庁　無料公開

　　　現在の法令で、**総務省所管の現行法令が検索**できる。検索は、大きくは「法令名のみ」と「全文」に分かれている。例えば、「法令名のみ」に「図書館法」と入力すれば、現行の「図書館法」の全文がヒットする。条文ごとに飛ぶこともできる。憲法、法律、政令、勅令、府省令、規則からの選択もできる。こちらの法令検索で見つからない法令については、国内法令を全て集めた冊子体『**現行法規総覧**』（第一法規）か『**現行日本法規**』（ぎょうせい〈旧・帝国地方行政学会〉）のいずれかを使う。両者の冊子体の中身は同一。外務省所管の条約については、下記の「**条約データ検索**」を利用する。

②　「**日本法令索引**」国立国会図書館　無料公開

　　　国立国会図書館が提供するデータベース。明治 19（1886）年以降の法令の**制定・改廃などの情報**と、帝国議会・国会に提出された**法案の審議経過**などの情報を検索できる。

【条約】

　「**条約データ検索**」外務省　無料公開

　官報及び外務省が暦年発行している条約集を基に、現行の国会承認条約などを掲載。

【条例】

　「**全国条例データベース**」鹿児島大学司法政策教育研究センター　無料公開

　自治体がインターネット公開している条例のリンク集。地域別索引、分野別索引、例規集リンクがある。

4）経済・経営関係文献を探す場合

（1）『**会社史総合目録**』増補・改訂版　　　　日本経営史研究所　　　平成 8（1996）年

　企業研究する場合に大変便利な文献目録である。以降の分は、『**会社史・経済団体史総合目録　追録**』（専門図書館協議会）があるが、2011 年 10 月（63 号）をもって終了した。

　会社の歴史本（社史）は、市販されず非売品がほとんどであるため、意外に調べにくい面がある。本の探し方の章で紹介した「NDL オンライン」「国立国会図書館サーチ」の図書検索で調査は可能であるが、このような目録を利用することを覚えておくとよい。ほかに『**日本**

会社史研究総覧』経営史学会編　文真堂（1996年）、『**日本会社史総覧**』東洋経済新報社（1995年）、『**国立国会図書館所蔵社史・経済団体史目録**』（1986年）、2009年1月〜2012年6月刊行分（専門図書館協議会会員機関を中心とした、全国50機関の所蔵情報を収録）の『**会社史・経済団体史新刊案内**』専門図書館協議会（2012年）などがある。

　ワンポイントアドバイス—**社史の探し方**—
社史を OPAC 検索したいときは著者名検索を上手く使う

　社史を調べるときは、著者名検索を使うことを勧めたい。社史刊行の著者のほとんどが会社という団体著者になる。すなわち、本の著者名には個人著者と団体著者の両方があるから、会社名から検索すればすぐに発見することができる。書名から探そうとすると、これは厄介。書名に必ず会社名が入っているとは限らない。むしろ『50年の軌跡』とか『100年の歩み』とか、意外にこうした書名のものが多い。図書館の分類では、主題で区分するため、社史の本は全分野に分散される。会社名が不明の状態で検索する場合は、著者名欄に「株式会社」と入力すると多くの社史がヒットする。新しい分の調査なら、検索期間を限定するとよい。社史は、就職活動や会社・企業研究に大変役立つので上手に活用したい。

（2）『**業種別審査事典**』全10巻（第14次）　金融財政事情研究会編・刊　令和2（2020）年
　産業界動向把握の基本ツール。全国の金融機関・シンクタンク・実務家が作成したもので、国内全1,513業種と全産業界の動向を示す。就活の必携書であるとともに**企業診断用のマニュアル**として使われている。社内ネットワーク版（有料）もある。

✍アルファータイム—**図書館の周辺⑨**—
図書館は全国的ネットワークで運営されている

　図書館には、国立国会図書館、公共図書館、大学図書館、学校図書館、企業・官庁の専門図書館などがある。公共図書館は、都道府県市町村立図書館および私立図書館を含め、その数は約3,300機関、大学図書館は短期大学と高等専門学校を含めて約1,700機関である。これらの図書館で収集された図書は、数憶万冊になる。これらの膨大な文化遺産としての本が、図書館を通して利用できることを知っているであろうか。図書館は、一般的に大学図書館、公共図書館を問わず、全国的な**相互協力制度**によって図書館から図書館へ紹介するという形で閲覧・利用ができるようになっている。また、相互貸借も最近では多くの図書館が積極的に展開している。公共図書館では、相談に応じてくれるレファレンス業務体制が不十分なところもあるが、相談してみるとよい。体制が整っている館では、遠方機関へコピー依頼もしてくれる。企業の資料室など専門図書館を利用したい場合は『**専門情報機関総覧**』専門図書館協議会編（1969年創刊〜）を利用するとよい。3年ごとに改訂版が出されており、約2,000機関の利用の手引きとなるように各図書館（室）の概要を紹介している。E-mailやURLも分かる。

　📖　図書館データの最新情報は、日本図書館協会刊の『**日本の図書館-統計と名簿**』（年刊）で調べられる。**日本の各種図書館**の住所・図書館長名なども分かる。

 **～企業情報調査法～** インターネットで**企業関係情報**をゲット！！

① **日経テレコン 21「企業検索」**［有料］　日本経済新聞社提供
　　上場・未上場などの企業情報を知ることができる。会社のプロフィール、取引銀行、主要株主、財務諸表、過去 5 年の実績、海外活動など、かなり詳細に知ることができる。

② **企業情報　Yahoo!ファイナンス**［無料］　Yahoo!提供
　　上場・非上場会社の企業情報や株価のチャート、予想利益、金融情報、掲示板、各社のニュースなどの基本情報が得られる。

③ **日経 BP 記事検索**［有料］　日経 BP 社提供
　　日経 BP 社が発行する『日経ビジネス』など各種雑誌のバックナンバー記事がオンライン上で見ることができる。テキスト形式（文字情報）と PDF 形式（イメージ情報）の両方がある。

④ **東洋経済デジタルコンテンツ・ライブラリー**［有料］　東洋経済新報社提供
　　『週刊東洋経済』『金融ビジネス』『会社四季報』など、東洋経済新報社が発行するほとんどすべての刊行物をオンライン上で見ることができる。主に PDF 形式（イメージ情報）。

⑤ **「EDINET」**有価証券報告書(無料)　金融庁提供
　　EDINET とは金融庁の金融商品取引法に基づいた有価証券報告書等の開示書類に関する電子開示システムのことで、最近 5 年分のデータを提供している。有価証券報告書とは、金融商品取引法で規定され、事業年度ごとに企業内容を外部へ公開する開示資料のことである。略して有報（ゆうほう）と呼ばれることもある。「1 億円以上の有価証券（株券や社債券など）の募集（新規発行）または売出しを行う際に、有価証券の発行者が金融商品取引法第 4 条・5 条に基づき、内閣総理大臣（窓口は財務局）に提出することが義務づけられている。」もので、発行する会社の営業状況や事業の内容、会社の歴史・業績・経営指標など、最も詳細な企業情報を提供している。なお、有料の企業情報データベース(プロネクサス提供)の「eol」（国内株式公開企業を中心とした企業情報を総合的に提供)でも有報を提供している。

⑥ **J-NeT21**(中小企業ビジネス支援サイト)［無料］中小企業基盤整備機構提供
　　中小企業専門の支援サイト。「経営力向上の役立つ情報」「現場力向上に役立つ情報」「起業・創業に役立つ情報」「支援情報」「調査データ・業界レポート」などを提供。中小企業の就職活動の参考になる。

⑦ **特許情報プラットホーム**（J-PlatPat）［無料］工業所有権情報・研修館提供
　　特許、実用新案の調査専用のデータベース。商品などの特許内容情報が具体的に分かる。

⑧ **JIS 検索**［無料］日本産業標準調査会(JISC)提供
　　様々な商品の JIS 規格調査ができる。令和 2 年 12 月 2 日から、利用者登録が必要になった。

耳より情報～主題調査法が分からない場合のお助けマン～
国立国会図書館の「リサーチ・ナビ」
　国立国会図書館では、サービスの一つに「リサーチ・ナビ」を提供しているが、その中に**「調べ方案内」**という項目がある。例えば、「企業を調べる」を開くと、「有価証券報告書」が出てくる。これを開くと「有価証券報告書」の調べ方が紹介されており、上記で紹介した「EDINET」も出てくる。「調べ方案内」は専門用語で**「パスファインダー」**と呼ばれ、「統計を調べるには？」「人名調査に必要な文献は？」など、特定テーマを取り上げてそれに必要な文献を紹介し、調査研究の一助となってくれる。

５）統計関係文献を探す場合

　統計を利用することは、学習・研究もさることながら、日常生活においても多い。必要に迫られていざ調べようとしても、必要な統計が何の統計資料に出ているのか見当がつかないという経験をした方も多いと思われる。著者の経験でも、実際の図書館におけるレファレンスカウンターでの質問に、統計入手に関する質問が結構高いウェイトを占めていた。

　統計情報は膨大であり、一定の調査法によって探索しなければそう簡単に見つかるものではない。ここでは、最低限知っておいてほしい調査法を紹介したい。これを知ることによって、意外と簡単に必要な統計情報が手に入ることを経験されるだろうと確信する。

 ワンポイントアドバイス―「**統計索引**」を使うのが最大のコツ―

　本書で後述する「Ⅸ　事実・事項調査のための情報源」の「６）統計に関するもの」(p. 154)でも分かるように、統計集はかなりの数に上る。こうした統計集の中に含まれている統計図表やデータを探すことは、まるで空に向かって鉄砲を撃つようなものだ。調査に膨大な時間を要する。個々の統計集にある図表やデータを探すには、単に統計集に当たるのではなく、図表やデータにアクセスすることを目的として作成されたツールを使うことが肝要である。こうしたツールは、**三次資料**（統計索引など）と呼ばれ、**二次資料**である個々の「統計集」の内容にアクセスするものである。経験則であるが、三次資料を活用することによって、約７割は迅速に調査ができる。「**統計調査は、三次資料から**」と覚えておきたい。

（１）『**日本統計索引**』　日本統計索引編集委員会・河島研究事務所編
　　　　　　　　　　　　　　　　日外アソシエーツ　　昭和 51（1976）年
【どんなときに使うのか】
　各種統計の中から個々に抽出された統計数値が欲しい場合や、何の統計集に自分が必要としている統計数値が掲載されているか知りたい場合に使う。
【ツールの特性】
　古いツールではあるが現在でも活用される。なぜなら、統計集は、長期にわたって一定の基準で刊行され続ける（例：国の指定統計→法令による統計資料）傾向が高いからである。本書は、昭和 32(1957)～47(1972)年に国内で刊行された官庁・民間統計資料など 144 種、540 冊を対象にし、その中にある個々の統計データを抽出・整理し、索引化している。言葉による見出し語（下記、事例参照）によって検索が可能。収録は、政府の基幹統計、民間の主要統計。別冊として本編に収録されていない外国統計に関する分をまとめた『**日本統計索引・補遺：国別・地域別篇**』がある。今でも使えるが、国名が変化したものや新国名には対応ができない。
【他ツールとの関係】
　当書は、『日本統計総索引』（1945～1956）を引き継ぐものとして刊行された。当書以降のものは、次の『統計情報インデックス』や後述の「政府統計の総合窓口」(p.66)を活用する。
【事　例】
　６大都市の百貨店の在庫額を調べたいが、何の統計資料に出ているかを知りたい。

（答え）

　『日本統計索引』を使い、五十音項目の「ヒャク～ヒャツ」のあるページを引くと「百貨店」の項目がある。そこに【「在庫額（総数；6大都市）」--------統年196】とある。「統年」を冒頭にある文献略語表で確認すると、『日本統計年鑑』（統計集）であることが分かる。196は統計図表番号のこと。「6大都市の百貨店の在庫額」は、『日本統計年鑑』に統計数値が掲載されていることが分かる。

☞　☆探索のポイント★

　　『日本統計索引』は、統計索引といわれるように、統計数値が、何の統計集に出ているかを探すための専用ツールである。前述した三次資料に当たる。三次資料を使うことによって、統計数値が掲載されている統計集（二次資料）があれば、掲載されている複数の統計集の書名が分かる。複数の統計集から適切と思われるものを選択し、その統計集が最寄りの図書館に所蔵されているか否かを OPAC で検索し、あれば利用するとよい。なければ、所蔵している図書館を探すことになるが、ほかの図書館の所蔵調査が必要になった場合は、図書館のレファレンス係に聞くとよい。所蔵館を調べるためのツールを知っているからである。

（2）『統計情報インデックス』　総務省統計局（総務庁統計局）編　日本統計協会　年刊
昭和52（1977）～平成20（2008）年

【どんなときに使うのか】

　自分が必要としている統計数値が出ていそうな「統計集」を知りたいときに使う。

【ツールの特性】

　各種「統計集」に導くガイド的文献。政府の基幹統計(指定統計)、民間の主要統計の両方を収録。前記の『日本統計索引』のように数値データ項目や個々の図表見出しなどを抽出する方法は採らず、統計集の書名を示す方式を採っている。例えば、百貨店に関する統計データが欲しい場合、当インデックスを引くと、統計データが出ている複数の統計集が紹介される（サンプル参照）。紹介されている複数の統計集に直接当たり、数値データなどがあれば入手できる。

　　項目は五十音順。統計資料の収録は、前記文献同様、国内刊行の官庁と民間統計の主要なものを対象にし、外国作成（翻訳含む）のものは除く。前身は『統計情報総索引』（1977-1991）。

【他ツールとの関係】

　当インデックスの編纂者の総務省統計局が「政府統計の総合窓口（e-Stat）」にシフトしたことにより廃刊。基幹統計を含み政府機関関係の統計集は「政府統計の総合窓口」に移された。

【事　例】

　百貨店に関する統計数値が出ている統計集を知りたい。

（答え）

　『統計情報インデックス』を使い、五十音順項目を引くと、「百貨店」という項目見出しがあり、次のように表示されている。

百貨店
　　統計で見る市区町村のすがた〇〇〇〇年
　　商業販売統計年報〇〇〇〇年度
　　日本百貨店協会統計年報〇〇〇〇年
　　流通統計資料集〇〇〇〇年版

　　この結果、百貨店に関する統計数値は、4点の統計集（二次資料）に掲載されていることが分かる。4点の内、百貨店に関する専門の統計集に『日本百貨店協会統計年報』があることが分かるので、一番に勧めることになる。

☞　☆探索のポイント★
　　前述した『**日本統計索引**』は、在庫額をはじめ、売り場面積、在庫量など統計図表の項目まで抽出していたが、『**統計情報インデックス**』は、単に二次資料の統計集の書名を挙げているのみである。統計集の中にある図表項目までは分からないが、やみくもに統計集を探さなくても、百貨店に関する統計集には何があるかまでは分かる。あとは、現物に当たり、中身を確認すれば良い。『**日本統計索引**』はやや古くはなっているが、伝統的な統計項目に対しては今でも活用できる。廃刊になったものの『**統計情報インデックス**』には、主要な民間統計も収録されていたので、今でも民間統計集の調査に利用できる。

（3）『国際比較統計索引2020』日外アソシエーツ　令和2（2020）年〜
　　世界各国の統計調査に利用する。<u>国内刊行（訳本含む）された国際統計集・白書に収載された統計表やグラフ</u>を個々に抽出し搭載。<u>統計集名・白書名・掲載ページが分かる</u>。国名見出しの下、15種のテーマ見出しごとに図表タイトルを一覧できる。事項名索引付き。前版に、『国際比較統計索引』（2010）がある。

（4）『白書統計索引2022』日外アソシエーツ　令和5（2023）年〜
　　日本の<u>政府機関や民間機関が刊行する各種「白書」の中に掲載された個々の統計図表を探すとき</u>に利用する。白書（青書含む）は準参考図書といわれるように、統計図表の宝庫。本書は、<u>2017〜2019年版に刊行された100種の白書の中に収録されている個々の図表・統計（1万5,000点）を抜き出し索引化</u>。過去に『年鑑白書収載図表統計索引1997』（1998）、『白書統計索引2004』（2005）、『同2007』（2008）、『同2010』（2011）、『同2013』（2014）、『同2016』（2017）、『同2019』（2020）、『同2022』（2023）がある。適宜継続刊行。
　　📖【使い方】例えば、「来日外国人の窃盗犯検挙状況の推移」の数値を知りたい場合、「白書統計索引」を使い、五十音順項目で「外国人犯罪」を見る。するとそこに外国人犯罪に関する統計図表が複数羅列されていて、その中に求める統計図表があることが分かる。掲載されている白書を確認すると『警察白書』と分かる。あとは図書館にて現物を利用すればよい。

（5）「政府統計の総合窓口（e-Stat）」　　総務省統計局提供　　（無料公開）
【どんなときに使うのか】
　　政府機関が公表する統計集の中の統計データを調査したいとき、また、統計データの現物

そのものを入手したいときに利用する。「政府統計の総合窓口」は、各種統計集(二次資料)にアクセスする三次資料(二次資料にアクセスするツール)の役割を持っているので、統計調査をする場合は、まずこちらを利用するのがよい。

【ツールの特性】

　政府機関の統計調査専門サイト。各府省が公開している全ての統計データを統合し、提供しているもので、利用者に提供する現在唯一の統計データのポータルサイト。全府省が作成・公表する基幹統計(指定統計→統計法により定められたもの。例えば、国勢調査[総務省]、農林業センサス[農林水産省]、経済産業省生産動態統計調査[経済産業省]など現在 53 本)など、各府省庁が公表する統計調査結果を電子化し、数値データそのものもインターネット上で提供している。

【使い方】「政府統計の総合窓口」に入ると、「キーワードで探す」がある。特定の統計集が分かっている以外はここから入るとよい。「キーワード検索」に必要なキーワードを入れると、そのキーワードが含まれる政府機関関係が公表した統計集(二次資料)が複数ヒットする。ヒットしたいずれかの統計資料に入ると、その統計集に掲載されている各種データの見出しが出てくる。その見出しから必要と思われるデータを開くと、そのデータに関する書誌情報が出る。その画面の上側に Excel や DB(データベースの略)のボタンがあるので、そこを開くと数値データ(数値図表)が現れる。最新データの場合は Excel のみの場合もある。

【他ツールとの関係】

　民間統計集を調べる場合は、前述した『統計情報インデックス』などに当たる。

その他、インターネットから探す統計ツール(※検索エンジンに直接入力でヒットする)

① 「外国政府の統計機関」　総務省統計局提供　無料公開

　外国政府の統計機関とのリンクが張られている。ほとんど英文。

② 「世界の統計」年版　総務省統計局提供　　無料公開

　国際機関(国連機関、FAO、ILO、IMF、UNESCO、OECD など)が提供している統計データを出典資料として編集した冊子体『世界の統計』(年版)の全文電子版。『国際連合世界統計年鑑』など、国際機関が無料で提供している電子化統計資料にもリンクが張られている。

③ 「日本の統計」年版　総務省統計局提供　無料公開

　冊子『日本の統計』の全文電子版。

(6)『統計調査総覧』　　　　　　　　　　　行政管理庁行政管理局統計主幹/総務省政策統括官編
　　　　　　　　　　　　　　　　　　　　全国統計協会連合会　　年刊 昭和 49 (1974) 年〜

　官公庁が行った承認統計、届出統計の過去 5 年分の統計調査資料が分かる。

(7)『統計図表レファレンス事典』シリーズ　日外アソシエーツ　平成 23 (2011) 年〜

　現在、「事故・災害」(2011)、「「食」と農業」(2011)、「環境・エネルギー問題」(2012)、「医療・介護・福祉」(2013)、「児童・青少年」(2014)、「女性・婦人問題」(2014)、「高齢化社会」(2015)、「外交・国際交流・観光」(2015)、「学校・教育問題」(2020)、「図書館・読書・出版」(2020)、「犯罪事件・不正問題」(2021)、「情報・通信・メディア」(2021)、「消費・

物価・暮らし」(2021)、「人権・差別問題」(2021)、「交通・運輸・旅行」(2022)、「国防・軍事」(2022)がある。各テーマを取り上げ、各種統計集の中にある個々の統計図表を抽出し、その図表が、何という統計集(二次資料)のどこに掲載されているかが分かる。2022年刊行では、1997〜2022年に国内で刊行された白書・年鑑・統計集約700〜900種の統計集の中から、いずれも6,000〜8,000件の統計図表を抽出している。

 統計利用のアドバイス

① 貨幣価値の変動に関わる経済統計などは、できる限り長期統計資料や同じ統計資料を利用したい。なぜなら、調査機関によって対象品目や算出基準が異なるといったことがあるからだ。

例:『日本統計年鑑』日本統計協会、『日本経済統計集』日本評論社、『日本経済統計集』日外アソシエーツ、『明治以降本邦経済統計』日本銀行統計局、『日本長期統計総覧』日本統計協会、『長期経済統計』東洋経済新報社など。

② 統計利用上役に立つ文献の紹介!

『解説日本経済統計』一橋大学経済研究所 岩波書店 昭和36(1961)年

統計の学習・研究をする人によい。版は古いが大変勉強になる。現在は絶版であるから、図書館にあるものを上手に利用したい。

『官庁統計徹底活用ガイド』日本能率協会総合研究所 MDB 生活情報センター 平成17(2005)年
各種官庁から出されている統計集の利用に関するガイドブック。調査研究に大変役立つ。

『民間統計徹底活用ガイド』日本能率協会総合研究所 MDB 生活情報センター 平成18(2006)年
非政府統計のメタ・データブック。市場規模の推計、主要な民間統計を扱う。

統計で困ったときは?

統計調査で行き詰まったら、図書館のレファレンス係に相談するのもさることながら、専門の機関があるので知っておくと便利である。著者も質問処理のときに何度か相談して助けられたことがある。

① 総務省統計図書館

国内外の統計関係資料を所蔵する統計の専門図書館。統計相談もしてくれる。

② 一橋大学経済研究所「社会科学統計情報研究センター資料室」

経済統計に関する専門資料室。研究センター内の組織や大型プロジェクトで作成されたデータベースを、利用者登録することによって利用することができる。特に、東洋経済新報社刊行で、統計調査の基本でもある『長期経済統計』(1965-1988)のデータベースも利用可能。ほかにもディスカッションペーパーを見られるなど、多様なサービスがある。

③ 各図書館の利用

各図書館には、官公庁の非売品統計資料を含め多くの統計資料が用意されている。また、前述した、統計を探すためのレファレンスツール「統計索引」が用意されている。分からない場合は、レファレンス係(相談係)に相談すると、そうしたレファレンスツールの使い方を指導してもらえる。場合によっては、回答そのものを入手することも可能だ。

６）文学関係文献を探す場合

　文学関係の調査も大変多い。ここでは、重要な基本文献のみ取り上げたい。

（１）　「国文学論文目録データベース」　国文学研究資料館提供　無料公開

【どんなときに使うのか】

　特に国文学に関する雑誌記事・論文をより広く調査したいときに利用する。

【ツールの特性】

　本ツールは、国文学研究資料館で所蔵している国内で発表された<u>雑誌・紀要</u>(大学などの学術機関が出す学術雑誌)・<u>単行本の論文集</u>(記念論文集)などに収められた日本文学・日本語学・日本語教育の研究論文(講演や座談会の記録含む)に関する記事・論文を掲載。明治21年〜現在までのデータを公開している。論文などのデータは随時更新。作成方針は、旧『**国文学年鑑**』の作成方針に基づいて作成されている。この国文学研究資料館編『国文学年鑑』[昭和52 (1977) 〜平成17 (2005) 年 までを収録　至文堂 (1979〜2007)]の前身は、『国文学研究文献目録』昭和38(1963)〜54(1979)年を改題したもので、その『国文学研究文献目録』の前身は、『国語国文学研究文献目録』[昭和45(1970)年までを収録]である。専門書誌であるため採録は広範囲に及ぶ。

【他ツールとの関係】

　雑誌記事調査の場合、国立国会図書館の「**NDL 雑誌記事索引**」で見つからなかった場合は、NDL の採録基準に該当していない雑誌の可能性が高いので、こちらを利用するとよい。

  国文学研究資料館は、一般公開されている国文学専門図書館(東京都立川市)。主題専門のレファレンス係(主題司書→サブジェクトライブラリアン)もいるので相談するとよい。

（２）『**現代日本文学綜覧シリーズ**』　前述の「Ⅰの６．全集・叢書から探す」章(p. 48)参照。

（３）『**世界文学綜覧シリーズ**』　前述の「Ⅰの６．全集・叢書から探す」章(p. 50)参照。

（４）『**児童文学テーマ全集内容総覧**』前述の「Ⅰの６．全集・叢書から探す」章(p. 49)参照。

（５）『**日本古典文学全集・内容総覧**』『**日本古典文学全集・作品名総覧**』

　　　前述の「Ⅰの６．全集・叢書から探す」章(p. 49)参照。

（６）『**文献要覧大系シリーズ**』など。日外アソシエーツ　昭和52 (1977) 年〜

　　　研究書、雑誌・紀要などに掲載された論文・記事を収録し、詳細に分類。

　①日本文学の部

『**日本文学研究文献要覧 1975-1984**　**古典文学**』		1995
『日本文学研究文献要覧 1985-1989　　古典文学』		1996
『日本文学研究文献要覧 1990-1994　　古典文学』		2000
『日本文学研究文献要覧 1995-1999　　古典文学』		2002
『日本文学研究文献要覧 2000-2004　　古典文学』		2006
『日本文学研究文献要覧 2005-2009　　古典文学』		2011
『日本文学研究文献要覧 2010-2014　　古典文学』		2016
『**日本文学研究文献要覧 1965-1974**　**1 古代〜近世編**』		1976
『**日本文学研究文献要覧 1965-1974**　**2 現代日本文学編** (作家・作品論別)』		1977
『日本文学研究文献要覧 1965-1974　2 現代日本文学編・ 補遺 (ジャンル別)』		1977
『日本文学研究文献要覧 1975-1984　　現代日本文学 Ⅰ、Ⅱ』		1994

『日本文学研究文献要覧 1985-1989　　現代日本文学』	1995
『日本文学研究文献要覧 1990-1994　　現代日本文学』	1999
『日本文学研究文献要覧 1995-1999　　現代日本文学』	2000
『日本文学研究文献要覧 2000-2004　　現代日本文学』	2005
『日本文学研究文献要覧 2005-2009　　現代日本文学』	2010
『日本文学研究文献要覧 2010-2014　　現代日本文学』	2015
『日本文学研究文献要覧 2015-2019　　現代日本文学』	2020
『日本文学・語学研究英語文献要覧』	1979

②外国文学の部

『中国文学研究文献要覧 1945-1977　　戦後編』	1979
『中国文学研究文献要覧 1978-2007　　古典文学』	2008
『中国文学研究文献要覧　近現代文学　1978‐2008』	2010
『英米文学研究文献要覧 1945-1964』	1994
『外国文学研究文献要覧 1965-1974　1　英米文学』	1977
『英米文学研究文献要覧 1975-1984』	1987
『英米文学研究文献要覧 1985-1989』	1991
『英米文学研究文献要覧 1990-1994』	1996
『英米文学研究文献要覧 1995-1999』	2001
『英米文学研究文献要覧 2000-2004』	2006
『英米文学研究文献要覧 2005-2009』	2011
『ドイツ文学研究文献要覧 1945-1977　戦後編』	1979
『フランス語フランス文学研究文献要覧 1945-1978　戦後編』	1981
『フランス語フランス文学研究文献要覧 79/80』	1984
『フランス語フランス文学研究文献要覧 81/82』	1984
『フランス語フランス文学研究文献要覧 83/84』	1987
『フランス語フランス文学研究文献要覧 85/86』	1988
『フランス語フランス文学研究文献要覧 87/88』	1991
『フランス語フランス文学研究文献要覧 89/90』	1993
『フランス語フランス文学研究文献要覧 1991』	1995
『フランス語フランス文学研究文献要覧 1992』	1995
『フランス語フランス文学研究文献要覧 1993/1994』	1999
『フランス語フランス文学研究文献要覧 1995/1996』	2000
『フランス語フランス文学研究文献要覧 1997/1998』	2001
『フランス語フランス文学研究文献要覧 1999/2000』	2002
『フランス語フランス文学研究文献要覧 2001/2002』	2004
『フランス語フランス文学研究文献要覧 2003/2004』	2006
『フランス語フランス文学研究文献要覧 2005-2009』	2012

③ 比較文学の部

『比較文学研究文献要覧　日本近代文学と西洋文学 1945-1980』	1984

【事 例】
　英米文学を専攻しているが、英米文学における昔話と日本の昔話について研究した文献が欲しい。
（答え）
　英米文学の専門書誌『英米文学研究文献要覧』を使用してみる。大きな項目見出しに「神話・伝説・民話・迷信・妖精」あり。その中に雑誌記事として、東雅美著「昔話における中間帯の比較分析－西洋と日本」片平(片平会)39(2004.3)p.33～59、など、複数の関係記事を発見することができる。

（7）『アンソロジー内容総覧』　日外アソシエーツ
① 『アンソロジー内容総覧－日本の小説・外国の小説』　　　平成9（1997）年
　1946～1996年までの間に刊行された1,800冊の小説アンソロジー（傑作集、選集）本の作品約2万5,000タイトルが一覧できる。作家名索引、作品名索引と、収録アンソロジー一覧がある。続編として『アンソロジー内容総覧　日本の小説・外国の小説 1997-2006』(2007) 1,056冊、『アンソロジー内容総覧　日本の小説・外国の小説　2007-2016』(2018) 1,164冊。アンソロジーの内、近現代小説に関するものの内容細目を集めている。
② 『アンソロジー内容総覧－児童文学』　　　　平成13（2001）年
　1945～2000年に刊行された児童文学のアンソロジー約1,500冊の内容細目が分かる。作家数約6,500名。作品数約2万2,000、作家名索引、作品名索引、挿絵画家名索引、収録アンソロジー一覧がある。追補版(2001-2011分)が2012年に刊行。
③ 『アンソロジー内容総覧　評論・随筆』　　　　平成18（2006）年
　1946～2005年までの60年間に日本国内で刊行されたアンソロジーの内、評論・随筆・紀行に関するもの1,412冊の内容細目集。1万4,052人の著書の4万9,960タイトルの作品を収録。
④ 『アンソロジー内容総覧　外国の詩歌 1946-2020』　　　令和3（2021）年
　海外作家の詩集334冊の作品タイトル、作家名、解説など3万6,000件の細目が分かる。
（8）『短編小説12万作品名目録』　日外アソシエーツ　　　平成13（2001）年
　短編小説の作品からその掲載図書が分かる便利な目録。15年間の図書に掲載された作品を対象にしている。収録図書1万5,000点。続編として『短編小説12万作品名目録〈続(2001-2008)〉』(2009) がある。
（9）『短編小説7万作品名目録 2014-2018』　日外アソシエーツ　　　令和1（2019）年
　『短編小説12万作品名目録』(2001)、『同　続 2001-2008』(2009)、『短編小説7万作品名目録 2009-2013』(2014)の継続版。短編集、個人全集、アンソロジーなどに収録されているSF、ミステリー、外国文学、児童文学の作品名が分かる。
（10）『短編小説24万作家名目録』　日外アソシエーツ　　　平成22（2010）年
　1986～2008年までの図書に掲載された短編小説作品を収録。戯曲、シナリオ、日記、書簡、随筆、語学教材、小学生以下向き幼年童話、およびポルノ作品は原則除外。収録作家数1万9,000人、作品数は延べ24万点、収載図書3万点。

(11) その他(順不同　※本項は本書・巻末索引の対象外)
1. 『作家名から引ける日本文学全集案内』　　　日外アソシエーツ　　　　　　　1984
　　『作家名から引ける日本文学全集案内』　第Ⅱ期　　　　　　　　　　　　2004
　　『作家名から引ける日本文学全集案内』　第Ⅲ期　　　　　　　　　　　　2019
　　1997〜2016 年に刊行された日本文学全集・アンソロジー約 1,650 種に収載された、約
　　8,000 人の作家とその作品延べ約 3 万 7,000 点を調べることができる。(第Ⅲ期)
2. 『作家名から引ける世界文学全集案内』　　　日外アソシエーツ　　　　　　　1992
　　『作家名から引ける世界文学全集案内』　第Ⅱ期　　　　　　　　　　　　2004
　　『作家名から引ける世界文学全集案内』　第Ⅲ期　　　　　　　　　　　　2019
　　1997〜2016 年に刊行された世界文学全集・アンソロジー約 630 種に収載された、約
　　3,800 人の作家とその作品延べ約 9,400 点を調べることができる。
3. 『作品名から引ける日本文学全集案内』　　　日外アソシエーツ　　　　　　　1984
　　『作品名から引ける日本文学全集案内』　第Ⅱ期　　　　　　　　　　　　2003
　　『作品名から引ける日本文学全集案内』　第Ⅲ期　　　　　　　　　　　　2018
4. 『作品名から引ける日本文学評論・思想家個人全集案内』　日外アソシエーツ　1992
　　『作品名から引ける日本文学評論・思想家個人全集案内』第Ⅱ期　　　　　2005
5. 『作品名から引ける日本文学作家・小説家個人全集案内』　日外アソシエーツ　1992
　　『作品名から引ける日本文学作家・小説家個人全集案内』第Ⅱ期　　　　　2005
　　『作品名から引ける日本文学作家・小説家個人全集案内』第Ⅲ期　　　　　2019
　　明治以降の作家・小説家の作品がどの個人全集に収録されているかが分かる。
　　2004〜2018 年に刊行が完結した 126 名の作家の個人全集 170 種に収載された、延べ
　　約 3 万 8,000 作品を収録。
6. 『作品名から引ける日本文学詩歌・俳人個人全集案内』　　日外アソシエーツ　1992
　　『作品名から引ける日本文学詩歌・俳人個人全集案内』第Ⅱ期　　　　　　2005
7. 『作品名から引ける世界文学全集案内』　　　日外アソシエーツ　　　　　　　1992
　　『作品名から引ける世界文学全集案内』第Ⅱ期　　　　　　　　　　　　　2003
　　『作品名から引ける世界文学全集案内』第Ⅲ期　　　　　　　　　　　　　2018
8. 『作品名から引ける世界文学個人全集案内』　　　日外アソシエーツ　　　　　1992
　　『作品名から引ける世界文学個人全集案内』第 2 期　　　　　　　　　　　2007
9. 『作品名から引ける　日本児童文学全集案内』　　日外アソシエーツ　　　　　2006
10. 『作品名から引ける　日本児童文学個人全集案内』　日外アソシエーツ　　　　2019
11. 『作品名から引ける　世界児童文学全集案内』　　日外アソシエーツ　　　　　2006
12. 『日本児童文学文献目録 1945-1999』　　　　　日外アソシエーツ　　　　　2019
　　『日本児童文学文献目録 2000-2019』　　　　　　　　　　　　　　　　　2019
13. 『文庫で読める児童文学 2000 冊』　　　　　　　日外アソシエーツ　　　　　2016
14. 『子どもの本　日本の名作童話 6000』　　　　　日外アソシエーツ　　　　　2005
　　『子どもの本　日本の名作童話　最新 2000』　　　　　　　　　　　　　2015
15. 『テーマ・ジャンルからさがす物語・お話絵本 ①②』　DB ジャパン　　　　2011
　　『テーマ・ジャンルからさがす物語・お話絵本 2011-2013』　　　　　　　2018

16. 『テーマ・ジャンルからさがす物語・お話・乳幼児絵本 2014』　DB ジャパン　2020
　　　　※「テーマ・ジャンルからさがす物語・お話絵本」の改題
　　　『同 2015』『同 2016』　　　　　　　　　　　　　　　　　　　　2019
　　　『同 2014』『同 2017』『同 2018』　　　　　　　　　　　　　　　2020
　　　『同 2011』『同 2012』『同 2013』『同 2019』『同 2020』　　　　2021
　　　『同 2006』『同 2007』『同 2008』『同 2009』『同 2010』　　　　2022
　　　『同 2003』『同 2004』『同 2005』　　　　　　　　　　　　　　　2023
17. 『日本の物語・お話絵本登場人物索引』　　　　　DB ジャパン　　　2007
　　　『日本の物語・お話絵本登場人物索引 1953-1986（ロングセラー絵本ほか）』　2008
　　　『日本の物語・お話絵本登場人物索引 2007-2015』　　　　　　　2017
18. 『日本説話索引』　全 7 巻　　　　　　　　　　清文堂出版　2020　刊行中
19. 『日本の児童文学登場人物索引　アンソロジー篇』　DB ジャパン　　2004
20. 『日本の児童文学登場人物索引　単行本篇』上下巻　DB ジャパン　　2004
　　　『日本の児童文学登場人物索引 単行本篇 2003-2007』　　　　　2017
　　　『日本の児童文学登場人物索引 単行本篇 2008-2012』　　　　　2017
　　　『日本の児童文学登場人物索引 単行本篇 2013-2017』　　　　　2018
21. 『日本の児童文学登場人物索引 民話・昔話集篇』　DB ジャパン　　2006
22. 『世界の児童文学登場人物索引　アンソロジーと民話・昔話集篇』DB ジャパン 2005
23. 『児童文学登場人物索引　アンソロジー篇「日本と世界のお話」』
　　　　　　　　　　　　　　　　　　　　　　　　DB ジャパン　　　2015

　　　『日本の児童文学登場人物索引アンソロジー篇』『世界の児童文学登場人物索引
　　　アンソロジーと民話・昔話集篇』の続刊。
24. 『世界の児童文学登場人物索引　単行本篇』上下巻　DB ジャパン　　2006
　　　『世界の児童文学登場人物索引　単行本篇 2005-2007』　　　　　2017
　　　『世界の児童文学登場人物索引　単行本篇 2008-2010』　　　　　2018
　　　『世界の児童文学登場人物索引　単行本篇 2011-2013』　　　　　2018
　　　『世界の児童文学登場人物索引　単行本篇 2014-2016』　　　　　2018
25. 『世界の児童文学 7000（子どもの本）』　　　　日外アソシエーツ　2005
　　　『世界の児童文学 最新 3000（子どもの本）』　　　　　　　　　2014
26. 『世界の物語・お話絵本登場人物索引』　　　　　DB ジャパン　　　2008
　　　『世界の物語・お話絵本登場人物索引 1953-1986（ロングセラー絵本ほか）』 2009
　　　『世界の物語・お話絵本登場人物索引 2007-2015』　　　　　　　2017
27. 『紙芝居登場人物索引』　　　　　　　　　　　　DB ジャパン　　　2009
　　　『紙芝居登場人物索引 2009-2015』　　　　　　　　　　　　　　2016
28. 『歴史・時代小説登場人物索引　アンソロジー篇』　DB ジャパン　　2000
　　　『歴史・時代小説登場人物索引　アンソロジー篇・遡及版』　　　2003
　　　　1946〜1989 年の 44 年間に国内で刊行された歴史・時代小説のアンソロジーに、前版
　　　　では未収録だった文庫本アンソロジー（1946〜1999 年刊行分）を追加。
　　　『歴史・時代小説登場人物索引　アンソロジー篇 2000-2009』　　2010

※日外アソシエーツの「**全情報**」シリーズ→「**Ⅷ　本文収載以外の主要書誌類一覧**」参照。

 　アルファータイム―図書館の周辺⑩―　　便利な「カーリル」
　　　　全国の公共・大学図書館など 約 7,400 館の蔵書・貸出状況が検索できる

　公共図書館:約 5,500 館、大学図書館:約 1,600 館、専門図書館:約 330 館、全国計約 7,400 館以上の図書館から、書籍とその貸出状況を簡単に横断検索できるサービスを提供する図書館検索サイト。公共図書館の市町村カバー率は約 80%。株式会社「**カーリル**」が運営する図書館の蔵書検索サービス。日本国内の図書館を対象に、蔵書の貸出状況などを横断検索できるのが特徴。2010 年 3 月に公開され、今日に至る。ユーザーが選択した最大 10 件の自治体・大学の図書館などから、蔵書などの状況の検索が可能。例えば、必要な本を検索したいとき、最初に地名(地元や勤務地など)を選択すると、その場所から近い図書館が自動的に選択できる。近くの図書館で貸出可能か否かがすぐに分かる。オンライン書店とも連動しているので、図書館にない本であっても、本の情報(書誌情報など)を見ることができる。

7)　その他、主題書誌(目録、索引類)ツール

　ここまでは重要な主題を取り上げながら基本書誌を紹介した。これ以外の主題書誌については、「**Ⅷ　本文収載以外の書誌一覧**」において紹介する。

◆◇◆主題調査に役立つオンラインデータベース◆◇◇◆◇◇◆◇◇◆◇◇

① **EconLit**(有料)　　　EBSCO　　1969 年～

　American Economic Association (アメリカ経済学会) 製作。英語で書かれた各国の専門経済誌および会議録や論文集に掲載された記事、書評、調査報告書などの書誌と抄録情報を提供している抄録データベース。収録データは一番古いもので 1969 年まで遡り、経済学研究においての重要雑誌 1,300 誌以上のサイテーション(引用文献)、およびアブストラクト(抄録)を提供。

② **ABI/INFORM**(INFO)(有料)　　ProQuest　　1971 年～

　英語で書かれた全世界 650 誌強のビジネス・経営関連の定期刊行物に掲載される主要記事

を収録している代表的なデータベース。全文と抄録記事を 1971 年から約 43 万件以上を提供。

③　EBSCO（有料）

　EBSCO が提供する <u>Business Source Premier</u> は、経済・産業分野の雑誌記事データベース。約 2,800 誌の全文と約 3,300 誌の抄録がある。これ以外のデータベースに、人文・社会・理工・生物・医学などの分野の雑誌を網羅した、大学図書館向け外国雑誌データベース（約 1,400 誌以上の全文、約 2,900 誌以上の抄録）の <u>Academic Search Elite</u> がある。

④　ProQuest（有料）

　EBSCO と同じようなサービスを行っているものに、ProQuest 社（アメリカ）がある。人文・社会科学系電子ジャーナルから自然科学まで、幅広い分野の雑誌論文、新聞記事などを収録した総合データベースを提供している。主力の総合データベースの <u>ProQuest Central</u> は、約 160 の学術分野を網羅した総合全文データベース。ProQuest 社が提供する代表的な分野別データベースを含み、雑誌論文や新聞記事、学位論文、調査レポートなど幅広いコンテンツを収録。ProQuest Central に含まれる主なデータベースには、<u>ABI/INFORM Complete</u>（ビジネス・経営関係の洋雑誌のデータベース）、<u>Research Library</u>（人文・社会科学分野の洋雑誌データベース）、<u>Global Newsstream</u>（新聞フルテキスト→New York Times、Wall Street Journal をはじめ世界各国の主要な新聞を収録）がある。ほかに提供しているデータベースには、<u>ProQuest Historical Newspapers</u>［主要な新聞は、New York Times（1851-2014）、The Washington Post（1877-2001）、The Guardian（1821-2003）、The Observer（1791-2003）］。その他に <u>British Periodicals</u>（1681-1937、17～20 世紀初期にイギリスで刊行された定期刊行物の掲載記事全文をイメージで提供）、<u>ERIC</u>（1966-現在、アメリカ教育省機関作成の教育学文献索引）、<u>MEDLINE</u>（1946-現在、アメリカ国立医学図書館が作成・提供している医学・生命科学分野の文献索引）、<u>PAIS International</u>（1972-現在、公共政策や社会政策に関連する文献索引）、<u>PILOTS</u>: Published International Literature On Traumatic Stress（1871-現在、心理学分野の文献索引）がある。

　♪アルファータイム―図書館の周辺⑪―

点字の起源の話

　点字の起源は戦争に関係がある。戦争中、夜間でも指令が出せるよう、指先で読めるようにしたのが始まり。考案した人は、ナポレオン時代のフランス人で当時砲兵大尉であったシャルル・バルビエ・ド・ラ・セール氏。バルビエは、12 点点字を目に障害のある人に使ってもらおうと、研究と改良を重ね盲学校に持ち込んだ。この発明に着目したパリの王立盲学校の生徒ルイ・ブライユ氏が 6 点点字に改良・簡略化し、現在世界中で普及しているブライユ式点字システムを完成した。1824 年ブライユが 15 歳のときである。この 6 点点字はすぐには認められず、17 歳で同校の教諭になったブライユは、6 点点字が公認されるのを望みながら、さらに点字の研究と改良を続けた。ブライユは肺結核によって 1852 年に亡くなるが、6 点点字がフランス政府に正式に認められたのは、その 2 年後の 1854 年のことである。日本では 1890（明治 23）年に、石川倉次という教諭がブライユ式点字を日本語のかな文字に合うように改良し、50 音式に翻案されて導入。現代の日本の点字の基礎になっている。

Ⅱ　雑誌記事の探し方

主 要 探 索 図　　　　　　　　　　　　　M（明治）　S（昭和）　H（平成）
　　　　　　　　　　　　　　　　　　　　　　DB（データベース）

　学術論文・雑誌記事を探す

① 国立国会図書館「NDL 雑誌記事索引」　S23（1948）～現在（以下略）
　・同館の「図書館サーチ」にも①「NDL 雑誌記事索引」は提供されている
② 「CiNii Research」
　・①「NDL 雑誌記事索引」　S23（1948）～
　・大学紀要・学協会誌等電子化記事・論文索引　S戦後期～
③ 「MagazinePlus」
　・NDL デジタルコレクション雑誌記事 M1（1868）～
　・①「NDL 雑誌記事索引」S23（1948）～
　・『論文集内容細目総覧』S20（1945）～H20（2008）
　・『学会年報・研究報告論文総覧』S20（1945）～
　・『月刊雑誌記事索引』（JOINT）経済編・企業編 S54.7（1979）～H7（1995）
　　※「NDL 雑誌記事索引」未採録→1996 年～「NDL 雑誌記事索引」で採録開始
④ 「ざっさくプラス」［明治・大正・昭和戦前期の雑誌記事サービス］M1（1868）～
　・『明治・大正・昭和前期　雑誌記事索引集成』DB　　M1（1868）～S22（1947）
　・①「NDL 雑誌記事索引」S23（1948）～
　・「地方誌記事索引」S20（1945）～→※「NDL 雑誌記事索引」未採録分
⑤ 「全国短期大学紀要論文索引 PLUS」S25（1950）～H8（1996）
　　※「NDL 雑誌記事索引」未採録分→2000 年～「NDL 雑誌記事索引」で採録開始
⑥ 『社会科学論文総覧』M 期～S22（1947）
　　一般経済誌・ビジネス誌記事を探す
⑦ 『月刊雑誌記事索引』（JOINT）経済編・企業編　S54.7（1979）～H7（1995）　③に含む
　　※「NDL 雑誌記事索引」未採録期間→1996 年～「NDL 雑誌記事索引」で採録開始
　　一般週刊誌誌類の記事を探す
⑧ 『大宅壮一文庫雑誌記事索引総目録』　冊子体　M 期----→H7（1995）
　　「大宅壮一文庫雑誌記事索引総目録 DB」「Web OYA-bunko」M 期～
　　科学技術論文を探す
⑨ 『科学技術文献速報』月刊　S33（1958）～
　　オンライン版「JDream」S50（1975）～
　　電子化記事・論文を探す
　・②「CiNii Research」→「大学紀要・学協会誌等電子化記事・論文」S 戦後期～
⑩ 「NDL 図書館サーチ」内の「デジタルコレクション」＆「デジタル資料」検索
　　各種雑誌の個々の総索引や総目次から探す
⑪各雑誌目次：「年間総索引」「年間総目次」→月刊誌→12～2 月頃、週刊誌→年数回、特定期
　　　　　　　間の「総目次索引」

はじめに

　国内の雑誌種数は、市販雑誌、非売品雑誌で約 1 万 4,000 種ほどであるが、これらに出てくる論文記事を探し出すのは容易なことではない。必要な記事をより多く、かつ早く探し出すには、やはり論文記事を探し出すための道具としての文献を使うことが大変重要である。

　情報の流れは、大きくは 3 つに大別される。特に社会科学においては顕著であるが、一般的には、ほとんどの情報はまず新聞記事に掲載され、次いで少しの時間を置いて雑誌記事に掲載される。その後しばらくして本の形となって刊行される。したがって、本だけに頼るレポートや論文は、ある意味では歴史文献を取りまとめたものといえる。

　特に社会科学分野では、社会は常に変化していることを踏まえる必要がある。良いレポートを作成したいと願うならば、雑誌の記事や論文を使うことが不可欠である。さらにソフトな情報として新聞記事があるが、とりわけ雑誌論文記事の利用は重要である。そこで、次に雑誌論文記事を探索するための道具としての基本文献を紹介する。

1．雑誌記事索引

（1）「NDL 雑誌記事索引」国立国会図書館　昭和 23(1948)年〜　無料公開
【どんなときに使うのか】
　調査研究・学習・レポート・論文作成に必要な、戦後(1948 年以降)の学術・教養・専門誌などに掲載された雑誌記事を探すときに使う。
【ツールの特性】
　当ツールは、現在国立国会図書館に納本される約 9,000 誌を収録対象に記事索引化している、国内最大の記事索引。戦後直後の昭和 23(1948)年(昭和 22 年国立国会図書館法施行の翌年)から、大学の学術雑誌(紀要※①)や市販の学術雑誌を専門に長年にわたり採録してきた経緯があることから、学術雑誌を調べる基本文献として知られてきた。しかし、1996〜2000 年頃から、採録誌を大幅に広げた(※②)ため、現在は学術雑誌に限定せず、教養・経済・経営などを含め、全ての分野にわたる調査・研究・学習に必要な雑誌記事が採録されている。

　過去に、冊子体の『雑誌記事索引−人文・社会編−』(季刊版)があり、平成 7 年まで刊行された。季刊版は後に、累積版(昭和 23〜平成元年、「総合索引」付き)として、日外アソシエーツから刊行されている。なお、国立国会図書館では、明治期からの雑誌のデジタル化を進めてきた。これらの雑誌の目次が、「NDL オンライン」のメニューの一つである「雑誌」検索によって分かるようになっている。目次タイトル(論題)からの検索はできないが、雑誌の各号ごとに目次情報が分かるので、デジタル化された雑誌記事の目次を確認するときに利用できる。なお、有料データベースになるが、明治期〜戦前期までのデジタル化された雑誌記事の検索は、「MagazinePlus」でできるようになっている。
【使い方】
　国立国会図書館ホームページの「NDL オンライン」メニューの一つ「雑誌記事」を選択。この中身の大部分が「NDL 雑誌記事索引」。「NDL 雑誌記事索引」と表記されず「雑誌記事」になっているのは、国立国会図書館に納本または国立国会図書館が独自に収集した電子雑誌記事がここには含まれていることによる。「NDL 雑誌記事索引」＋電子雑誌記事の検索が可能。

【他ツールとの関係】

　当「NDL 雑誌記事索引」は、国立国会図書館の「図書館サーチ」（次に紹介）、「CiNii Research」（p. 81）、「MagazinePlus」（p. 82）、「ざっさくプラス」（p. 87）など複数の機関にも提供されているので、どちらでも同じ内容のものが検索できる。その内、無料で利用できるものは、国立国会図書館が提供する「国立国会図書館サーチ」と国立情報学研究所が提供する「CiNii Research」（NII 論文情報ナビゲータ）である。商用（有料）データベースには、NICHIGAI/WEB 版「MagazinePlus」と「ざっさくプラス」がある。

※① 紀要：大学や研究機関から出される学術雑誌のことで、大学や研究所の専任教員などが研究業績や研究成果を発表する機関誌を指す。

※② 後述する通称「JOINT」［経済・産業関係の雑誌記事索引］（p. 82）と呼ばれた基本文献が廃刊されるに伴い、一般の経済・産業記事を少しでもカバーするため、国立国会図書館では、平成 8（1996）年から、ビジネス誌・一般経済誌なども収録し始めた。また、2000 年頃から未採録であった短期大学紀要も収録するようになった。すなわち、国立国会図書館は、当初から「大学紀要」の採録を 4 年制大学に限定してきたため、単独の短期大学のものは除かれてきた経緯がある。なお、採録から除かれてきた期間の単独の短期大学の紀要論文記事調査には、後述する「全国短期大学紀要論文索引 PLUS」（p. 83）がある。

【事　例】
　戦後の邪馬台国に関する雑誌記事論文にはどのようなものがあるか。
　（答え）
　戦後の雑誌記事論文とあるので、昭和 23 年から学術的論文が調査できる国立国会図書館のオンラインデータベース「NDL 雑誌記事索引」を基本に使う。国立国会図書館のホームページの「NDL オンライン」から「雑誌記事」を選択し、キーワードを「邪馬台国」で検索すると雑誌記事論文を容易に発見できる。『魏志倭人伝』もキーワードになる。

　　　　探索のポイント
　「NDL 雑誌記事索引」は、学術的な雑誌記事論文を調査するための最も基本的なツール。このツールで不足がある場合、補えるものに「全国短期大学紀要論文索引 PLUS」（p. 83）がある。この索引は、長期間にわたり「NDL 雑誌記事索引」に採録されなかった短期大学の紀要論文調査ツール。ところで、質問事例に関していえば、邪馬台国論に一石を投じたものに「九州の吉野ヶ里遺跡発見の記事」がある。これらに関する記事は、非学術的な一般雑誌にも多数掲載された。もし質問者が、学術的雑誌記事のみならず一般雑誌記事まで求めてきた場合は、非学術的雑誌の記事を採録している「大宅壮一文庫」（p. 84）の雑誌記事索引総目録（冊子体とデータベースがある）も活用する必要がある。また、全国雑誌のみならず、地方雑誌にも掲載されていると考えられることから、「NDL 雑誌記事索引」が現在でも採録対象にしていない、戦後の地方雑誌（地方誌といわれるもので地域限定の雑誌）の記事を採録している「ざっさくプラス」（p. 87）も利用できる。

（2）「**国立国会図書館サーチ**」国立国会図書館　平成24(2012)年提供開始　無料公開
　【どんなときに使うのか】
　前述した「**NDL 雑誌記事索引**」および「NDL 雑誌記事索引」に未採録の学会・協会誌など
の電子化された論文など、幅広く雑誌記事・論文を調査したいときに利用する。
　【ツールの特性】
　「雑誌記事」の調査用として「NDL 雑誌記事索引」(p.78)が提供されているとともに、大
学・学会・協会などの学術機関がデジタル化した学術誌の記事や論文も合わせて調査できる。
複数のデータベースを検索できるので、「NDL 雑誌記事索引」よりもプラスアルファで雑誌記
事・論文の調査ができる。主なものとしては、国立情報学研究所が推進作成した学協会誌な
どの論文の電子化データ、各大学図書館の電子化資料(**機関リポジトリ**)を含み調査ができる。
　【使い方】
　図書館サーチのデータベースの種類から、「NDL 雑誌記事索引」と「その他」をあわせて使
う。「その他」の中に「各大学図書館の機関リポジトリ」などの学術・研究機関分が含まれて
いる。また、「NDL デジタルコレクション」と「デジタル資料」を組み合わせると、国立国会
図書館(NDL)が行った明治期からの電子化された雑誌と個々の雑誌の目次調査ができる。
　【他ツールとの関係】
　国立情報学研究所が提供する「**CiNii Research**」でも「**図書館サーチ**」とほぼ同じ**書誌情報**
(論題、著者、誌名、巻数、刊行年月等)**の検索ができる**。「図書館サーチ」でヒットしたもの
の内、全文電子化されたものについては「CiNii Research」ともリンクが張られている。大学
図書館では主に「CiNii Research」が利用されている。
　【事　例】
　昭和 30 年代からの「ビール」に関する雑誌記事にはどのようなものがあるか。
　（答え）
　「国立国会図書館サーチ」を使い、キーワードの「ビール」を「タイトル」に入力(期間指
定もする)し、「NDL 雑誌記事索引」と「その他」のデータベースを組み合わせて検索すると、
「NDL 雑誌記事索引」本体の「雑誌記事」よりもヒット件数が多くなる。雑誌記事調査の場合
は、「図書館サーチ」の方が幅広く調査できることが分かる。

　　　💡　探索のポイント
　「**NDL 雑誌記事索引**」よりも「**国立国会図書館サーチ**」の方がヒット件数は多い
　「NDL 雑誌記事索引」に採録されている雑誌記事は、国立国会図書館に納本された雑誌に
限定されている。また、採録雑誌は、長年ユネスコ定義に基づく純粋な雑誌(季刊誌まで)を
対象にしてきた経緯がある。途中から、逐次刊行される逐次刊行物で雑誌コードの ISSN が付
されたものも採録対象にするなどの変化があるが、図書形態とされる学会・協会などの年報
類は除かれているものが多い。対して、「国立国会図書館サーチ」は、「NDL 雑誌記事索引」の
みならず、学術研究機関の論文などの電子化データを含め、機関リポジトリデータ (国情研
の学術機関リポジトリポータル「JAIRO」によって運営されている→日本の各大学機関などの学
術機関専用のサーバーに蓄積された研究紀要論文、学位論文、研究報告書などを横断的に検
索できる)など、各種データベースから検索できる。

（3）「CiNii Research」（NII 論文情報ナビゲータ）国立情報学研究所（国情研→NII）無料公開

【どんなときに使うのか】

国内の雑誌記事・論文をできるだけ多く収集したいときや、記事や論文の全文を無料で現物入手したいときに利用する。雑誌記事・論文の全文電子化資料に絞り込んだ検索もできる。

【ツールの特性】

複数のデータベースを横断的に検索することができる。データベースの主たる構成は、①国立国会図書館「NDL 雑誌記事索引」②J-STAGE（※1）「学協会論文等」全文（JST→科学技術振興機構）③学術機関リポジトリ（※2）データ（各大学図書館などが作成した紀要などの全文電子化資料→JAIRO Cloud にて提供）などから成り立っている。JAIRO Cloud とは、「学術機関リポジトリポータル」のことで、大学や研究機関の教育・研究成果、すなわち、学術雑誌論文、学位論文、研究紀要、研究報告書などの全文をフルテキスト化（電子化）したものを蓄積し、横断的に検索できるサービスをいう。単なる記事・論文の検索のみでなく、電子化資料も併せて入手できるところに最大の特色がある。2015 年から、日本の博士論文の検索サービス「CiNii Dissertations」も公開。なお、インターネット上に公開されている学術論文なども DOI（デジタルオブジェクト識別子）として提供され、2022 年にはさらに機能がアップし、国立国会図書館デジタル・コンテンツ（図書・雑誌の絶版資料など）も含まれるようになった。

【使い方】

「すべて」を選択するとほかのメニューまで拾うことになるので、メニューの「論文」を選択。これで「NDL 雑誌記事索引」と各種学術機関の電子化記事・論文を同時に検索することができる。電子化記事・論文のみに絞り込みたい場合は、「本文リンク」にチェックを入れ再検索する。有料・無料を問わず電子化資料の全てがヒットする。有料・無料の区別は、電子化資料を示すオレンジボタンを開くとすぐに分かる。有料ものは ID、パスワードを聞いてくるが無料のものは聞いてこない。無料のものは大学機関などのサーバーにリンクされており、現物（PDF 形式）が閲覧でき、PC プリントも可。なお、各大学によって形式が異なるので注意。

【他ツールとの関係】

国立国会図書館の「図書館サーチ」とほぼ同じ検索機能を持つ。

※1 J-STAGE：国内で発行された学術論文全文を読むことができる、「科学技術振興機構」の日本最大級の総合電子ジャーナルプラットフォーム。

※2 学術機関リポジトリ（略称：**機関リポ**）：大学など等の研究機関がその知的生産物の全文を電子的形態で集積し、保存・公開するために設置している電子アーカイブシステム。各大学が独自に設置するサーバーに蓄積・管理・提供している。統合検索は、国立情報学研究所が運営する「JAIRO Cloud」で行うことができ、各大学などへのリンクによって、電子化された論文要旨や全文にアクセスできる。

【事 例】

「ダンテの神曲」に関して全文が電子化されている無料の雑誌論文を知りたい。

（答え）

全文が電子化されているものという質問なので、「CiNii Research」を基本に使い、「本文リンク」機能を活用。「ダンテ and 神曲」で検索。数十件ヒットする。その中に、無料の「機関リポジトリ」「DOI」「J-STAGE」などがあることが分かる。

（4）Web「MagazinePlus」日外アソシエーツ　昭和20(1945)年〜　（有料）

【どんなときに使うのか】

　明治期〜現在までの国内で発表された雑誌記事・論文を、より多く収集・チェックしたいときに利用する。また、国立国会図書館が採録してこなかった経済誌・ビジネス誌関係の16年間分(1979〜1995)の雑誌記事の調査時にも利用する。

【ツールの特性】

　国内最大の雑誌記事・論文検索用データベース。戦後分には、前述した国立国会図書館「NDL雑誌記事索引」（昭和23年〜）、経済誌・ビジネス誌などを採録した『月刊雑誌記事索引』(1979〜1995)［詳細は次の（5）参照］、記念論集などの図書形態の中に掲載している論文を集めた『論文集内容細目総覧』(p. 88)、および学会・協会の年報類に搭載された論文を採録した『学会年報・研究報告論文総覧』(p. 89)の4種類のデータベースがある。

　戦前分として、国立国会図書館作成の「明治・大正・昭和戦前期雑誌記事統合データベース」が導入されており、明治期〜現在までの雑誌記事を一貫して検索できるようになっている。なお、明治・大正・昭和戦前期の雑誌記事サービスは、2016年4月からスタート。国立国会図書館デジタルコレクションに収録されているデータの内、主に戦前の古い雑誌（約3,300誌）が検索対象。これらの雑誌は、国立国会図書館が現物を持っているので、「MagazinePlus」から原文リンクを介して現物閲覧することも可能である。通常の閲覧には、個人向け「デジタル化資料送信サービス」を利用(国立国会図書館への利用者登録が必要)するか、図書館向け「デジタル化資料送信サービス」を使うことになる。

【他ツールとの関係】

　明治・大正・昭和戦前期の雑誌記事の記事検索＆原資料(影印版)は、有料データベース「ざっさくプラス」(p. 87)でも提供されている。記事は重なる部分は多いが、こちらの方が豊富。

（5）『月刊雑誌記事索引』（通称：「JOINT」）

　　　　　　　　　　　　　　　　　　　　　昭和54（1979）年6月〜平成7(1995)年末分提供

　経済文献研究会編　日外アソシエーツ　昭和54（1979）〜平成（1995）年

　本索引誌は、主として学術雑誌を収録の対象としてきた国立国会図書館の「NDL雑誌記事索引」が採録しなかった、一般経済誌・ビジネス誌・総合誌などの雑誌記事をカバーすることを目的として作られた。平成8(1996)年10月以降は、国立国会図書館作成の「雑誌記事索引」が採録誌数を増やし、収録誌を肩代わりすることになった。現在は、前記した「MagazinePlus」に含まれ提供されている。

【事　例】

　開園当初からの東京ディズニーランドの経営戦略に関する雑誌記事を知りたい。

　（答え）

　設立は昭和58(1983)年4月15日。"当初から"ということなので、ビジネス誌を豊富に採録している「MagazinePlus」を基本に調査する。「MagazinePlus」がない場合は、『月刊雑誌記事索引』を使い、その後は「NDL雑誌記事索引」で繋ぐ。平成8(1996)年以降から、経営・経済誌関係も「NDL雑誌記事索引」にて採録されるようになったことから、継続的に調査が可能。

（6）「全国短期大学紀要論文索引 PLUS」　1950〜1996 年分収録　（無料）
　図書館科学会編、実践女子大学図書館増補、実践女子大学図書館提供　2021 年 4 月〜
【どんなときに使うのか】
　短期大学（四年制大学に属する短大は除く）が刊行する紀要（学術雑誌）の 1950〜1996 年までの雑誌記事・論文を調査するときに使うデータベース。
【ツールの特性】
　国立国会図書館「NDL 雑誌記事索引」の採録対象外であった、1950〜1996 年までの単独短期大学刊行の紀要の記事や論文を採録した雑誌記事索引。
　当データベースは、『全国短期大学紀要論文索引』1950〜1991 年分収録、図書館科学会編（埼玉福祉会 1981〜1996）および『私立大学・短期大学紀要類論文題目索引』1967〜1976 年分収録（10 冊）東京都私立短期大学協会図書館研究委員会［編］（東京都私立短期大学協会 1968〜1977 年）、『月刊文献ジャーナル』1977〜1996 年分収録（掲載誌 書誌索引展望 ／ 日本索引家協会 編）の 3 種類の冊子体の雑誌記事索引を統合したデータベース。国立国会図書館が長い間採録してこなかった 1950〜1996 年分の短大紀要の空白を埋めるツールとして利用できる。なお、国立国会図書館の「NDL 雑誌記事索引」では、短大紀要を採録対象にしたのは 2000 年 4 月以降からなので、1992〜2000 年 3 月は空白のままである。
　『全国短期大学紀要論文索引』の刊行は 3 回に及び、記事の採録は昭和 25(1950) 年の短期大学制度発足以来の 41 年分。刊行状態は下記の通り。
① 『全国短期大学紀要論文索引』 1950〜1979　全 5 冊＆別冊（補遺）
　　　　　　　　図書館科学会編　埼玉福祉会　昭和 56（1981）〜57（1982）年
　　収録校は、国立・公立・私立の計 577 校。「語学・文学編」、「家政学編」、「自然科学編」、「人文科学・社会科学編」の本体 4 冊と、第 5 冊目に総合執筆者名索引。続編（下記）は、図書館科学会編　日本図書センターから刊行された。
② 『全国短期大学紀要論文索引』 1980〜1984（全 6 冊）昭和 61（1986）年
　　人文科学・社会科学・自然科学・語学/文学・家政学編と執筆者索引から成る。約 2 万 2,000 の論文。
③ 『全国短期大学紀要論文索引』年版　1985〜1991　平成元（1989）〜8（1996）年
　　論文・記事約 8,000 点を収録。上下 2 巻各年版刊行。
【他ツールとの関係】
　この書と前述の「NDL 雑誌記事索引」を併用すれば、戦後における大学・短期大学が刊行する種々の紀要論文の戦後文献を幅広く調査することができる。

☆★雑誌記事探索のワンポイントアドバイス☆★
　雑誌記事を探す場合は、求めているテーマの記事が学術誌に多く掲載されているのか、それとも一般誌か、ビジネス誌か、一般週刊誌記事か、といったことをある程度予測した上で、適切な文献に当たる必要がある。なぜなら、使うツールが異なるからである。例えば、学術的な論文は、大学の教員が中心になっているから、大学紀要など、学術雑誌を中心に採録してきた国立国会図書館編の「NDL 雑誌記事索引」を基本に調査する必要がある。

（7）『大宅壮一文庫雑誌記事索引総目録』、「Web OYA-bunko」（有料）　大宅壮一文庫
【どんなときに使うのか】

　非教養・学術的雑誌記事の調査に利用する基本ツールで、明治期～現在までの一般週刊誌、低俗雑誌の記事を調べるときに利用する。冊子体とデータベース（有料）の両方がある。なお、大宅壮一氏が言う「インチキ・バクロ雑誌の類」のほとんどは図書館で保存されていないことが多いが、当文庫では、索引対象になっている雑誌を全て保存・提供しているので、現物利用するときにも活用できる。一般公開されているので利用に便利。遠方の場合は複写依頼ができる。

【ツールの特性】

　冊子体『大宅壮一文庫雑誌記事索引総目録』、オンライン版「Web OYA-bunko」があり、記事の採録対象は、学術雑誌の類いではなく、一般の週刊誌をはじめ大宅氏が言う「インチキ・バクロ雑誌の類」の記事が中心。新聞の論説記事も特別採録されているので、併せて調査できる。人名索引は、著者索引ではなく、対象となる人名に関する記事の索引。分類方式は、大宅式分類法であり、求める資料がすぐ引き出せるように工夫がされている。

　この文献目録は、評論家であった大宅壮一が生前収集したコレクションを主に、文庫創立15周年を記念して作成されたもの。文庫自体は、雑誌図書館といえるものであり、氏の生前の資料室は「雑草文庫」と呼ばれていた。

　氏によれば「一時大衆の間に圧倒的に受けて、今はもうゴミダメの中にあるようなものがいいんだ……大正13年にはどんなことがあって、どんな人気者がいたか……、単行本は資料としてあまり役に立たない。理由は、一人の著者が自分の観点から物を見、判断しているから、淘汰され過ぎている。だから資料としての面白味が乏しい。それに比べると、雑誌は資料の宝庫だ。新聞に比べ、事件、時代の背景が分量的にたくさん盛り込まれている。……特にインチキ雑誌、バクロ雑誌の類は、時々おもしろいものがある。……」と言い、この言葉によって蔵書の特色が端的に示されていると思う。また、助手に「10分以内に資料が出てこないとオカンムリ」だったという。「資料は引くもの」という考えが強く、常時4～5人のアルバイトを雇い人名索引、件名索引（カード形式）を作らせていたという。

①　『大宅壮一文庫雑誌記事索引総目録』　全12巻・索引（13冊）大宅壮一文庫編・刊
　　　　（人名編全6巻、件名編全6巻、7巻目：件名総索引）　昭和60（1985）年
　収録は明治21（1888）～昭和59（1984）年末までの約2,000種の雑誌記事索引。なお、新聞の論説記事は特別に採録されている。
　・大宅壮一文庫：約6,500種の雑誌と約数万冊の図書より成る
　・人名編4万8,180人分40万件、件名編6,346項目40万件の計80万件
　・現在継続誌　週刊誌約40種、月刊約280種、季刊約25種、その他約90種
②　『大宅壮一文庫雑誌記事索引総目録』追補:1985-1987年版　件名編、人名編、
　　　　各2巻、全4巻　　大宅壮一文庫編刊　　昭和63（1988）年　前者の続編版。
③　『大宅壮一文庫雑誌記事索引総目録』追補：1888-1987年版
　　　　　　　　　　　大宅壮一文庫編　　　紀伊國屋書店　　　平成9（1997）年
　前者の件名編、人名編に次いで、今まで、大宅壮一文庫のデータにありながら、冊子体に収録されていなかった明治21（1888）～昭和62（1987）年までの100年間分、約15万件の人名・件名を収録。これで、漏れなく収録されることになった。

84

④ 『大宅壮一文庫雑誌記事索引総目録』1988-1995年版　全10巻
　　　　　　　　　　　　大宅壮一文庫編　紀伊國屋書店　平成9（1997）年
　前記②の続編版である。件名編・件名総索引（6冊）、人名編（4冊）から成る。昭和63（1988）
〜平成7（1995）年の8年間分、約101万件を収録している。
※以降冊子体の総目録は刊行されていないが、2012年版から年ごとの『**大宅壮一文庫雑誌記
　事人物索引**』（上・中・下の3冊もしくは、上下の2冊）が刊行されている。

【事　例】
　竹久夢二の美人画に関係した女性の記事を一般週刊誌から収集したいが、探すための適当
な文献はないか。
　（答え）
　『大宅壮一文庫雑誌記事索引総目録』の人名編「た―に」に該当する中に、竹久夢二
の見出しがある。

　例

夢二の美人画に青春を埋めた女、お葉さん　　週刊女性 P34 1968.12.28	
私が竹久夢二の最後の恋人（宇佐見雪江）　　新　評 P174 1970.　etc	

🔆　探索のポイント
　　一般週刊誌に掲載された雑誌記事を探すには『**大宅壮一文庫雑誌記事索引総目録**』また
は「Web OYA-bunko」を使うのが基本。冊子体の人名索引は著者索引ではなく、記事の内容に
関連した人名であるから使うときには注意を要する。冊子体は、平成7（1995）年版をもって
終了しているので、それ以降の記事を調査する場合は、データベースを利用する。なお、非
教養的な雑誌は国立国会図書館でも保存しているが、利用は簡単ではない。また、公共図書
館ではこうした類の雑誌はほとんど廃棄（廃棄基準により）されているので、利用者から現物
の入手を求められた場合は、文献目録またはデータベースにて書誌事項を確認し、大宅壮一
文庫に現物のコピー依頼をするとよい。大宅壮一文庫では、全国的に複写サービスを展開し
ている。近隣の場合は、入館料はかかるが大宅壮一文庫をそのまま使うこともできる。

　　大宅壮一文庫ガイド［大宅壮一文庫創立、昭和46（1971）年5月17日］
　住所：東京都世田谷区八幡山3-10-20　　　TEL 03-3303-2000
　○開館時間　　11:00-18:00　　○公開（ただし、入館料あり）
　○休館日　　　日曜日・祝日　　　　　　○複写サービス可
　○交　通　京王線　八幡山駅下車　＝徒歩7分　　（カラーコピーも可）
　○特色：社会・風俗関係の雑誌を中心にした蔵書構成　◆ファクシミリ資料代金有料
　　利用条件は、変更されることがあるので、実際に利用するときは確認してほしい。

✐アルファータイム―本の周辺⑥―

『日本の図書館－統計と名簿』と『図書館年鑑』

　図書館関係者ならぜひ知っておきたいのが、この２点。いずれも日本図書館協会（JLA）が年刊形式で刊行している。前者は、副題に「統計と名簿」とあるように、図書館関係の統計編と名簿編に分かれているが、本休は統計資料。採録は国会図書館、公共図書館、大学図書館、短期大学図書館など。統計数値は、JLA が毎年定期的に実施している各図書館への悉皆（しっかい）調査（全図書館が対象）をしたオリジナル数値をそのまま整理し掲載。図書館活動の概況数値の把握はもちろんのこと、生数値を使いながら、他館との比較研究や現状分析を行うこともできる。名簿には、国立国会図書館・同支部図書館、公立図書館、私立図書館、大学図書館（国公私立）、短期大学図書館（国公私立）、高専図書館が掲載され、レファレンス業務に配慮しながら図書館名簿が作成されている。レファレンス担当者や予算編成者の机の横に置いておく大切なツールでもある。

　後者の『図書館年鑑』は、図書館界の１年の動きがよく分かるようにトピックスなども含め論述されている。統計も掲載されているが、こちらの統計は、オリジナル数値ではなく、加工・分析された統計。いわゆる集計結果統計がグラフや表で分かりやすくまとめられている。両方とも統計数値が搭載されているが、統計の作成目的が異なるので、統計の目的に合わせ、前者と後者を使い分けることが必要である。

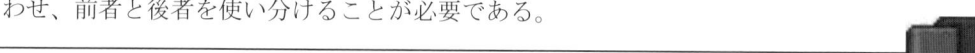

（8）『**歴史学紀要論文総覧**』日外アソシエーツ　紀伊國屋書店〔発売〕

平成 19（2007）年

　古くは 1920 年代〜2006 年までに刊行された、歴史学（考古学を含む）に関する大学紀要収載論文を通覧できる内容細目集。大学紀要 209 誌 4,411 冊より 2 万 6,130 点の論文を収録。歴史学に限定した紀要論文調査には最適である。

（9）『**社会科学論文総覧**』　全 6 巻　日本図書センター　昭和 59（1984）年

　この書は、明治期〜昭和 22(1947)年までに発表された社会科学全般に及ぶ雑誌記事論文などを収載したものである。古い文献を探すための重要な社会科学論文記事索引である。

　この文献と国立国会図書館編「**NDL 雑誌記事索引**」（昭和 23 年〜）とを接続することによって、明治期〜今日までの社会科学系の雑誌論文の調査がほぼ可能となる。

　全 6 巻の内容構成は 2 つに分かれ、1、2 巻は、明治〜昭和 2(1927)年までに発表されたもの、3 巻以降は、昭和 2（1927）年 11 月〜22(1947)年までに発表された論文記事が収録されている。前者の分は、天野敬太郎編『法政・経済・社会論文総覧』の復刻版（昭和 2・3 年刊行）、後者の分は、神戸大学経済経営学会国民経済雑誌編集委員会編『国民経済雑誌』（月刊）収録の「内国文献目録」の部分を各月ごとに単に合冊し、復刻したものである。索引は、1、2 巻の巻頭に検索目次目録、末尾に欧文索引人名表、2 巻に執筆者名索引がある。3〜6 巻の索引は、各巻頭に年次別目次、主題別目次が付いている。

（１０）「ざっさくプラス」皓星社　（有料）、冊子体『明治・大正・昭和前期　雑誌記事索引集成』全124冊　皓星社　平成6（1994）～11（1999）年

　「ざっさくプラス」は、『明治・大正・昭和前期　雑誌記事索引集成』を元にしたオンラインデータベース。冊子体の方は、人文科学・社会科学関係各種雑誌の索引を網羅的に収集し集大成したもので、戦前の雑誌記事・論文を網羅的に調べられる。利用の便を配慮し、執筆者索引、用語索引を付すとともに原資料を影印版で提供する。2008年からオンラインサービスを開始し、キーワード検索が可能になるとともに、国立国会図書館の「NDL雑誌記事索引」に未採録の戦後の「地方誌記事索引」を新たに加え続けている。特に、公共図書館における郷土資料の提供には有用なデータベースツールである。

※戦前からの古い分については、前述の『社会科学論文総覧』と『明治・大正・昭和前期雑誌記事索引集成』・「ざっさくプラス」や「MagazinePlus」が提供する、「明治・大正・昭和戦前期の雑誌記事」(国立国会図書館デジタルコレクションの一部)が活用できる。

（１１）『主要新聞雑誌記事総覧 昭和戦前編』4冊　日本図書センター　平成19（2007）年
　内務省警保局によって編纂された月刊誌「出版警察報」「出版警察資料」の中の、「主要新聞雑誌記事一覧」を集成したもの。復刻版。

（１２）　Social Sciences Citation Index（SSCI）　　1973年～
　　　　　　　Philadelphia, Institute for Scientific Information, 1973-

　この索引は、社会科学全般を対象にした引用文献索引で、世界の中の重要な社会科学雑誌とそれ以外の分野の雑誌から社会科学関係雑誌の論文記事、学位論文と図書を収録した、最も基本的かつ重要なツールである。
　内容は、社会科学関係の雑誌約1,400誌と周辺領域の約3,200誌の雑誌に掲載された論文記事を収録し、1972年以降のデータ約230万件を提供している。**社会科学系の外国論文などを引用してレポートや卒論を書く場合、また大学院生の修士・博士論文作成に欠かすことができない基本文献として理解しておいてほしいものである。**過去は、冊子体であったが、現在は、オンラインデータベース（※）として提供されている。
　元の冊子体は3分冊の索引から成り、Citation Index と Source index、そして Permuterm Index がある。Citation Index は、被引用文献、その引用者、どこに引用されたかが調べられ、次の Source index は、ある著者がどのような文献を引用したかが分かる。この索引が本編ともいえる基本索引である。Permuterm Index は、主題索引の役割をしているもので、キーワードの連結によって必要な論文を探し出すものである。
　例えば、タイトル中に含まれている"Children"と"Learning"を一対にした語をアルファベット順に並べ、その語を用いて書いた論文の著者が分かるようになっている。そして、その著者から Source index を引くと、論文名など必要事項が分かる。
※ Social SCIsearch（Institute for Scientific Information 提供）が SSCI に対応するデータベース。
　なお、オンラインサービスでは、Web of Science の中の1メニューとして提供されている。

2．論文索引

　ここでいう論文とは、雑誌論文ではなく、図書形態に掲載されたものを指す。雑誌記事は、国立国会図書館の「NDL雑誌記事索引」などで効果的に収集することができるが、学会年報や単行本で出された図書形態の論文集（例：記念論集）は、利用上取り残されることが多い。学会年報は雑誌同様逐次刊行物なので、図書館によっては雑誌に含めている場合もあるため、利用上注意する必要がある。ここでは、とても便利なレファレンスツールを2点紹介する。

（1）『論文集内容細目総覧』日外アソシエーツ　紀伊國屋書店（発売）
①『論文集内容細目総覧』全6冊　　平成5（1993）〜6（1994）年
　図書形態で発行された「論文集」の中に搭載されている論文を探すときの基本ツール。本書は、国内の学術団体や機関によって編集・刊行された人文・社会科学分野の学術論文を集成し、その書誌情報と内容細目を提供している。※前述の国内最大の雑誌記事・論文データベース「MagazinePlus」にも同じものが採録されている。

　収録期間は、昭和20（1945）〜平成4（1992）年まで。巻構成は、①記念論文集　2冊　②一般論文集　2冊　③シンポジウム・講演集　2冊。いずれの編も本体1冊と索引1冊から成り立っている。

　索引には、（1）論文執筆者名索引　　（2）被記念者名索引　　（3）論文集名索引があるので、便利に利用できる。巻の②③には、被記念者名索引の索引はない。
②『論文集内容細目総覧 1993–1998』全3冊　　　平成12（2000）年
　巻構成は①記念論文集　②一般論文集　③シンポジウム・講演集。
　前記『論文集内容細目総覧』の継続編。収録期間は平成5（1993）〜10（1998）年まで。
③『論文集内容細目総覧 1999–2003』全3冊　　　平成16（2004）年
　前記の続編。収録期間は平成11（1999）〜15（2003）年まで。
④『論文集内容細目総覧 2004–2008』全3冊　　　平成21（2009）年
　前記の続編。収録期間は平成17（2005）〜20（2008）年まで。
【他ツールとの関係】
　『論文集内容細目総覧』の論文情報は、「MagazinePlus」（p.82）にも収録されているので、このデータベースを導入していれば、冊子体を使わずして書誌データの調査は可能である。ただし、冊子体同様、データベースも平成20（2008）年までの分になっている。

メモ

☀記念論文集というのは、著名な教授が古希を迎えたり、還暦を迎えたり、または退官記念や追悼として、その教授の弟子や関係者たちの論文を集め記念論文集（本の形態）として出すもの。本形態なのでツールを知らないと活用が上手くできない。貴重な論文が多い。

☀前述した、国立国会図書館の「NDL雑誌記事索引」には、図書の形で出された論文は収録されていないので、『論文集内容細目総覧』を併用して使うと調査範囲が大きく広がる。

☀①②の『論文集内容細目総覧』をまとめた『CD–論文集内容細目総覧』（日外アソシエーツ）がある。単行図書約8,500冊を対象に約20万件の論文を収録。

（2）『学会年報・研究報告論文総覧』日外アソシエーツ

　『学会年報・研究報告論文総覧』全17冊　平成6（1994）〜10（1998）年

　　当書は、戦後の学会年報や研究報告書の論文を検索するための専用ツールである。昭和20（1945）〜平成2（1990）年の**学会年報や研究報告書に搭載された約25万件の論文を採録している**。前記『論文集内容細目総覧』と合わせれば、本形態の論文を効率的に調査できる。前述の「MagazinePlus」（p.82）にも同じものが継続的に収録される。構成は各巻の下を、さらに一般学会、研究所関係、大学・学内団体、などに分冊して刊行。巻構成は、1巻：総合篇、2巻：人文・芸術篇、3巻：社会科学篇、4巻：教育・生活・情報篇、5巻：言語・文学・外国研究篇　別巻：総合索引　の全17冊。

　　◜◞継続刊行は下記の通り（適宜継続刊行）。

『学会年報・研究報告論文総覧 91／95』平成10（1998）〜12（2000）年、『学会年報・研究報告論文総覧 1996-2002』平成15（2003）〜16（2004）年、『学会年報・研究報告論文総覧 2003-2009』平成22（2010）年、『学会年報・研究報告論文総覧 2010-2016』平成29（2017）年、各6冊。

（3）『**人文・社会　翻訳記事論文索引 1981-1990**』日外アソシエーツ　平成11（1999）年

　　国内の雑誌、年報、研究報告、論文集に掲載された論文・記事・法令などが原著者名で検索できる。収録点数約1万3,500点。訳者名索引と事項名索引がある。

3．雑誌記事の抄録・目次

（1）『**科学技術文献速報**』月刊　　科学技術振興機構(JST)　昭和33（1958）年〜

【どんなときに使うのか】

　　科学技術文献に関するカレントな雑誌記事や論文を調べるときに利用する。

【ツールの特性】

　　冊子体が本体であるが、オンライン版でも利用できる。この文献速報は、単なる雑誌記事索引ではなく、国内外の雑誌、技術レポート、会議資料、公共資料、予稿集など、**国内外の科学技術に関する論文**などの書誌情報のほかに「**抄録**」（※）を付している。したがって、**雑誌記事・論文索引の機能のみならず論文などの内容要旨を知る**ことができる。

　　社会科学関係では「管理・システム技術編」が利用できるが、そのほかに、機械工学、化学・化学工業、電気工学、土木・建築工学、金属工学・鉱山工学・地球科学、物理・応用物理、原子力工学、ライフサイエンス編等々がある。**オンライン版**は「**JDream**」（有料）のメニューの一部として提供されている。「JDream」とは、**科学技術や医学などのデータベース**にアクセスして、手軽に検索できる文献情報検索システムで、**約1万2,000種の科学技術文献**を網羅的に収集・提供している。現在の名称は「**JDreamⅢ**」。

　　なお、科学技術振興機構が無料で公開している「J-GLOBAL」（研究者情報、文献情報、特許情報、研究課題情報、機関情報、科学技術用語情報、化学物質情報、資料情報などの総合的学術情報データベース）を使うと、雑誌記事など約3,500万件の調査もできる。

※**抄録**：カレントな論文や調査レポートなどの内容要旨を搭載しているものをいう。図書館学的には、図書の内容要旨を書いたものを「解題」と称し明確に区別している。抄録の書き方には、私見を入れない「報知(的)抄録」と、私見を含んだ「指示(的)抄録」の2種がある。

┌───┐
│　🖳オンラインサービスガイド　　日本最大の科学技術文献検索サービス「JDream」
│　JST：科学技術振興機構
│　　科学技術分野の国内外の文献を収録する「JSTPlus」や国内医学・薬学「JMEDPlus」、化学
│　「JCHEM」、医学「MEDLINE」、文献など、データベース計 10 種類から提供している。
└───┘

（2）『日本雑誌総目次要覧』天野敬太郎・深井人詩共編　日外アソシエーツ昭和 60（1985）年
　　この目次要覧は、昭和 58（1983）年 12 月末までに作成された各雑誌の総目次が、どこに発
表されているかを探すための文献。収録総数は、4,415 種の雑誌総目次 7,323 点。ただし、
原則として 2 年以上にわたる総目次を採録し、1 年または半年ごとに付く合本（雑誌の中に
収録、例：1 月号の巻末）用のものは除かれている。なお、2 年未満でも、廃刊・改題された
ものは採録されている。昭和 20（1945）〜26（1951）年頃の戦後混乱期に刊行された雑誌は、1
号の目次であっても採録している。採録している主題は、人文・社会科学が主であり、自然
科学のものはわずかである。続編に『日本雑誌総目次要覧 84/93』(1995)、『日本雑誌総目次
要覧 1994-2003』(2005)、『日本雑誌総目次要覧 2004-2013』(2014)がある。
　　雑誌には、月刊誌、週刊誌、季刊誌、旬刊誌などがあるが、学術雑誌や総合誌では、ほと
んど総索引が作られている。月刊誌の場合は、だいたい年に 1 回、12 月号か翌年の 1 月号、
または 2 月号に掲載されることが多い。一般週刊誌では総索引を年 2 回に分けるものもある。
10 年 20 年と月日が経過してくると、数年分をまとめた総索引も刊行されることもある。こ
のスタイルの総索引は、著者名、分類別索引など、索引が充実することが多い。
　　なお、『書誌年鑑』にも昭和 57（1982）年以降の分については収録されている。ほかに参考
になるものに、書物関係雑誌の総目次集 47 点を収録した『書物関係雑誌細目集覧』2 冊（書
誌研究懇話会編　日本古書通信社　1974〜76）、『雑誌総目次索引集覧』（天野啓太郎編　1966）
『雑誌総目次索引集覧　増補版』(1969)がある。また、主題別に数種類の雑誌の総目次を集
めた文献も作られている。例えば下記のようなものがある。
　　『現代日本文芸総覧－文学・芸術・思想関係雑誌細目及び解題』上・中・下・補巻（明治
文献　昭和 43〜48）約 3,000 ページ、148 点の雑誌目次を掲載。『戦後雑誌目次総覧－政治・
経済・社会』2 冊（東京大学社会科学研究所戦後改革研究会編　東京大学出版会　昭和 51〜
52）102 誌より、『民俗学関係雑誌文献総覧』（武田旦編　国書刊行会　昭和 53 年）241 誌の
総目次より、『仏教学関係雑誌文献総覧』（国書刊行会編・刊　昭和 58 年）288 誌の総目次。
『日本史関係雑誌文献総覧』2 冊（国書刊行会編・刊　昭和 59）など。

（3）『政府定期刊行物目次総覧』26 冊　文化図書　昭和 62（1987）〜平成 21（2009）年
　　政府刊行の雑誌記事を探す基本的な文献として刊行されたもの。この文献の刊行によって、
政府刊行の各定期雑誌の創刊号からの記事を探せることとなった。
　　なお、同類として、「目次総覧」刊行会編『政府定期刊行物目次総覧〈2008〉』［日本図書セ
ンター　平成 21（2009）年　年刊］がある。政府各省庁関係の広報誌など、定期刊行物 26 誌の
目次を集成している。

耳より情報～**電子化資料**の広がりとインターネットから無料入手できる方法～

電子ジャーナルは、主として学術雑誌が電子化されたものを指し、オンライン・ジャーナルともいわれる。理工系や医学系の雑誌に多いが、最近では、社会科学・人文社会系の雑誌にも増えてきている。外国雑誌では顕著に増加。電子化の形式としては PDF、HTML など。また、最近は、一般雑誌・紀要・学協会雑誌に収録されている記事や論文の全文が電子化され、提供されるものが多くなってきた。国立情報学研究所の CiNii Research には、そうしたものを多く発見することができる。全文の電子化によって、図書館に行かなくてもインターネット上から容易に文献入手ができるようになった。

 ◆◇◇雑誌記事・論文を探すためのオンライン・インターネット情報◆◇◇◆◇◇◆

国内の記事・論文を探す

【紀要・学会・学協会などの記事・論文を探す】

① 「**Google Scholar**」 Google 提供 （無料）

インターネット上に公開されている国内外の学術論文（大学紀要含む）や講演内容の論稿などを検索できるとともに、無料で論文の全文を入手することができる。なお、国内文献に関しては、CiNii Research にも搭載されている。

② 国立民族博物館データベース「**身装文献**」 国立民族博物館提供 （無料）

民博が提供する服装に関する「身装文献」に雑誌記事索引がある。「服装関連日本語雑誌記事」など、1967 年から網羅的に収集。それ以前は選択的に収集。

③ **社会・労働関係論文データベース** （無料） 法政大学大原社会問題研究所提供

大原社会問題研究所が所蔵する資料で、雑誌論文や図書の検索ができる。論文は、20 万 4,000 件採録。

④ **医中誌 Web** 医学中央雑誌刊行会提供 （有料）

1983 年から、国内発行の医学・歯学・薬学・看護学および関連分野の定期刊行物、延べ約 5,000 誌より約 750 万件を採録した医学文献雑誌記事索引。

⑤ **最新看護索引 Web** 医学中央雑誌刊行会提供 （有料）

1987 年からの看護分野に限定した約 810 誌から約 19 万件を採録した雑誌記事索引。

☆★雑誌記事調査のワンポイントアドバイス☆★

雑誌記事を探す場合、国立国会図書館の「**NDL 雑誌記事索引**」のようなオールマイティー型のものと、『法律判例文献情報』のようなテーマ（主題など）型のものがある。テーマ型のものは、できる限り専門分野に関するものを採録したいと努力するので、採録誌が広くなることが多い。テーマ型の文献目録・索引がある場合は、オールマイティー型よりもテーマ型を優先して使うと、より幅広く調査ができる。

国外の記事・論文を探す

「Google Scholar」　Google（無料）

　国外での雑誌記事・論文などの全文が豊富に搭載されているので、国外での学術的論文やインターネット上に公開されている学術文献の収集には不可欠なツール。

【雑誌全般の記事・論文を探す】（全て有料）

① OCLC FirstSearch（アメリカ議会図書館、84の国と地域5万500館以上の図書館が参加）

　世界中の主要な書誌データベースと電子ジャーナルを一括検索することが可能。タイトル・抄録が見られ、電子ジャーナルなら原文の入手も可能。OCLCが所蔵するWorldCatをはじめ、1万2,000タイトル以上の雑誌の最新記事情報を提供する。紀伊國屋書店が代理店。

② 中国学術文献オンラインサービス（CNKI）

　1979年〜現在までに中国国内で刊行された約7,000の学術雑誌の雑誌記事の書誌データと、引用文献・抄録・全文を提供する。中国研究に不可欠なデータベース。

【人文科学全体の論文記事を探す】（全て有料）

① Humanities Abstracts（EBSCO 提供）

　人文科学関係雑誌の基本文献として有名な、冊子体雑誌記事索引誌Humanities Indexに対応したデータベース。哲学、宗教、歴史・地理、文学、芸術などの人文科学関係雑誌約350誌に掲載された英語記事を採録。冊子は1965年以降の記事を採録しているが、データベースは1984年以降のものを提供。1994年以降は、単なる書誌データだけではなく、内容要約の抄録が付され、1995年以降のものには、約100誌の全文（フルテキスト）も収録。

② Arts & Humanities Citation Index（Thomson Reuters　提供）

　人文科学関係誌約1,300誌と、周辺領域誌約5,000誌に掲載された論文記事を収録している。前述した、社会科学のSSCI（p.87）と同じような基本文献である。1980年以降のデータが提供されている。

【社会科学全体の論文記事を探す】（全て有料）

　Social Sciences Abstracts（EBSCO 提供）

　社会科学を対象とした冊子体の記事索引誌。Social Sciences Indexに対応したデータベース。アメリカの基本文献の一つで、社会科学に関する雑誌記事を広い分野（心理学、地理学などを含む）で約350誌から採録。冊子体は1965年以降からの記事を採録しているが、データベースは1983年以降で、約50万件の検索が可能。1994年以降は、前記同様単なる書誌データだけではなく、抄録が付され、1995年からは、約110誌の全文も入手することができる。

【その他特定主題から論文記事を探す】（全て有料）

① 社会学：Sociological Abstracts（ProQuest 提供）

　冊子体Social Planning/Policy and Development Abstractに対応したデータベース。約1,200誌以上から成る。1963年以降のデータを提供。

② 心理学：PsycINFO（American Psychological Association 提供）

　冊子体Psychological Abstractsに対応したデータベース。雑誌記事以外に図書も採録。1967年以降のデータを提供。

③　教育学：ERIC

（U.S.Department of Education,Educational Resources Information Center 提供）

　教育関係の検索に不可欠な冊子体 Resources in　Education（アメリカの教育関係の報告書を網羅した抄録誌）と、Current Index to Journals in Education（教育関係雑誌の雑誌記事を収録した索引誌）の両方のデータを統合したデータベース。1966 年以降の検索が可能。

④　経営／会計：ABI/INFORM　（ProQuest 提供）

　全世界の 1,000 誌強のビジネス・経営・会計関連の主要記事（英語）を収録。関連する金融、保険、不動産、税金、法令雑誌に掲載された記事も含む広範囲な基本的書誌。抄録以外に全文記事も提供する。1971 年以降から検索可能。

⑤　法律：Index to Legal Periodicals（EBSCO 提供）

　アメリカ、カナダ、イギリス、オーストラリア、ニュージランドで刊行されている雑誌および定期刊行物から、法律関係の論文・記事（英語）を収録し書誌情報を提供する。1981 年から採録した約 600 誌の記事を提供。

 アルファータイム―本の周辺⑦―

『レポート・論文作成のための引用・参考文献の書き方』

　レファレンスサービスの仕事をしているとよく聞かれるのが、レポート・論文（卒論など）を書くときの**出典明記法**である。文中で参考文献から文章を引用した場合、その引用した文献をどのように表記したらよいか、という質問である。文献調査のレファレンス質問は、文献調査法を指導するのみならず、出典明記法まで及ぶことが多い。指導教員が丁寧に指導している場合もあるが、全てではない。こうした場合は、やはり質問の範囲の中で処理する必要がある。こうした質問を処理するに当たって、大変役に立つのが、藤田節子著『**レポート・論文作成のための引用・参考文献の書き方**』（日外アソシエーツ 2009）である。本書では、128 例の資料の出典の書き方が示されている。その内容の範囲は、図書、雑誌記事、新聞記事、判例、テレビ番組、音楽、Web サイトなど、広範囲に及ぶ。

　出典明記の基準は、科学技術振興機構（JST）が管理する「科学技術情報流通基準（SIST）」で定められた『SIST02-2007』に準拠している。この基準は、JST のホームページでも公開されているので、引用文の出典明記に困った場合は、強い味方になる。

　良いレポートを書くには、先人の研究をよく学び、自分の考えを入れてまとめる必要がある。先人の研究は、多ければ多いほど、レポート・論文の評価も高くなることが多い。先人の研究に敬意を表し、また、次の学習者が困らないように、引用文献や参考文献の書誌事項を正しく書くことは大事である。図書を例に、書誌事項の基本的なものを挙げると、著・編者、書名、出版者、出版年である。これは基本書誌事項になるので、これだけは最低でも正確に記しておく必要がある。書誌事項は、文中で書く場合もあれば、本論には（注1）（注2）と記しておいて、巻末の参考文献に記すこともある。指導教員からの指導があれば、それに従う必要があるが、一般的には後者の方が多い。

　本書では、事例が豊富過ぎて学習に時間がかかるかもしれないが、図書館司書の手引き書の一つとして押さえておきたいものである。

Ⅲ　新聞記事の探し方

主 要 探 索 図

ニュース事典から探す →新聞記事のエキス部分を収録
『明治ニュース事典』慶応 4(1868)年----→明治 45(1912)年の記事採録。
『大正ニュース事典』大正 1(1912)年-------→15(1926)年の記事採録。
『昭和ニュース事典』昭和 1(1926)年-------→27(1952)年の記事採録。
　※明治・大正期の分は現代活字に打ち直されており、きれいで使いやすい。索引も充実。

新聞集成から探す →各種新聞から主要な新聞記事を選択し図書形態にしたもの
『新聞集成明治編年史』(財政経済学会) 文久 2(1862)年-------→明治 45(1912)年
『新聞集録大正史』(大正出版) 大正 1(1912)年--------→大正 15(1926)年
『新聞集成昭和史の証言』(本邦書籍) 昭和 1(1926)年----→昭和 20(1945)年
『新聞集成昭和編年史』(明治大正昭和新聞研究会) 昭和 1(1926)年-----→昭和 42(1967)年
　［昭和 30 年(1955)分からは CD-ROM 版あり］

新聞記事データベースから探す →各新聞社が掲載した新聞記事をデータベースにしたもの
毎日新聞「毎索(マイサク)」明治 5(1872)年---------------------------→現在
　　　　　紙面イメージ(1872〜1999 年)＋テキスト(文字のみ)イメージ(2000 年〜現在)
読売新聞「ヨミダス歴史館」 明治 7(1874) 年---------------------------→現在
　　　　　紙面イメージ(1874〜1985 年)＋［テキスト(文字のみ)イメージ＋新聞記事切り抜
　　　　　きイメージ(1986 年〜現在)］
朝日新聞「朝日新聞クロスサーチ」明治 12 年(1879) ---------------------------→現在
　　　　　紙面イメージ(1879〜1999 年)
　　　　　文字イメージ(2001〜2005 年 10 月)
　　　　　文字イメージ＋新聞記事切り抜きイメージ(2005 年 11 月〜現在)
　　　　　※2022 年 3 月、「聞蔵Ⅱビジュアル」が全面リニューアルして「朝日新聞クロスサ
　　　　　ーチ」へと生まれ変わる。
産経新聞「産経新聞データベース」平成 4(1992)年 9 月 ----------------------→現在
　　　　　平成 4(1992)年 9 月からテキスト(文字)イメージを提供してきたが、平成 16
　　　　　(2004)年 1 月分から紙面切り抜きイメージを追加。

はじめに

　新聞は、情報の宝庫である。しかし、膨大な情報があるにもかかわらず、調査法が分からないため、調査研究、学習、レポート作成などに十分利用されず、つい図書中心になりがちである。新聞記事を拾い出し、カードの形にして日付順に並べると、すでにそこには関係年表ができ上がるなど、上手な利用法はいくらでもある。

　日々発行される新聞は、情報を最も早く伝えるものであり、過去に発行された新聞は、当時の政治、経済、教育、文化など、各分野の歴史的な流れや当時の状況、背景を研究・調査する上で欠くことができない生の基礎資料であるといえる。

　近年、新聞記事を検索する「新聞記事索引」の道具（レファレンスツール）が多く刊行され、これらを利用することによって、幕末期から現在に至るまで、容易に新聞記事のオリジナルや主要記事部分が入手できるようになった。

　ここでは、重要な新聞記事探索のためのツールを紹介し、より素晴らしい調査研究、学習ができる一助にしたい。

1．新聞情報調査機関概況

　調査の基本文献を述べる前に、新聞利用のための調査機関について概況を述べておく。

1）国立国会図書館

　国内で最大の機関。所蔵種数は約 6,000 タイトル、内、国内新聞が約 5,000、国外紙が約 1,000 タイトル。図書館は 18 才以上なら誰でも利用ができる。

　また、当ホームページでは、国立国会図書館が有している新聞検索は「**国立国会図書館サーチ**」で利用できるので、効果的に使うことができる。

2）東京大学「明治新聞雑誌文庫」

　主として明治時代の新聞・雑誌を中心にしたコレクション。所蔵資料数は計約 5 万 9,000 冊。内、新聞約 8,000 タイトル、雑誌約 2,000 タイトル。平成 27(2015)年から文庫所蔵検索「**明探**」をインターネット公開し、資料検索・錦絵新聞・古写真画像閲覧が可能になった。また、昭和 39(1964)年に東京大学附属図書館の新聞と新聞研究所の資料を合体して作った「新聞資料センター」が、「**明治新聞雑誌文庫**」所蔵分以降の資料をストックし、提供している。後述する『明治ニュース事典』や『大正ニュース事典』の作成は、「**明治新聞雑誌文庫**」によるところが大きい。

3）神戸大学経済経営研究所

　旧神戸高等商業学校時代の明治 44(1911)年から、経済・産業に関連した新聞記事を切り抜いた情報をストックしている。これは、後述する『**新聞記事資料集成**』として昭和 48(1973)年に刊行された。しかし、切り抜き作業は、膨大な情報量に対応できず中断されている。

ワンポイントアドバイス－新聞記事調査ツールの活用－

　新聞記事を入手するレファレンスツールは、ほぼ完成されている。これらのツールを使うことによって、資料を集める楽しみは数十倍になるだろう。自宅で日々見る新聞は、1ヵ月を過ぎると「**新聞縮刷版**」といわれる本のようなものに変化する。データベースは著作権処理の関係もあり、新聞記事全てを閲覧できるのは縮刷版のみである。図書館では、原紙保存に限界があるので、その多くは、「新聞縮刷版」で保存されている。この意味で、「新聞縮刷版」は新聞記事調査の最後の砦といわれる。この章で紹介する新聞記事のオンラインデータベースは、新聞記事の文字情報そのものは見ることができるが、「縮刷版」とは同一ではない。紙面イメージもあれば文字のみもあるし、記事切り抜きイメージもある。それぞれの特徴を把握しつつ、上手に活用してもらいたい。

2．新聞縮刷版

　1ヵ月以内の新聞記事については、日頃から切り抜いたり、また、一つ一つ調べたり、あるいは、新聞社に問い合わせたりしなければならないが、1ヵ月以上経った新聞記事を上手に探すには、「**新聞縮刷版**」を上手く使うことが必要である。縮刷版は、現物の新聞をそのまま縮小し本の形態にしているもので、オリジナル新聞の発行日から<u>1ヵ月を過ぎると刊行</u>される。ペーパーを利用する場合は、1ヵ月以内の記事についてはオリジナル新聞、それ以前の記事については「縮刷版を利用する！」と覚えておきたい。

主要な新聞縮刷版一覧

朝日新聞縮刷版　　大正8（1919）年〜　　（月刊）
　　　　明治21（1888）年-------→昭和30（1955）年復刻版あり（東京朝日新聞社発行）
　　　＊「東京朝日新聞」創刊号＝「めざまし新聞」
毎日新聞縮刷版　　昭和25（1950）年1月〜　　（月刊）
読売新聞縮刷版　　昭和33（1958）年9月〜　　（月刊）
日本経済新聞縮刷版　　昭和24（1949）年4月〜　　　　（月刊）
　　日経産業新聞縮刷版　　昭和48（1973）年10月〜　　　（月刊）
　　日経金融新聞縮刷版　　昭和62（1987）年11月〜平成20（2008）年1月　　（月刊）
　　日刊工業新聞縮冊版　　昭和35（1960）年10月〜平成15（2003）年3月　　（月刊）

☆　産経新聞、東京新聞、スポーツ新聞の縮刷版は刊行されていない。

ワンポイントアドバイス―**新聞縮刷版を上手に使う**―

　縮刷版を上手に使うポイントは、なんといっても巻頭にある索引の利用。各主題の下にかなり細かい部分まで（新聞によって差はあるが……）引けるようになっている。ある記事が、どの主題に入っているかが分からないときは、新聞社に問い合わせると教えてくれる。電話番号は新聞に書いてある。

　　　　　電子版の新聞ならキーワード検索が便利！

　キーワードから探す場合は、オンラインデータベースなどの電子版が便利。キーワード検索により横断的に複数の新聞記事が検索できる。正確な新聞記事情報を覚えていなくても、思いつく単語入力で必要な記事を検索することができる。

3．新聞記事索引

（1）日経オンラインサービス「**日経テレコン21**」（有料）日本経済新聞社

　　　　　記事検索のみ1975年〜　**文字情報全文**は1985年〜　**イメージ情報全文**は1988年〜

　国内のニュース情報の提供とともに日経四紙（日本経済新聞、日経産業新聞、日経金融新聞、日経流通新聞［日経MJ］）などの新聞記事などを提供している。 経済・流通新聞などには統計などのグラフや図が大変多いので、ほかの新聞社よりも早くから文字情報だけでなく、新聞原紙と同様の切り抜きイメージ情報も併せて提供している。検索入り口は「記事検索」。

　「日経テレコン21」のメニューの中には、**企業情報、人事情報**なども提供されている。特に企業情報はかなり詳細なので、企業研究や企業動向を知る上でも役に立つ。掲載されている企業は、大手企業のみならず、日経四紙に搭載された企業も対象になっている。

（2）読売新聞オンラインサービス「**ヨミダス歴史館**」（有料）読売新聞社

　「**ヨミダス歴史館**」は、明治7（1874）年〜現在までの新聞記事全文を提供している。また、平成元（1989）年からキーパーソン約2万3,000人の人物情報などの検索もできる。

　契約形態には、「**ヨミダス歴史館**」の全契約と「平成・令和のみ」の2種類がある。

　データベース化の最初は、実質的なデータベース元年といわれる1985年直後の昭和61（1986）年9月以降分からの記事が対象であった。最初はコンピューター能力の関係から文字情報のみ（写真・グラフなどはなしで文字のみ）であったが、コンピューター能力の向上により途中から記事の切抜きイメージも搭載することになった。文字情報の分は、遡及計画により改善されイメージ情報に変わった。また、昭和61（1986）年より前の古い分は、明治期までの遡及計画に基づき紙面イメージ（家庭で閲覧する紙面と同じ→縮小紙面になっており、必要な記事のみをズームアップできる仕組み）にてデータベース化を図った。このことにより、明治期〜現在までの新聞記事を全てイメージ記事にて閲覧できるようになっている。

（3）朝日新聞オンラインサービス「**朝日新聞クロスサーチ**」（有料）朝日新聞社

　「**朝日新聞クロスサーチ**」は、<u>明治 12(1879)年〜現在</u>までの朝日新聞記事を提供している。具体的には、朝日新聞縮刷版を基にした「朝日新聞明治・大正紙面データベース」（1879〜1926）、「朝日新聞戦前紙面データベース」（1926〜1945）、「昭和戦後紙面データベース」（1945〜1989）、「平成（〜11 年）紙面データベース」（1989〜1999）、および過去に商品として提供されていた「聞蔵Ⅱテキスト for Libraries」（1985〜現在）によって構成されている。縮刷版紙面の 1879〜1999 年分に関しては、「縮刷版」発行当時のままの紙面イメージを収録しており、キーワードや発行日で検索することができる。また、明治、大正、昭和期の便利な検索ツールとして、「歴史キーワード」が用意されている。記事は東京本社版のほか、支社版、全国の地域面（おおむね 1935〜1999）、戦前の外地版も収録している。

　<u>1985〜2005 年 10 月</u>までの分は文字情報（テキスト形式）のみであるが、<u>2005 年 11 月以降</u>からは文字情報と切り抜きイメージ情報が利用できる。1985 年以降の記事は全文検索方式でテキスト本文を表示して読むことができ、2005 年 11 月以降は切り抜きイメージも表示できる。

　ほか、「朝日新聞デジタル」（一部のコラムなど）や雑誌『AERA』『週刊朝日』の記事、『現代用語事典 知恵蔵』をはじめ、「歴史写真アーカイブ」、創刊から 1956 年までの『アサヒグラフ』、「英文ニュースデータベース」、「人物データベース」も収録されている。

　基本契約では、①昭和戦後紙面データベース（1945〜1989）、②平成（〜11 年）紙面データベース（1989〜1999）、③朝日新聞記事 1985 年（地域版含む）〜現在、④『週刊朝日』、⑤『AERA』全文記事データベース、⑥『現代用語事典 知恵蔵』が利用できる。オプションを加えることによって、朝日新聞縮刷版 明治・大正紙面データベース（1879〜1926）、朝日新聞縮刷版 昭和戦前紙面データベース（1926〜1945）、その他『アサヒグラフ』などが利用できる。

（4）毎日新聞オンラインサービス「**毎索（マイサク）**」（有料）　明治 5(1872)年〜　毎日新聞社

　明治 5(1872)年〜現在までの記事を提供しているが、その構成は、紙面イメージ（1874〜1999）と文字情報のみ（2000〜現在）になっている。後者の文字情報の部分は、過去に商品として販売されていた「**毎日 NEWS パック**」（1987〜）を基にしている。現在の契約は「**毎索（マイサク）**」のみ可能である。

　新聞記事以外に毎日新聞の「毎日ヨロンサーチ」、経済誌の『週刊エコノミスト』（1989〜）、「速報ニュース」の全文も見られる。『**CD−毎日新聞**』（1991〜）年版が日外アソシエーツから出されている。なお、毎日新聞の前身は『東京日日新聞』（明治 5 年創刊）である。

（5）「**産経新聞データベース**」（有料）　平成 4(1992)年 9 月〜　産経新聞社

　平成 4(1992)年 9 月から文字情報（テキスト形式）を提供してきたが、2004 年 1 月分から紙面切り抜きイメージ情報を追加。

（6）『朝日新聞記事総覧』朝日新聞社編　日本図書センター

昭和 60（1985）〜 平成 11（1999）年

　『東京朝日新聞縮刷版』が創刊された大正 8(1919)年 8 月 15 日〜平成 4(1992)年 12 月までの各月ごとの朝日新聞縮刷版の冒頭にある索引を集めた索引集成。索引から見つけた記事は、該当する朝日新聞縮刷版に当たれば原記事を見ることができる。内容は、朝日新聞縮刷版の各月巻頭の「索引」と「重要記事」「時事日誌」も含む。時事日誌は年表的な役割を果たしている。大正編、昭和編、昭和戦後編に区分し刊行され、全 45 巻（別冊に人名索引）から成り立っている。

🖳◇◆◇　その他新聞記事のオンラインサービス紹介　◆◇◆◇

① ELNET（イーエルネット）（有料）　創立は 1986 年 12 月

　国内最大の新聞切り抜き記事原文データサービス（1988〜）。企業向けには、全国の新聞約 100 紙と雑誌約 30 誌および WEB ニュース約 1,500 サイトから、利用者が必要とする記事を選んで配信している。会員には、必要な新聞の記事原文がイメージまたは FAX で提供される。

　図書館向けには「ELDB アカデミック」がある。こちらは 1988 年から蓄積した国内最大級の新聞約 100 紙・雑誌約 250 誌(1988 年からの新聞・雑誌記事約 3,500 万件)を一括して横断的に検索できるデータベース。大学・学校・公共図書館のみを対象とした「特別アカデミック料金制」（定額制）で利用可。採録媒体は、全国紙・専門紙・地方紙を含む新聞約 100 紙と経済系週刊誌をはじめとした雑誌約 250 紙から成り、写真や図表など、記事の掲載イメージそのままの PDF で提供。特に公共図書館における郷土・行政資料収集には効果的である。

② Factiva.com（ファクティバ・ドットコム）（有料）Dow Jones & Company

　世界各国の主要な新聞(約 3,000 紙)、雑誌(約 4,200 誌)、ニュース速報(約 850 種類)などから、日々発信される世界の情報を総合的に提供するオンラインデータベースサービス。世界 159 カ国・25 言語で提供されている約 1 万以上のニュースソースを、キーワードで横断検索・全文閲覧が可能。日本語のインターフェースも提供されており、簡単かつ迅速に必要な情報を得ることができる。また、業界紙、企業情報、マーケット情報など多岐にわたるビジネス情報も提供している。日本国内では、朝日・日本経済新聞を除く主要新聞(読売、毎日、産経新聞)をはじめ、地方新聞(東京新聞、中日新聞など)や専門新聞(工業新聞、スポーツ新聞など)を多く含み提供されている。特に地方新聞の記事を調査したい場合にも便利。なお、提供は文字情報のみ。採録期間は個々に異なるので、採録一覧で確認する。新聞ではないが、雑誌『週刊ダイヤモンド』も採録されている。

③ Nexis ソリューションズ(BIS)（有料）LexisNexis Japan

　2 万 6,000 以上の信頼性の高いグローバルニュース・雑誌・企業情報・マーケットレポートから、M&A／マーケティング戦略、企業調査、レポーティングなど幅広い業務のリサーチが可能。大学・短大向けのサービスとして、「Nexis Uni」（1 万 5,000 件を超えるニュース・ビジネス・法情報を収録したデータベース）がある。

（7）『**読売ニュース総覧**』　読売新聞社　　昭和 55（1980）～平成 6（1994）年 年刊

　読売新聞に掲載された新聞記事の年間索引。昭和 55(1980)～平成 6(1994)年の毎年 1 月 1 日～12 月 31 日までの『読売新聞』朝・夕刊最終版の紙面に掲載されたニュース記事の大部分を、見出しごとに 50 音順の簡潔な説明付きで毎年刊行されていた。平成 7(1995)年からは、読売新聞の CD-ROM 縮刷版（電子縮刷版）が出るに伴い廃刊。

　なお、明治期から通しで検索できるオンラインサービス「**ヨミダス歴史館**」（明治 7 年～現在）もある。当総覧以前には、類似のものとして毎日新聞の記事索引『**毎日ニュース事典**』（後述）が出されていた。

　記事説明のあとには、記事の所在（何月何日の朝・夕刊の別と掲載ページなど）があり、容易に縮刷版にアプローチすることができる。索引は、一般索引、企業名索引、連載索引、人名索引の 4 部制から成り、より多面的な検索ができる。

【事　例】

　1986 年頃、読売新聞で、海辺での紫外線は「ガン」になるという記事が出たと聞いたが、正確な年月日が分からない。できたら記事本文が欲しい。

　（答え）

　有料データベース「ヨミダス歴史館」を使えるといいが、ここでは PC 環境がない例なので、読売新聞記事の年間の総索引である『読売ニュース総覧』を使う。総覧の 1986 年版前後のものを使い、五十音見出しの「しえい～しこ」から「紫外線」を引く。すると容易に見つけることができる。「紫外線」で当たると、「記事見出し」として→「海辺の肌焼きガンの元　診断法確立で増加」（7. 30 朝 9-3）があることが分かる。『読売ニュース総覧』によって得た書誌情報を基に『読売新聞縮刷版』の該当年月版を使い、該当日付の新聞のページに当たると記事本文が出てくる。コピーも可能である。

　　　　アルファータイム―本の周辺⑧―新聞の切り抜き情報　　　

新聞のクリッピング

　新聞の切り抜きが本の形になっているものを「**新聞集成**」（後述）という。以前には、新聞記事の切り抜き情報誌専門の雑誌もあったが、消えてしまった。新聞記事の切り抜きは、古くは国立国会図書館新聞閲覧室でも行われていたが、図書館のみならず、自分で新聞の切り抜きを行う方も結構いると思われるので、整理法を伝えておきたい。切り抜いた新聞記事は、出典のために必ず新聞名、日付、朝刊・夕刊の別をメモ書きし、できるだけスクラップファイルに貼り付けておくといい。スクラップファイルは、主題別やテーマ別に分けて何冊かに区分しておく方法もある。配列は、時系列（日付順）で十分である。日付順によって、年表的となり、動きがよく分かる。時間がないときは、とりあえず大きめの封筒やクリアファイルに見出しを付け、テーマごとに放り込んでおくとよい。こうしておくといつでも使える。1 ヵ所に何でも一緒にしては、利用価値を見出せないばかりか、結局は廃棄になりかねない。

（8）『毎日ニュース事典』　毎日新聞社　昭和 48（1973）～55（1980）年　年刊

　この書は、昭和 48(1973)～55(1980)年の 8 年間にわたって、毎年ごとに毎日新聞に掲載された記事（1 月 1 日～12 月 31 日）を索引化したもの。この書と前述の『読売ニュース総覧』を合わせて利用することによって、昭和 48(1973)年～平成 6(1994)年までの 22 年間分の主要な新聞記事のほとんどが検索できる。記載は『読売ニュース総覧』とほぼ同じ。

◆CD-ROM では、「CD-毎日新聞」（［平成 3(1991)年］日外アソシエーツ）がある。1991～1995 年の 5 年間分は、「CD-5Yrs」（日外アソシエーツ）もある。

　　　耳より情報　－横浜の「**ニュースパーク（日本新聞博物館）**」は便利！－　☺

　横浜情報文化センター内にあるニュースパーク（日本新聞博物館）の新聞閲覧室に、国内大手の各社が提供している新聞データベースが無料で公開されている。誰でも利用できるが、PC が 1 台しかなく一人当たりの利用の制限時間もあるので、留意して活用するとよい。室内には国内の全国紙をはじめ、各都道府県別などの地方新聞と農業・工業などの専門新聞が揃えられている。覚えておくと便利。博物館なので入館料がかかる。

4．新聞記事ニュース事典

（1）『明治ニュース事典』　全 9 巻（内、総索引 1 巻）毎日コミュニケーションズ
　　　　　　　　　　　　　　　　　　　　　　　昭和 58（1983）～61（1986）年

　明治時代の新聞を探す場合、特定の新聞に限らず幅広く新聞記事を調査したい場合に大変便利に利用できるのがこの書。記事内容は全文ではないが、記事のエキス部分がそのまま収録されている。また、現代活字に打ち直されているので大変見やすく使いやすい。

　加工していることから、タイトルは "ニュース事典" となっている。採録範囲は、単に新聞記事だけではなく、当時の日誌類にも及んでいる。新聞資料は、日本で最も古い歴史を持つ『東京日日新聞』（現・毎日新聞の前身）を基礎資料にしながら、全国各地の地方新聞や外務省日誌、文部省日誌といった日誌類、また、官報、議案録、そして台湾の『台湾日日新報』『台湾日報』やイギリスの『THE TIMES』にまで及び、その引用資料は新聞約 210 紙、日誌類約 30 誌になる。慶応 4(1868)年～明治の末期までを収録している。各巻とも本編と資料偏から成る。索引は、各巻頭に五十音順一般索引、分類別索引、年次別歴史索引がある。総索引は、各巻ごとのニュースを事項別、見出し別、年次別、分類別、写真・新聞・雑誌・広告別、資料編別の各索引にて全てのニュースが検索できるようになっているので、調査する場合は、まず総索引から当たるのが賢明な方法である。なお、当時の広告も縮小され収録されている。

　【事　例】
　明治政府が出した「五条の禁令」（五つの札として出された「御布令」）の全文が見たい。
　（答え）
　法令なので古くから刊行されている法令全書などにて調べることもできるが、主要な法令は新聞にも掲載されるので、『明治ニュース事典』にて容易に見出すことができる。

（2）『大正ニュース事典』　全8巻（内、総索引1巻）毎日コミュニケーションズ

昭和61（1986）～平成1（1989）年

　前記の『明治ニュース事典』の続編。「明治」同様、入手し得る限り多くの当時の全国紙、地方紙（マイクロフィルムを含む）からニュースを収集し、資料編、解説編、復刻版、広告面などを付け加え、大正時代を生々しく浮き上がらせる企画を具現化している。前者同様、ニュース記事索引ではなく、記事内容のエキス部分が収録されている。第1巻を例にとり、主要な内容体系を見ながら構成を紹介してみる。発刊の趣旨、凡例のあと、写真で見る大正時代、「解説」第一次護憲運動の展開など、「復刻」記事、挿し絵で見る主な出来事、広告で見る大正、続いて索引がある。索引は、五十音順索引、分類別索引、年次別索引より成る。最後に「資料編」がある。資料編は「覚え書」など重要なものを挙げている。

（3）『昭和ニュース事典』全9巻　毎日コミュニケーションズ　平成2（1990）～6（1994）年
　『大正ニュース事典』の続編で、昭和元(1926)～昭和27（1952）年まで収録。9巻目は総合索引。

5．新聞集成

　新聞集成とは、複数のオリジナル新聞から主要な記事を選択し、原文そのものを掲載し、冊子体形式でまとめられたものである。イメージとしては、各種類の新聞に掲載された主要記事を切り抜き、その切り抜き情報をまとめて本にしたようなものである。したがって、前述のニュース事典のような記事のエキス部分ではなく、記事の全文が見られる。また、まとめたことから、索引も完備されているので、索引から引けるという特徴がある。

（1）『新聞集成明治編年史』　全15巻（内、大索引1巻）中山泰昌編　財政経済研究会

昭和9（1934）～11（1936）年-

　この書は、「明治編年史」とあるが、記事の採録範囲の期間は、新聞が初めて出された**幕末の文久2(1862)～明治45(1912)年までの** 200**種以上の新聞から主要記事の全文を採録**している。**幕末・維新史研究、明治研究の歴史資料としても極めて重要**なものである。活字は、当時の新聞記事などのものをそのまま使って編纂しているので、旧漢字はもちろんのこと地名・国名も全て漢字である。そのため、読みにくさはあるが、唯一の明治期の新聞集成として重要。時代考証の資料としても活用されている。

　1巻目では、近藤勇や官軍、幕軍といった小学校高学年や中学校で習った歴史を新聞記事として読めて、その感激は、タイムスリップしたような発見であり喜びでもあろうと思う。

　編集の特色は、政治・経済関係に弱いが、皇室関係と社会事件は相当細かく拾われている点。索引は、事項索引と総画索引より成る。

　内容構成は、1巻は文久2～明治5年（維新大変革期）、2巻は明治6～9年6月（民論勃興期）、3巻は明治9年7月～11年（西陸擾乱期）、とあり、4巻以降は3年間ごとに1冊としてまとめられている。それぞれの巻には、「〇〇期」として時代の特徴を表している。

（2）『新聞集成大正編年史』（45冊）明治大正昭和新聞研究会

昭和41（1966）～昭和63（1988）年

　『新聞集成明治編年史』の続編で、同様に中央・地方紙多数から記事を収集している。昭和50（1975）年以降に刊行されたものは、記事を新たに活字に起こさず、新聞の切り抜きをそのまま写真製版しているので、摩滅した活字などが使用されているといった当時の印刷技術の悪さも重なり、明治期よりも大変写りが悪く、全体的に読みにくくなっている。そのため、大正期の新聞集成については、次の『新聞集録大正史』がお勧めである。

　「大正12年度版」は、関東大震災時であるため特に4分冊になっており、9月、10月、11月、12月に分かれている。なお、索引はない。

（3）『新聞集録大正史』　全15巻（内、総索引1巻）　大正出版　昭和53（1978）年

　この書は、大正年間に発行された全国の新聞から史料的価値の高い新聞記事を抜粋し、活字を打ち直し、年月日の順に編年体で整理したもの。前者（2）と比べ大変きれいであり、写真の写りも良く、かつ大索引も付いているので大変便利に利用できる。

　大正元（1912）年と2（1913）年は、合わせて1巻としているが、ほかは、各年1巻ごとにまとめられている。収録紙は272紙に及び、政治、経済、外交などの重要記事はもちろんのこと、市井の雑事にも目を配り、大正時代の世相史がよく分かるように編集されている。

　社説、投書、新聞小説、広告記事などは、一般記事と区別するために、記事の頭にある（日付、新聞名）の下に（社説）（投書）（小説）（広告）と明示されている。

　特に広告は、その時代の香りを端的に伝えるものであり、世相を反映する民俗学的資料価値が高いとの観点から積極的に収集され、各巻末には、その年の新聞広告が原寸大に近い大きさで多数収録されている。当時の広告研究にも役立つ。

　大索引は、最初の目次に索引小目次があり、大きな見出しの下に全体の目次体系が分かるようになっている。索引は、“引く”というよりも“読む”索引に工夫が施されており、索引に目を通すだけで大正期の動きを知ることができる。

　記事の見出しなどに外国の地名が旧漢字によって書かれているが、「外国地名の漢字とその読みの対照表」があり、有効に利用することができる。大正期に入ると、大正8年7月分から『（東京）朝日新聞』の縮刷版が出ているので、この新聞集録と関連付けて利用すると効果的な使い方ができよう。

【事　例】

　大正時代の初め、夏目漱石が強度の神経衰弱にて病に伏していたときの新聞記事全文を見たい。

　（答え）

　「夏目漱石」をキーワードに索引を利用することによって、容易に探すことができる。大正2年4月16日付けの新聞が紹介されている（第1巻に収録）。

（4）『**新聞集成昭和編年史**』　明治大正昭和新聞研究会編

　　　　　　　　　　新聞資料出版　昭和 31（1956）〜令和 3（2021）年

　『新聞集成大正編年史』の続編。収録期間は、昭和元（1926）〜42（1967）年まで。やはり中央、地方紙から重要度の高いものを選び、一般記事はできるだけ避けている。また、予報記事も避けて決定記事だけを収録している。昭和 50（1975）年以降刊行のものは、前記『新聞集成大正編年史』同様、切り貼りそのものの複製のため、写りが悪く読みにくくなっているが、大正期よりは読みやすくなっている。

　なお、昭和元（1926）〜昭和最後の 64（1989）年まで刊行が予定されていたが、昭和 42（1967）年版 VI で終了になった。年 5 回に分けて刊行され、各冊には、その当時の話題になった副題（例：昭和 39 年版 V「東京オリンピック」）を付して刊行している。昭和 30 年からの分には CD-ROM 版もある。

（5）『**新聞集成昭和史の証言**』　全 20 巻　本邦書籍　昭和 58（1983）〜62（1987）年

　前述の『新聞集成昭和編年史』と比較すると、新たに活字が起こされて編集されているので大変きれいであり、こちらの方が利用しやすい。

　収録期間は、昭和元（1926）〜20（1945）年までである。1〜19 巻までが本体で、20 巻目は大索引になっている。収録誌は、全国の新聞 275 誌からであり、当時の『台湾日日新報』や大学の新聞―例えば『拓殖大学新聞』をはじめ多くの地方紙が対象になっている。巻頭に「細目分類目次」がある。巻末には該当年度に必要な資料が集められている。

（6）『**新聞記事資料集成**』　全 39 巻　神戸大学経済経営研究所

　　　　　　　　　　　　大原新生社　昭和 48（1973）〜51（1976）年

　この書は、社会科学関係の新聞記事を集めたもの。「企業・経営編」「社会編」「貿易編」等々いくつかの主題分野ごとに編集されている。主題は、政治・経済・社会・文化に及ぶ。

　収録期間は、明治 44（1911）〜昭和 19（1944）年までのものである。収録点数は約 35 万点で、採録対象紙は全国の新聞に及ぶ。

　記事は、神戸大学経済経営研究所が神戸高等商業学校調査室として発足以来、切り抜き収集した「新聞切り抜き文庫」の中から当期間の分を収集・編纂したものである。

　記事内容や写真が、切り抜き原稿のまま写真複製されているので、大変読みにくいのが残念である。各巻頭に編年別の収載記事目次がある。

（7）『**朝日新聞に見る日本の歩み**』　（大正元年－昭和 47 年）全 20 巻

　　　　　　　　　　　　朝日新聞社　昭和 50（1975）〜52（1977）年

　大正元（1912）〜昭和 47（1972）年までの朝日新聞の一面記事を集め、歩みが分かるようにしたものである。月別目次があり、年代によって体系化されている。「屈折のデモクラシー I 〜V」「暗い谷間の恐慌・侵略 I 〜Ⅲ」「経済大国のジレンマ I 〜Ⅲ」等々である。

（8）『国際ニュース事典 外国新聞に見る日本』 全4巻　毎日コミュニケーションズ
　　　　　　　　　　　　　　　　　　　　　　　平成元（1989）〜5（1993）年

　本書は、外国新聞に出た日本に関する主要記事30紙を超える中から収録掲載したもので、外国新聞による「日本の近現代史」を調査するための唯一の文献である。昭和64(1989)年9月に第1巻が刊行。構成は、各巻とも2冊で構成され、1冊目は翻訳編、2冊目は原文編となっている。記事の配列は編年スタイルで、索引は、事件名索引、新聞別索引、人名など固有名詞を対象とした事項別索引の3種がある。内容は、外交・内政上の歴史的事件をはじめ、経済・社会記事も豊富に収録されている。当時の写真・イラストを挿絵として使用し、当時の様子が視覚的に分かるように工夫されている。

（9）『日本初期新聞全集：編年複製版』全64巻　東京大学法学部・明治新聞雑誌文庫
　　　北根 豊編　ぺりかん社　昭和61（1986）〜平成12（2000）年

　この書は、全国270余の所蔵機関の協力を得て、現存する全国の新聞（邦字、官板、欧字の各紙を含む）全てを収録した我が国初めての新聞全集である。

　記事は、原紙を忠実に再現した影印複製版であるから、本文記事、広告、時刻表、商品価格表など、原紙の全紙面が一覧できる。

　構成は、編年体であるから各紙との比較ができ、状況を総合的に知ることができる。

　刊行形態は、第一期、第二期、第三期というふうに分けられている。収録は安政4（1857）〜明治6（1873）年。1-20：第一期、21-44：第二期、45-：第三期。なお、『索引・年表・解題集』は別巻（日本初期新聞全集／北根豊編）として刊行。

　この全集は高価なものであるから、全て揃えるには相当の費用がかかり、中小の図書館での購入は困難な面があるかもしれない。したがって、利用には国立国会図書館や大きな図書館を利用することの方が確実であると思われる。

新聞データベースガイド（国外）　

外国の新聞記事を探すオンラインサービスには、次のようなものがある。

1）National Newspaper Index　（Gale Group）
　　1979年〜のアメリカの代表的新聞の新聞記事索引。対象は The New York Times、Los Angeles Times、The Wall Street Journal、The Washington Post、 Christian Science Monitor など。
2）Los Angeles Times　（Tronc）
　　1985年〜のアメリカ・ロサンゼルス首都圏地域をカバーする3つの日刊版およびOrange County、 San Diego County、San Fernand Valley の日刊紙全文が見られるもの。
3）The New York Times: Full Text and Abstracts　（The New York Times Company）
　　1980年〜のアメリカの New York Times の全文提供のデータベース。
4）The Washington Post　（WP Company LLC）
　　1988年〜のアメリカ・ワシントン発行の朝刊および日曜版の全文オンラインデータベース。
5）The Sunday Times　（News UK）
　　1983年〜のイギリスの代表的日刊新聞の全文オンラインデータベース。

IV　どのような種類の新聞・雑誌があるかを調べる

　市販雑誌だけでも現在約 3,500 タイトルあるが、大学紀要など非売品を含めると相当な数に上る。それらの中から必要なものを探し出すには、探し出すためのレファレンスツール（調べるための道具）を知っていなければならない。ここでは、新聞・雑誌そのものに関する情報を入手するツールを紹介する。

新聞・雑誌を調べる

（１）『雑誌新聞総かたろぐ』1979〜2019 年版　　メディア・リサーチ・センター

　　　　　　　　　　　　　　　昭和 54（1979）〜　令和 1(2019)年　年刊

　　　　Web 版「メディアルク」（有料）、月刊『メディア・データ』　　継続提供

【どんなときに使うのか】

　現在刊行されている国内の雑誌・新聞情報（創刊年、定価、発売日、刊行頻度、発行社の住所・連絡先、読者層、刊行目的・方針など）などを調査するときや、雑誌・新聞の特徴を知りたいときに使う。なお、冊子体は毎年刊行されていたが、2019 年版(2019.5)をもって廃刊となった。今後の新情報については、Web 版を活用することになる。

【ツールの特性】

　冊子体のタイトルから見ると、個々の雑誌・新聞のみについて解説しているものと思えるが、年鑑、年報といった図書（逐次刊行物=定期刊行物）も採録されている。実体は「逐次刊行物総合カタログ」。採録紙誌約 1 万 7,000 件（雑誌約 1 万 4,000 件、新聞・通信類約 3,000件）。国内販売されているものはもちろんのこと、非売品の専門誌、機関誌、紀要・会報・フリーペーパー、政府刊行物、娯楽雑誌、国内発行の外国雑誌も収録。ジャンル目次、発行社索引、タイトル 50 音索引がある。凡例によると、「現在刊行されている雑誌・新聞・通信と同年 4 月までに創刊された刊行物の概要を、分野別に収録。ただし、不定期刊行のものであっても、雑誌・新聞・通信の形態を持ち継続して刊行しているものは収録し、社内報や部内報、海外発行、学習参考書、試験問題集、地図、図表などは、雑誌形態をとっていても収録はしていない」と記載されている。対象発行社は約 1 万 1,000 社。なお、全国・地方を問わず各種新聞の縮刷版も収録されているので、新聞縮刷版が出ているか否かの調査も可能。

★Web 版は、広告掲載のものに限定されているものの、別途、冊子体として月刊『メディア・データ』（3 種に区分され『一般新聞＆電波版』『一般雑誌版』『業界・専門版 雑誌編/新聞編』）が用意されている。各区分によって価格が決められているので、版ごとに契約購入も可能。

【事　例】

　雑誌『女性自身』の概要と発行部数、および読者層の傾向(マーケットデータ)を年齢別に調べているが、何か良い資料はないか。

　　（答え）

　雑誌の概要・発行部数・読者データなどを収録している『雑誌新聞総かたろぐ』または Web版「メディアルク」にて確認できる。「読者」項目には、年齢別の読者層％が掲載されている。

（2）　Ulrich's　International　Periodicals　Directory　　　ED. 1〜
　　　　　　　　New Providence, NJ, ProQuest　1932〜　年刊

　通称「ウーリッヒ」「ウルリッヒ」といわれている。国外の欧文語圏の雑誌・新聞・年鑑・
年報類など、逐次刊行物(定期刊行物)を調べるための基本ツールである。前記（1）の同類。
1932年から発刊されている老舗文献で、2020年版をもって冊子体は廃刊され、オンラインデー
タベース(Ulrichsweb)のみとなった。国名と雑誌名、創刊年、年間価格(国ごとの貨幣単位)、
発行所名、住所、電話などが記載されている。特に、大学図書館の洋雑誌係にとっての座右
の書といえるものである。国内提供はSunmedia。類書のデータベースにThe Serials Directory
(EBSCO)がある。また雑誌の略語専門のPeriodical Title Abbreviations (Thomson/Gale)がある。

（3）『明治新聞雑誌文庫所蔵　雑誌目録』　　東京大学出版会　昭和54（1979）年
　　　『明治新聞雑誌文庫所蔵　新聞目録』　　東京大学出版会　昭和52（1977）年

　この書は、東京大学法学部内にある「明治新聞雑誌文庫」の雑誌・新聞を収録した目録で
あり、明治期の雑誌・新聞調査には欠かすことができない文献。この両者の目録の前身は、
昭和5(1930)年に初めて刊行された『東天紅』。『東天紅』は、宮武外骨によって編纂されたも
のである。外骨は、明治20(1887)年4月に念願の滑稽雑誌『頓智協会雑誌』を創刊後、『滑稽
新聞』を発行するなどの出版活動を行った。大正期に入り、東京大学教授の吉野作造らと知
り合い、後に「明治新聞雑誌文庫」の設立につながっていく。関東大震災後、焼失した明治期
の新聞雑誌の収集保存を、友人の博報堂社長・瀬木博尚に対して訴え賛同を得た。瀬木氏の
寄付で、大正15(1926)年10月法学部附置として「明治新聞雑誌文庫」の設立が決定した。そ
して、外骨はそこの事務主任になり、資料収集に打ち込んだ。そして、昭和5(1930)年に文庫
の所蔵目録『東天紅』が刊行された。偶数ページごとに新聞雑誌の写真版などを収めて、資
料を生の形態で見られるようにしているのは、外骨独自の工夫であるといわれている。この
ときの収録新聞雑誌は、約2,600種であり、ほかに「錦絵新聞」「新聞雑誌の別冊付録」「新
聞雑誌関係図書」「新聞雑誌創刊年表」を附載している。なお、内容注記の記載により、誌名
のみでは判然としない資料の性格が分かり、今日でも価値ある目録となっている。
　昭和10(1935)年に続編が刊行され、昭和16(1941)年に第3篇が完成し、明治期新聞雑誌の
一大宝庫といわれた『東天紅』全3巻が完成。その後、当文庫に相当量の資料が収集された
ことと、『東天紅』の弱点をも補完するべく、新たな目録編纂計画が持ち上がり、文庫設立50
周年を記念して、昭和52(1977)年10月に『新聞目録』が、次いで2年後の昭和54(1979)年
10月に『雑誌目録』が出された。さらに、図書、パンフレット、絵画錦絵などの資料類と外
骨に関する資料目録をも含む『図書・資料目録』が昭和58(1983)年10月に刊行されている。
　前述した、『明治ニュース事典』と『大正ニュース事典』は、「明治新聞雑誌文庫」の資料を
中心に編纂されたものである。なお、『明治新聞雑誌文庫所蔵雑誌目次総覧』が平成4（1992)
年から大空社(紀伊國屋書店発売)によって刊行されている。当文庫では、「明探」（明治新聞
雑誌文庫所蔵検索システム）を開発し、便宜を図っている。

（4）『雑誌名変遷総覧』日外アソシエーツ　平成10（1998）・15（2003）年

　　　　『雑誌名変遷総覧 2001-2015』日外アソシエーツ　平成28（2016）年

　「Ⅰ.人文・社会編」「Ⅱ.科学・技術編」の２分冊より成る。雑誌は、諸事情による合併・分離・誌名変更などから、誌名が変わる場合が多い。今知っている雑誌でも、前身誌名となるとなかなか分からない。こうした苦労を解決してくれるのが本書である。前者『雑誌名変遷総覧』に約３万誌、後者『雑誌名変遷総覧 2001-2015』に約２万誌を採録。

☆★☆誌名などの変更調査★☆★

　雑誌を含め長期間刊行されている逐次刊行物（定期刊行物）は、しばしば誌名や出版者が変更されることがある。文科省が出している白書（年次報告書）を例にとると、『我が国の教育水準』→『我が国の文教施策』→『文部科学白書』の順になる。したがって、逐次刊行物に関する利用者からの質問や引用文献を基にした文献調査の場合は、特に留意する必要がある。雑誌の場合は、上記の（4）『雑誌名変遷総覧』が出されているので、調査ツールとしてぜひ活用する必要があるが、雑誌以外の逐次刊行物や新しい情報については、ほかのツールを覚えておく必要がある。とても便利なのが、後述する「CiNii Books」（p.109）。こちらは、大学図書館が作成した書誌データであるが、書誌データの中の注記が丁寧に書かれている。誌名履歴、出版者履歴などの情報である。国立国会図書館の書誌データの注記にも気を配らなければならないが、大学図書館作成の方が丁寧に書かれていることが多い。

ワンポイントアドバイス―雑誌・新聞保存の図書館事情と利用―

　以上が雑誌・新聞そのものを調査する場合の基本的な文献であるが、図書扱いの年鑑類の調査にも前記（1）と（2）が利用できるので、覚えておきたいものである。ところで、雑誌・新聞の種類が分かっても、どの雑誌がどこにあるのか、どの新聞がどこにあるのか、これが分からないと入手することが困難である。

　一般的には、月遅れなどの雑誌（バックナンバー）は、近くの公共図書館や、大学生であれば自分の通う大学図書館へ足を運ぶことが便利である。しかし、公共図書館では、雑誌や新聞の古い分を相当長く保存している館は、比較的書庫に恵まれた図書館である必要があるため、ある程度大きな図書館でなければならない。国立国会図書館や都立図書館、府立図書館、区立図書館、市立中央図書館といったところが利用できる。

　大学図書館では、学術雑誌関係のほとんどは、ハードカバーにて製本した上で保存しているので利用するとよい。一般の人が利用する場合は、一般公開している大学を除き、公共図書館で「紹介状」を書いてもらい、図書館のカウンターかレファレンス係（相談係）へ持参すると、どこの大学図書館でも利用できる。その場合、事前に所蔵の確認をしておくことが必要である。国立大学図書館のほとんどは、一般公開している。大学図書館では、図書館に所蔵していないものがあっても、大学図書館同士の相互協力制度があるので、係員に相談し入手することができる。

Ⅴ．所蔵館を調べる

　ところで、どこの図書館がどのような雑誌や図書を持っているか、ということを調査したい場合、やはり重要な基本文献がある。次にこれらの基本文献を紹介してみる。

（1）CiNii Books　国立情報学研究所　無料公開

【どんなときに使うのか】

　<u>大学図書館が所蔵する図書(和・洋図書)や永久保存雑誌(和・洋雑誌)を調査する</u>ときに利用する<u>重要な基本オンラインツール</u>。「Books」とあるが、<u>永久保存雑誌の所蔵調査もできる。</u>

【ツールの特性】

　当データベースは、大きく分けて、図書のデータベースと雑誌のデータベースの2種類から成る。図書は、国立情報学研究所が提供している「目録所在情報データベース(NACSIS-CAT)」(前述 p.30)。国内約1,300館の大学図書館が<u>オンライン目録共同作成に参画し、各図書館が受け入れた和・洋図書を整理・提供している</u>。なお、<u>加盟は任意なので非加盟館分は含まれていない</u>。図書は、さらに「<u>和図書目録所在情報データベース</u>」と「<u>洋図書目録所在情報データベース</u>」に分かれる。

　雑誌は、後述する『学術雑誌総合目録』を前身とし、国内の全大学図書館の永久保存雑誌を対象にした「<u>雑誌目録所在情報データベース</u>」。『学術雑誌総合目録』の電子版に当たる。

　なお、<u>雑誌データでは、図書形態である年鑑・年報類の逐次刊行物も含まれているので</u>、<u>雑誌というより「逐次刊行物目録所在情報データベース」といえる</u>。なお、<u>登録されているものは永久保存が前提</u>なので、<u>保存されない雑誌は対象外</u>であることにも注意しておく。

【使い方】

　使う場合は、入力画面に「すべての資料」「図書」「雑誌」とあるので、目的に合わせて選択する。例えば、「雑誌」を選択して誌名を入力すれば雑誌名がヒットする。その雑誌名をクリックすると、大学図書館の所蔵館一覧が出る。各図書館の中を開くと、創刊年情報、所蔵している「巻・号」(通巻NO.)などが表示される。欠号表示はされないので注意を要する。所蔵館が分かれば、所蔵館の利用案内を確認し、身分証明書または図書館の紹介状を持ってほかの図書館を使うか、遠方ならコピー依頼を図書館経由で行うことも可能である。

【他ツールとの関係】

　主要な公共図書館の<u>図書の所蔵館調査</u>には、国立国会図書館が提供する「**図書館サーチ**」を使う。「**国立国会図書館総合目録ネットワーク(ゆにかねっと)**」 (p.110)が含まれている。

（2）『**学術雑誌総合目録**』　和文編　2000年版　8分冊　国立情報学研究所編
丸善　　　平成 13（2001）年

　この書は、どの学術雑誌がどの図書館に所蔵されているか、ということを目的として作成され、昭和28（1953）年から版を重ねてきたが、現在は廃刊。全国の主要な国・公・私立大学図書館、国立大学共同利用機関、そして国立国会図書館をはじめ各省庁所轄研究機関、

地方公共団体、公社・法人・学協会など、約 800 の機関から収録している。大学図書館は、単独の短期大学を除き全ての四年制大学が収録対象。収録誌数の総計は、約 7 万種にも及ぶ。

　平成 3(1991)年版から、雑誌だけではなく、図書形態である年鑑・年報類の逐次刊行物も含まれることになったので、学術雑誌というより「逐次刊行物目録」に変化したといえる。

　『学術雑誌総合目録』(略称：学総目)は、前記の「CiNii Books」にその機能を譲っている。なお、姉妹編として欧文編 (全 7 冊) 1998 年版 (学術情報センター編、丸善、1999) がある。

【事　例】

　雑誌『今日之中国』の創刊号を見たいが、どこの大学図書館に所蔵しているか知りたい。

　(答え)

　大学図書館の所蔵調査の基本ツールである「CiNii Books」にて確認する。岐阜大学の図書館などにて創刊号を所蔵していることが分かる。

※見方：継続購読が中止になっている場合は、巻号数末尾に「＋」マークがない。逆に付いている場合は、継続中を表す。抜けている巻数・号数があれば、それは欠巻・欠号を表している。『今日之中国』の場合は、「＋」マークが付いている館と、購読中止館の両方が見られる。

🐨ワンポイントアドバイス―「CiNii Books」の使い方―**雑誌!!**
① 収録されている雑誌は、前身の冊子体の書名からも分かるように原則として学術雑誌である。しかし、データを提供する各大学図書館側から見れば、学術の捉え方はかなり違っている。すなわち、学部・学科の系統によって左右される。例えば、通常娯楽的に読んでいるペット雑誌が、獣医関係学部のある大学図書館では、立派な学術雑誌になる。当然、永久保存対象になっている。学術雑誌といえども各館まちまちであることを押さえておきたい。
②登録されている雑誌は、あくまでも永久保存対象である。したがって、数年後 (1 年・2 年・5 年・10 年保存など) に廃棄処分されるような雑誌は登録されていない。そうした雑誌は結構多いのが実情。「CiNii Books」にない雑誌については、大学図書館のホームページ(ほとんど一般公開)から図書館 OPAC で検索することを勧める。

（3）国立国会図書館総合目録ネットワーク（ゆにかねっと）　　国立国会図書館

　昭和 56(1981)年〜の主要公立図書館が所蔵する和図書(日本語で書かれた書物)を調査するときに使う。国立国会図書館が、全国の都道府県立図書館、政令指定都市市立図書館などの主要館からデータを提供してもらい、構築している総合目録データベース。これを使うことによって、国立国会図書館をはじめ、ほかの公立図書館での所蔵調査ができる。「ゆにかねっと」の情報は、「国立国会図書館サーチ」にて提供されている。

【他ツールとの関係】

　大学図書館の所蔵調査は「CiNii Books」を利用。

アルファータイム―本の周辺⑨―『**図書館利用教育ハンドブック　大学図書館版**』

　最近では、大学図書館の多くで情報リテラシー科目がカリキュラム化され、図書館との連携協力にて、主として1年次の基礎演習や基礎ゼミなどで図書館の利用教育が行われるようになった。図書館利用教育の中において、図書館が導入している各種データベースの使い方や、本・雑誌記事・新聞記事の調査法などが指導されるため、その教育効果は高く、学生の基礎学力向上に貢献している。そうしたことから、大学図書館員向けに図書館利用教育を行うためのハンドブックが、日本図書館協会利用教育委員会によって編纂され、日本図書館協会から2003年に刊行されている。図書館利用教育を始める場合に不可欠な文献である。

　　　　　ワンポイントアドバイス―文献調査と所蔵調査の関係―

　図書・雑誌などの文献調査と、それらの所蔵調査のツールが複雑になってきているので、下記に整理しておく。参考にしてほしい。

「**NDL オンライン**」（国立国会図書館）→国立国会図書館の図書・雑誌の所蔵および雑誌記事およびデジタルコレクション（国立国会図書館蔵）。
　　デジタルコレクションは、各「図書」「雑誌」検索の中に含まれている。

「**国立国会図書館サーチ**」（国立国会図書館）→国立国会図書館の図書・雑誌の所蔵および雑誌記事および電子化資料＋主要公共機関の所蔵調査＋学術研究機関の電子化資料調査。
　　雑誌の検索は「資料種別」の「本」に含まれ、デジタルコレクションは独立検索可。

「**CiNii Books**」（国立情報学研究所）→大学図書館の所蔵調査。
大学図書館が所蔵する図書（和・洋書）と永久保存雑誌（年鑑・年報類含む）が分かる。
　　「Books」とあるが、永久保存雑誌を含む。

「**国立国会図書館総合目録ネットワーク（ゆにかねっと）**」（国立国会図書館）→主要公共図書館が所蔵する和図書の所蔵館が分かる。「国立国会図書館サーチ」にて提供されている。

 ✍アルファータイム―図書館の周辺⑫―ローマ字　～ヘボン式と訓令式～

　書名や誌名配列が五十音ではあるが、読みが訓令式ローマ字（伝統のある図書館などの目録で見られる）であるため、ヘボン式ローマ字で教育を受けている最近の若い人たちにとって、所蔵しているのに、ないと勘違いをすることがある。例えば、中国語をヘボン式では（ｃｈｕｇｏｋｕｇｏ）で引くが、訓令式では（ｔｙｕｇｏｋｕｇｏ）となる。頭がＣとＴとでは引く場所が大きく異なる。したがって、使い方コーナーなどに訓令式ローマ字表が掲出されているので、よく見て利用することが肝要である。図書館には、使用しているローマ字表が大抵はあるので注意して見てみよう。

VI 人物から文献を探す

　本や雑誌などの資料を探す場合、文献を書いたその著者や歴史上の人物名から、その人物に関係する文献を探し出すことができる。

　ここでは、そうした調査をする場合の基本文献を紹介したい。

（1）『現代日本執筆者大事典』昭和40（1965）年〜　日外アソシエーツ　随時継続刊行

　書名の通り、現代活躍している執筆者がどのような本を書き、どのような雑誌記事や新聞記事を書いたかを調査するツール。簡単な人物プロファイルも記載されているので、人名辞典的にも活用できる。特に、業績調べに役に立つ。刊行は10年単位。版によって、採録対象メディアを拡大、採録人数を減らすなどの変遷があるので、変遷履歴に留意しながら利用する。また、10年単位で編纂し、採録基準を文献量的に定めているので、版ごとに執筆者に入れ替わりがある。刊行状況は以下の通り。

1）『現代日本執筆者大事典』　全5巻（内、索引1巻）　日外アソシエーツ

昭和53（1978）〜55（1980）年

　主として人文・社会科学分野に属する執筆者が、どのようなものを書いたかを調べるときに使う基本ツールである。著作活動をしている人なら学者であろうが、作家であろうが、企業人であろうが全て対象になっている。収録文献は、図書、雑誌論文、エッセー、ルポルタージュ、人物研究、年譜、著作目録などであり、その人物の輪郭について文献情報を通して知ることができる。

　この書は、昭和40（1965）〜51（1976）年までに書かれた文献情報約70万件（雑誌約2,000誌および図書）の執筆者約11万人から、文献計量的に約1万人分を抽出したものである。故人や在日外国人でも基準に該当している人は対象になっている。内容は、【雑誌】、【図書】、【人物研究】から成る。

　簡単な人名事典としても使え、職業、専攻・活動分野、生年月日、没年月日、最終学歴、勤務先など、現住所、別名または本名が記載されている。

★1〜4巻の本文は、人名の五十音順、5巻の索引は、別名・本名索引、人名よみかたガイ
　ド、人名索引・事項索引がある。

2）『現代日本執筆者大事典77/82』　全5巻（内、索引1巻）　日外アソシエーツ

昭和59（1984）〜61（1986）年

　前記1）の続編。昭和52（1977）〜57（1982）年までのものを収録している。前回のものと異なっているところは、従来の図書、学術雑誌のほかに、新聞記事、週刊誌記事、総合誌記事、マスコミ紙・誌、経済・産業誌にも収録範囲を広げていることである。90万件の文献を基に1万3,000人が選定され、前回より3,000人多くなっている。内容構成は前版と同じ。1〜4巻の本文は、人名の五十音順、5巻の索引は別名・本名索引、人名索引、企業・団体名索引、事項索引がある。

3）『新現代日本執筆者大事典』 全5巻（付録、索引1巻）　日外アソシエーツ
平成4（1992）〜5（1993）年

　前者の続編。3期版として刊行。昭和58(1983)〜平成4(1992)年の10年間にわたり、人文・社会科学分野を中心に約120万件の文献情報と、現代活躍している代表執筆者約1万2,000名を収録している。

　別冊付録として、人名索引、事項索引がある。なお、事項名は、前版と比較すると52％もの項目が変化している。内容構成は前版と同じ。

4）『現代日本執筆者大事典』第4期　全5巻　日外アソシエーツ　平成15（2003）年
　前者の続編。平成5(1993)〜14(2002)年までの国内の文献情報（図書・雑誌・新聞など）約130万件（主として人文・社会科学）の中から、文献量的に1万人を選定。

5）『現代日本執筆者大事典』第5期　全3巻　日外アソシエーツ　平成27（2015）年
　前者の続編。平成15(2003)〜27(2015)年までの文献情報約470万件の中から、文献量的に前者より半数の5,000人を選定。前者同様人物プロフィール、人名の読み、略歴、専門領域、受賞などが記載され、簡易な人名事典の役割を果たす。個人情報保護法制定以降、住所は未掲載。内容構成では【人物研究】が削除されているので、後述する『人物文献目録』(p.114)を活用する。以降継続刊行。

【事　例】
　小説家の小田実氏に講演を頼みたいが、受賞歴、所属団体、またどんな執筆業績があるかを知りたい。
　（答え）
　執筆者大事典を時系列的(版ごと)に使うことによって、受賞歴、所属団体などの簡単な履歴情報をはじめ、著作図書・雑誌記事・新聞記事などの著作物を知ることができる。

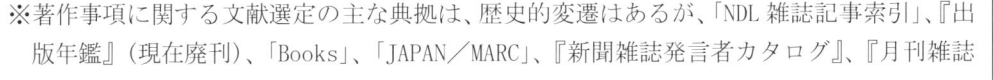

　　　　　『現代日本執筆者大事典』編纂メモ
※著作事項に関する文献選定の主な典拠は、歴史的変遷はあるが、「NDL雑誌記事索引」、『出版年鑑』（現在廃刊）、「Books」、「JAPAN／MARC」、『新聞雑誌発言者カタログ』、『月刊雑誌記事索引(JOINT)』などがある。
※人物研究、年譜、目録については、主として「最近の書誌図書関係文献」（『日本古書通信』掲載）、『人物文献索引』『日本人物文献目録』、『人物文献目録』、『年刊人物情報事典』などが利用されている。
※当事典の最初(1期分に相当)の版の採録対象は、図書・学術雑誌記事に限定していたが、次の版からは週刊誌・総合誌・新聞記事にまで拡大。第5期については、採録基準の文献量を約半分にしたため採録人数が半減した。

（2）『日本人物文献目録』　法政大学文学部史学研究室編　平凡社　昭和49（1974）年

　明治からの人物研究をするときに使う基本的ツール。人文・社会・自然科学など全分野にわたる網羅的な総合伝記目録。収録されている文献は、図書および雑誌などの逐次刊行物の記事で、日本人の伝記に関係するものを対象にしている。収録期間は、明治元（1868）〜昭和41(1966)年末まで。特に古い故人の人物研究調査に不可欠。採択人物は3万余名。9年の歳月をかけて完成。なお、有料データベース「ジャパンナレッジ（JapanKnowledge）」でも提供。

★記述例☆

　例えば、この『日本人物文献目録』を使って「若山牧水」を引く（人名の五十音順）と、「若山牧水」の見出しの下に『若山牧水の追憶』『若山牧水と日向の歌』『若山牧水論』など複数の図書をはじめ、雑誌に掲載された「若山牧水」の記事も多数紹介されている。もちろん、図書・雑誌の書誌事項（著者・出版者・出版年・誌名・巻号・刊行年など）も記載されている。

（3）『人物文献目録』1980年版〜　森睦彦編　日外アソシエーツ　昭和56（1981）年〜
　　　　　　　　　　　　　　　　　　　　　　　　　　　　　　　現在3年ごと刊行

　主として近年の人物研究や故人に対する人物文献を調べたいときに利用する。

　収録されている文献は、一定期間に刊行された図書および雑誌記事の中から、伝記、日記、回想、紀行、作家論、年譜、著作リスト、書誌など、人物に関する文献を拾っている。

　漢字圏の東洋人は漢字表記、それ以外の外国人はカナ表記。外国人には巻末に原綴り索引を載せている。

　1981年版から日本人編と外国人編の2分冊形式となり、1987年と1988年は合体刊行。以降隔年刊行を経て現在3年ごと刊行。現時点の最新版は『人物文献目録 2017-2019「Ⅰ日本人編」』『人物文献目録 2017-2019「Ⅱ外国人編」』(2020)。『人物文献目録人名総索引 1980-2019（日本人編）』『人物文献目録人名総索引 1980-2019（外国人編）』(2020)も刊行。また、『人物文献目録』に収録した過去30年間ほどをまとめ、別途特定主題を付して刊行された『日本人物文献索引』『外国人物文献索引』（詳細「Ⅷ 本文収載以外の主要書誌類一覧」、p.122 参照）も累積版で利用できる。主題は、「文学」、「政治・経済・社会」、「思想・哲学」に区分されている。

【他ツールとの関係】

　類書に『追悼記事索引 1991-2005』日外アソシエーツ(2006)。1997年以降の地方史誌（約2,000誌）に取り上げられた人物を採録した『郷土ゆかりの人々』同刊 (2016)がある。

【事例】

　居酒屋の壁に「相田みつを」氏の言葉が書かれた色紙が飾っていたが、興味を持ったので「相田みつを」氏について書かれた文献にはどのようなものがあるかを知りたい。

【答え】

　「相田みつを」氏は現代の人なので、現代の人物文献を調べる基本ツール『人物文献目録』を使う。この書は1980年からの図書や雑誌の中に書かれた人物文献を収録してくれているので、全ての冊数を調査。すると「一生懸命、一生感動で歩んだ不屈の67年―変わらぬ赤貧暮らしの中、彼は『正法眼蔵』を片手に画仙紙に向かった……」［プレジデント 32(4) 平6.4 ］をはじめ、多数の雑誌記事などの人物文献の書誌事項を発見することができる。

```
☺      「日本人の人物文献を探すための文献の相関図」


☆人物研究には、次の表の①②の文献を基本文献として利用することになる。空白部分は、
  ほかの文献で補うことができる。


①『日本人物文献目録』明治初年 ──────────────── 昭和 41
②『人物文献目録』                              昭和 55－－－－－－→
③『人物研究・伝記評伝図書目録』明治初年 ────────── 平成 12
④『人物文献索引』(国立国会図書館  1967-1972)
              人文編          昭和 20 ──── 昭和 39
              経済、社会編   明治初年 ──────────── 昭和 43
              法律、政治編    明治初年 ──────────── 昭和 46
⑤『人物書誌索引』(p. 36)                        昭和 41－－－－－－→
```

【事　例】
　津田左右吉の伝記文献をできるだけ多く収集したい。
（答え）
　　上記の相関図を参考に調査してみる。基本文献は、『**日本人物文献目録**』『**人物文献目録**』
なのでこの 2 つを使いたい。期間の空白部分は、③④⑤を使うこともできる。かなり古い
人物でも今でも研究対象にされている場合がある（文豪研究など）ので、人物研究文献を調
査する場合は、両者の基本文献を押さえておきたい。ここの例では、①の文献から 42 点な
どをはじめ、ほかの文献からも拾うことができる。

（4）『**人物研究・伝記評伝図書目録**』全 3 冊　図書館流通センター編刊　平成 6（1994）年
　　1・2 巻の「日本人・東洋人篇上・下」と、3 巻の「西洋人篇」から成る。収録対象は、明治
期～平成 5(1993)年（1977 年以降の市販図書はほぼ網羅）の日本人・東洋人 1 万 933 人、西
洋人 3,433 人。続編として、『**続人物研究・伝記評伝図書目録**』全 3 冊　図書館流通センター
編刊　平成 6（2001）年があり、1994～2000 年 6 月までの人物（日本人・東洋人 1 万 2,989
人、西洋人 3,006 人）を採録している。

（5）『**現代外国人名録 2012**』日外アソシエーツ　平成 24(2012)年～　4 年ごと刊行
　　2008 年以降の世界の動きに対応させながら、**21 世紀の世界各国・各界で活躍中の人物 1 万**
455 人を収録している。**範囲は政治家、経営者、学者、芸術家、スポーツ選手、アイドルな**
ど、広範囲に及ぶ。記載されていることは、職業、肩書、国籍、生年月日、学歴、受賞歴な
ど。なお、索引には、「人名索引（欧文）」がある。以降 4 年ごとに版を変え、追加情報を含
め『**現代外国人名録 2016**』(2016)『**現代外国人名録 2020**』(2020)が刊行されている。2016 年
版は、21 世紀の国際舞台を彩る人物 1 万 4 人、2020 版は 1 万 310 人を収録。

（6）researchmap（研究者検索）科学技術振興機構（JST）運営　（無料）

　日本の専任の現役研究者(大学・機関に籍を置く現役教員・研究員を対象)の研究分野、経歴、学歴、業績(書籍・論文など)、所属学協会、研究テーマなどが分かるもの。

　過去においては、国が行う「学術研究活動に関する調査」に基づき調査していたが、電子媒体による提供に伴い、運営を「JST」に委託。委託により国の強制性が失われたことから、任意登録制になった。冊子体は『研究者・研究課題総覧1996年版』電気・電子情報学術振興財団編、紀伊國屋書店(1997)。

（7）『伝記・評伝全情報』(全情報シリーズ)　日外アソシエーツ　平成3（1991）年〜

　伝記に関する図書形態の文献に限り収録している。このツールを使うことにより、昭和20(1945)年から国内で刊行された個人伝記や評論を含んだ評伝関係、また自叙伝、回想録、書簡などの図書調査が可能である。巻構成は「日本・東洋編」と「西洋編」より成る。続編は随時刊行されており、現在までの刊行状況は下記の通り。

　『伝記・評伝全情報45/89　日本・東洋編』2冊・『伝記・評伝全情報45/89　西洋編』1冊　平成3(1991)、『伝記・評伝全情報90/94　日本・東洋編』1冊・『伝記・評伝全情報90/94　西洋編』1冊　平成7（1995）、『伝記・評伝全情報95/99　日本・東洋編』1冊・『伝記・評伝全情報95/99　西洋編』1冊　平成12（2000）、『伝記・評伝全情報2000-2004　日本・東洋編』1冊・『伝記・評伝全情報2000-2004　西洋編』1冊　平成17（2005）、『伝記・評伝全情報2005-2009　日本・東洋編』1冊・『伝記・評伝全情報2005-2009　西洋編』1冊　平成22(2010)、『伝記・評伝全情報2010-2014　日本・東洋編』1冊・『伝記・評伝全情報2010-2014　西洋編』1冊　平成26(2014)、『伝記・評伝全情報2014 - 2018　日本・東洋編』1冊・『伝記・評伝全情報2014 - 2018　西洋編』1冊　令和1（2019）。なお、1945〜2018年までの総索引として『伝記・評伝全情報　総索引(1945-2018)　日本・東洋編』・『伝記・評伝全情報　総索引(1945-2018)　西洋編』令和2(2020)が刊行されているので便利に使える。

★記述例☆

　図書の書誌事項をはじめ、NDC分類番号や必要に応じて内容が記されている。『天の蛇−ニコライ・ネフスキーの生涯』という人物文献図書の例では、「『天の蛇−ニコライ・ネフスキーの生涯』加藤九祚著　東京　河出書房新社　1976　365p　20㎝　1,600円」という書誌事項のあとにNDC分類番号289.3、【内容】としてニコライ・ネフスキー略年譜・主要文献：p.353-365などが書かれている。書誌データは、国立国会図書館のマークを基本にしている。

🏠　図書館の周辺⑬　−世界の常識はサブジェクトライブラリアン(主題司書)−

　司書といえば、世界の常識ではサブジェクトライブラリアンのことを指す。すなわち、主題司書のこと。例えば、法学部を出た学部生が大学院の修士課程を終了すると、法律司書となる。日本の司書資格は、短大・大卒で取得できるので、世界の司書とは大分違っているのが現実。図書館法は、博物館法と法的には同格法。ならば、目標は明確。学芸員と同じように、やはり研究主題を持ったサブジェクトライブラリアンになるのが理想である。

（8）『年譜年表総索引』日外アソシエーツ　平成10（1998）年

　この書は、様々な年譜・年表類がどの図書に掲載されているかを調査するものであるが、人名に関する年譜・年表の収集にも役立つ。<u>単なる単行図書の採録ではなく、調査が難しい巻末・章末などの年譜・年表類も引ける</u>。例えば、芸能人の「明石家さんま」を引いてみると、単行書に『**明石家さんま大研究**』（さんま定食愛好会編　青弓社　1987）が紹介され、その本の中に「さんまちゃんテレビ年表」があることが分かる。人名・主題名の五十音順、収録文献、年譜・年表のタイトル、収録ページなどを調べることができる。この続編として、『**年譜年表総索引 1991-2000**』(2001)があり、2万8,660点を収録。索引見出しは人物、団体、地域、事件、概念など1万5,230件。さらに『**年譜年表総索引 2001-2005**(2006)が刊行され、2万5,000点を収録。索引の見出しは1万3,000件。

（9）『**幕末明治　人物研究文献目録**』日外アソシエーツ　紀伊國屋書店発売　平成22(2010)年

　昭和55(1980)年以降の30年間に公表された、幕末・明治期の人物に関する図書・雑誌記事・論文など5万695点を収録。大名・蘭学者・政治家・教育者・お雇い外国人など2,024人を分野別収録。私家版・紀要・シンポジウム記録なども収録。人物事典としても使える。

　アルファータイム　本の周辺⑩—**図書館利用教育って何？**—

　大学図書館など教育機関を中心に随分普及してきたが、これは、図書館側が、図書館利用者の自立促進のために、図書館の上手な利用の仕方、レポートや卒論作成に必要な文献の探し方(本・雑誌記事・新聞記事検索法、データベース検索法、主題文献探索法など)を集団で指導することをいう。公共図書館では、「**情報活用能力の育成指導**」といわれ、文部科学省の「図書館の設置及び運営上の望ましい基準」でも謳われた「住民への**情報リテラシーの育成**」と同じ意味を持つ。簡単にいえば、情報洪水という高度情報化社会を上手に生き抜くために必要な文献探索術などを、個々人に身に付けてもらうというものである。主要な公共図書館においては、情報リテラシー講座やセミナーが徐々に展開されるようになってきている。

　実践編として『**情報リテラシー教育の実践**—すべての図書館で利用教育を—』（JLA図書館実践シリーズ14　日本図書館協会　2010)が役に立つ。なお、古くはなったが、著者が関わった紀伊國屋書店刊行の図書館利用教育関係ビデオに、①**新・図書館の達人シリーズ**（日本図書館協会監修　紀伊國屋書店):1巻「情報基地への招待」1998、2巻「文献探索法の基礎」1998、3巻「情報検索入門」1998 、4巻「情報整理法の第一歩」2002、5巻「情報表現法の基本」2002、6巻「レポート・論文作成法」2002、　②**情報の達人**[全3巻]（日本図書館協会企画・総合監修　紀伊國屋書店) 2007、　③**図書館の達人**「**司書実務編**」[全9巻]（日本図書館協会企画・監修　紀伊國屋書店） 1995-1999 がある。

Ⅶ　人名情報の探し方

　人名調査については、文献が多量にあるため、上手に探せないことがよくある。ここでは、最も基本的な手法でかつ迅速に目的の人名情報を見つけ出す調査法を紹介する。

1．日本人の伝記を調べる

（1）『人物レファレンス事典』全7冊　日外アソシエーツ　昭和58（1983）年

　後者（2）の旧版。37点の人名事典・辞典類や各種百科事典などに掲載されている個々の人名を抜き出し編纂。この事典には、掲載されている人名略伝の記述量(星[＊]の数で表示：＊＝300字、＊＊＝500字、＊＊＊＝1,000字以上など)や写真・肖像画入り表示([像])があるので、詳しい人名事典か否か、写真や肖像が掲載されているか否かの判断ができる。収録点数は新版より劣るが、基本文献の多くが採録されているので基本的文献として十分活用できる。

【事例】

　「貞致親王」の略伝が、できるだけ詳しく書かれた人名事典を知りたい。

　（答え）

　人名調査の三次資料『人物レファレンス事典』の旧版を使用してみる。まず読みを知るために、「漢字画引表」を使う。「サダユキシンノウ」と分かる。次に本編の「サダユキ」を開くと「貞致親王　さだゆきしんのう　1632〜1694　伏見宮邦尚親王の第1王子。⇒人名③」とあり、＊＊星が付されている。500字ではあるが、最も詳しいものと分かる。人名③は、平凡社『日本人名大事典』第3巻目の意味。略語表にて確認できる。

（2）『人物レファレンス事典』新訂増補版　全6冊　日外アソシエーツ

平成8(1996)〜15（2003)年

　前者の新訂増補版。日本人の人名調査(略歴・略伝)をする際に、探している人物が、どの人名事典や辞典類に掲載されているかを調査するときに使う。50点の人名事典・辞典類、各種百科事典などに掲載されている個々の人名を抜き出し編纂している。当新版では、旧版に見られた人名説明に対する字数表示や写真・肖像画入りの表示がなくなった。収録事典類は、旧版の37点と比較するとかなり増えている。旧版と併せて活用したい。巻構成は、古代・中世・近世編、明治・大正・昭和(戦前)編、昭和(戦後)・平成編。なお、続編として、「古代・中世・近世編Ⅱ 1996-2006」(2007)・「同　Ⅲ 2007-2016」(2018)、「明治・大正・昭和(戦前)編Ⅱ 2000-2009」(2010)・「同　Ⅲ 2010-2018」(2019)、「昭和(戦後)・平成編Ⅱ　2003-2013」(2013)がある。

　　ワンポイントアドバイス〜三次資料の活用が最大の鍵〜
☞人名調査は、やみくもに人名事典類に当たるのではなく、まず三次資料のレファレンス事典から入るのが理想。短時間で必要な人名事典・辞典類が発見できる。

（3）『歴史人物肖像索引』日外アソシエーツ　　　　　　平成 22 (2010) 年

　日本史上の古代から幕末までの人物の肖像・写真を網羅した索引。人名事典・歴史事典・百科事典・県史誌・美術全集・写真集などに掲載された肖像画・彫刻・写真が人名から引け、生没年・身分・職業もある。続編に『歴史人物肖像索引Ⅱ、近現代（政治・経済・社会）』(2013)、『歴史人物肖像索引Ⅲ、近現代（学術・文芸・芸術）』(2014)がある。別途、「外国篇」として「古代～19 世紀」(2021)、「20 世紀以降」(2021)がある。

（4）『人物レファレンス事典 主題別篇』　日外アソシエーツ　平成 20 (2008) 年～

　前述した日本人の『人物レファレンス事典』を基に、新規分を追加した主題ごとのレファレンス事典も編纂されている。『人物レファレンス事典　文芸篇』(2010)、『人物レファレンス事典　美術篇』(2010)、『人物レファレンス事典　科学技術篇』(2011)、『人物レファレンス事典　音楽篇』(2013)、『人物レファレンス事典　架空・伝承編』(2013)、『人物レファレンス事典　架空・伝承編　第Ⅱ期』(2022)、『人物レファレンス事典　郷土人物編』(2008)、『人物レファレンス事典　郷土人物編Ⅱ 2008-2017』(2018)。ほかに、類書として『日本人物レファレンス事典』(p. 141 参照)もある。

２．外国人の伝記を調べる

（1）『東洋人物レファレンス事典』全 2 冊　日外アソシエーツ　昭和 59 (1984) 年

　前記 (1)、旧版『人物レファレンス事典』の姉妹編。日本を除く東洋人の古今延べ約 2 万人を、各種人名事典・辞典類から収載している。『人物レファレンス事典』の旧版同様、記述量や肖像・顔写真があるか否かなども分かる。読みを調べるための漢字総画索引も用意されている。新版は、後述する『外国人物レファレンス事典』の中に吸収された。

（2）『西洋人物レファレンス事典』全 10 冊　日外アソシエーツ

　　　　　　　　　　　　　　　　　　　　　　　昭和 58 (1980) ～59 (1984) 年

　前記、旧版『東洋人物レファレンス事典』の姉妹編。記述量や肖像・顔写真があるか否かなども分かる。巻構成は、古代・中世編 1 冊、近世編が上中下の 3 冊、現代編上中下3 冊、西洋人名典拠録が上中下 3 冊の 10 冊から成る。38 種類 126 冊の人名事典・辞典や百科事典などから古代・中世編約 6,000 人、近世編 2 万 2,300 人、現代編 2 万 8,100人を採録。採録基準は、①人物の読みが分かる、②原綴りが分かる、③生没年が分かる、というものに限定しているので、架空の人物や神話に登場する人物などは除かれている。「西洋人名典拠録」編は原綴りの ABC 順。典拠の読みから本編と掲載先が引ける五十音順索引がある。新版は、次の『外国人物レファレンス事典』。

（3）『外国人物レファレンス事典』新訂増補版　全 14 冊　日外アソシエーツ

　　　　　　　　　　　　　　　　　　　　　平成 11 (1999) ～14 (2002) 年

前記旧版の『東洋人物レファレンス事典』『西洋人物レファレンス事典』の合体版として刊行された新訂増補版。採録されている人名事典類は 64 点に上り、旧版と比較すると大幅に増加している。旧版にあった説明文の字数表示や写真・肖像表示はなくなったものの、日本語カナ表記が充実しているので、事典・辞典によって異なる人名表記があっても、この文献を使うことによって、容易に探し出すことができる。

　なお、新版の『外国人物レファレンス事典』新訂増補版の巻末の索引から、「ドービニェ」が出ている本編ページ（古代-19 世紀［A-D]）を見ると、原綴り人名の下、12 点の人名事典類が紹介されている。旧版では 8 点。

　巻構成は、「古代-19 世紀編」と「20 世紀編」に分かれ、ともに「索引」「漢字名」「欧文名」の巻がある。なお、「古代-19 世紀編」の続編として、「古代-19 世紀編Ⅱ 1999-2009」（2009〜2010）・「古代-19 世紀編　Ⅲ 2010-2018」（2018〜2019）が、また 20 世紀編の続編として、「20 世紀Ⅱ 2002-2010」（2011〜2012）、「20 世紀Ⅲ 2011-2019」（2019〜2020）が刊行されている。

【事例】

フランスの詩人、ドービニェの略伝を知りたいが、どのような人名事典があるか。

（答え）

　『外国人物レファレンス事典』新訂増補版を使うのが便利。該当人名箇所に簡単な人物紹介があり、その下に人名事典などの略語一覧が並び、それぞれの人名事典などに採用されているカナ表記が示されている。例えば、「外国（オービニェ）、コン（ドービニェ）、西洋（オービニェ）、世百（ドービニェ）（※）、名著（ドービニェ）など。カナ表記が異なるものを含めドービニェが出ている複数の人名辞典類を確認することができる。

※世百→『世界大百科事典』（平凡社）、名著→『世界名著大事典』（平凡社）のこと。

　　🔅　　　　探索のポイント〜事例に見る人名調査例〜

　こうした事例の場合、大抵の人は西洋人に関係する人名事典を直接引くことが多い。では、西洋人名事典の代表格である『岩波西洋人名辞典』を直接使ってみよう。結構有名な詩人であるはずなのに、「ドービニェ」というカナ表記で引いてみても見当たらない。そこで、基本的な調査法に戻り、人名調査をするための三次文献『外国人物レファレンス事典』新訂増補版を使ってみる。総索引から「ドービニェ」を引いてみると、ほかの読みがあることも分かる。いずれも本編の〇〇ページを見よとの指示があるので当たると、原綴りの下に「フランスの詩人、小説家、代表作『悲愴曲』（16）。⇒とあり、その下に、複数の掲載人名事典類が挙げられている。その中に『岩波西洋人名辞典』のことが、略語「西洋」で示されており、「西洋（オービニェ　1552.2.8－1630.5.15）」とある。『岩波西洋人名辞典』では、読みが「ドービニェ」ではなく、「オービニェ」になっていることが分かる。ドとオが違っていては引けない。西洋人名の調査で特に気をつけなければならないのが、人名のカナ表記。カナ表記は複数存在するのが普通。やみくもに探すのではなく、レファレンス事典を使うのが肝要。

（4）「外国人物レファレンス事典」（※主題別篇） 日外アソシエーツ

平成 24（2012）年〜

　前述の『西洋人物レファレンス事典』『東洋人物レファレンス事典』『外国人物レファレンス事典』を基にした、主題ごとのレファレンス事典も編纂されている（p. 145 参照。）

 「人名辞典・事典・人物情報調査ツール」メモ

　西洋人名を調べる代表的な辞典として、『岩波西洋人名辞典 増補版』（岩波書店 1981）がある。この辞典の特色は、①日本語のカナ表記が原語の発音に近い状態で表記されている（先例の、「ドービニェ」が「オービニェ」になっているのもその理由）、②日本に来訪した外国人を多数採録、③代表的著作の紹介、などである。また、インドは西洋に含まれているので要注意。原綴りが判明している場合には、原綴り索引を活用する。使うときに最も注意しなければならないのが、索引の使い方。索引は本体の部分と増補の部分との 2 つに分かれている。「増補版」の巻末にあるのは増補部分のみの索引で、本体の索引は増補部分の前にある。すなわち、本体に別途「増補」を合体作成している。

　外国人全体の基本ツールが『岩波世界人名大辞典』岩波書店（2013）。「世界人名大辞典」とあるように、日本人を除いた外国人を幅広く収録した国内最大の人名辞典。その収録範囲は架空人物を含め、神話から現代までの人物を集めている。その内、西洋人に関しては『岩波西洋人名辞典』増補版を基に編纂している。

　外国人を含み最も記述が詳しいという点において、国内最大のものに『世界伝記大事典』全 19 冊（ほるぷ出版 1978）がある。日本編、朝鮮編、中国編、世界編から成り、記述量のみならず写真や肖像も豊富。最大の弱点は、最も記述が詳しいことにより、掲載者が少なくなっていることである。

　それぞれの人名辞典・事典の特性を理解し、上手に活用することが重要であるが、上手な調査法は「人名調査は三次資料（『人物レファレンス事典』）から」と覚えておきたい。

　なお、現代活躍している人物を調査する場合のツールとして、総合人物情報データベース「WhoPlus」（日外アソシエーツ 有料）がある。日本人約 24 万人、外国人約 8 万人の人物情報（WHO）を収録している。ほかに、前述した『人物レファレンス事典』の 50 万人を追加し、横断検索できるようにしているので、現代活躍している人物から歴史上の人物まで調査が可能。著作物・職業・活動分野・肩書き・出身地・出身校などが記載されている。ほかに、現在の企業人が調査できる「日経テレコン 21」のメニューの一つ「人事検索」がある。収録されている範囲は、①上場・未上場企業の役員クラスの「ビジネスパーソン」、②中央官庁、③政府関係機関、④審議会、⑤経済・産業団体、⑥都道府県幹部職員、⑦国会議員、⑧県議会議員の人たちに関する人物情報。就職活動などにも活用できる。

Ⅷ　本文収載以外の主要書誌類一覧

☆本文収載の重要書誌類については各章を参照。各書誌情報は、左から通し番号、書名、出版社、刊行年、一部参考になる NDC 分類、の順番に紹介している。

【総合】

1. 『子どもの心を動かす読み聞かせの本とは : 解説&ブックガイド 400』
　　　　　　　　　　　　　　　　　　　　　日外アソシエーツ　　2019
2. 『年譜年表総索引[1976-1990]』日外アソシエーツ　　　　1998　　025.1
　　『年譜年表総索引 1991-2000』2001　『年譜年表総索引 2001-2005』2006
3. 『便利な文庫の総目録』　随時刊　　　　　　　文庫の会　　　　　　025.1
4. 『文庫総目録』　随時刊　　　　　　　　　　福家書店
5. 『岩波文庫解説総目録』　随時刊　　　　　岩波書店
6. 『ロングセラー目録』　随時刊　　　　　　書店新風会
7. 『読んでおきたい「日本の名著」案内』　　　日外アソシエーツ　　2014　025.1
8. 『読んでおきたい「世界の名著」案内』　　　日外アソシエーツ　　2014
9. 『「東京」がわかる本 4000 冊』　日外アソシエーツ　2016　　　　　025.8136
10. 『「日本研究」図書目録 1985-2004 世界の中の日本』　日外アソシエーツ　2005
　　『「日本研究」図書目録 2005-2021 世界の中の日本』2022
11. 『図書館のためのバリアフリー資料目録 : 大活字本・オーディオブックを中心に』
　　　　日外アソシエーツ 2022　　　　　　　　　　　　　　　　　027.9
12. 『日本の名作絵本 5000 冊』日外アソシエーツ 2017
13. 『世界の名作絵本 4000 冊』日外アソシエーツ 2017　　　　　　　028.09
14. 『ヤングアダルトの本 : SDGs〈持続可能な開発目標〉を理解するための 3000 冊』
　　　　　　　　　　　　　　　　　日外アソシエーツ 2021　　　　028.09
15. 『中高生のためのブックガイド　進路・将来を考える』日外アソシエーツ　2016
　　『同　探究活動』2019、『同　部活動にうちこむ』2022
16. 『子どもの本 365 日誕生日に読みたい 1500 冊』　　日外アソシエーツ　　2021

【大きなシリーズ、セットもの】

（1）『文献要覧大系』シリーズ　日外アソシエーツ
1. 『図書館情報学研究文献要覧 1970-1981』1983　　　　　　　　010.31
　　『同　1982-1990』1993、『同　1991-1998』2008、『同　1999-2006』2009
2. 『出版関係文献要覧　明治 18 年〜昭和 19 年　上巻・論文編』　1981　023.031
3. 『マスコミ・ジャーナリズム研究文献要覧 1945〜2014』2015　　　070.31
4. 『都市問題・地方自治調査研究文献要覧(1)明治〜1945』　2017
　　『同　(2)1945〜1980』2016、『同　(3) 1981〜2015』2016　　　318.7
5. 『経営管理研究実務文献要覧 1968〜1977』1979

『同　1978〜1984』1994、『同　1985〜1987』1995、『同　1988〜1990』1995

6. 『社会学研究文献要覧 1965〜1974』1977

7. 『文化人類学研究文献要覧 1945〜1974　戦後編』1979

8. 『特別支援教育研究文献要覧 1979〜2013』 2014

9. 『洋学関係研究文献要覧 1868〜1982』1984　　　　　　　　　　　　　　　402.105

10. 『美学・美術史研究文献要覧 1985〜1989』1996、『同 1990〜1994』1999、
　　『同 1995〜1999』2002、『同 2000〜2004』2005、『同 2005〜2009』 2010

（2）「全情報」シリーズ　日外アソシエーツ

　『全情報』のほとんどは、国内で刊行された図書を収録した文献目録。雑誌記事を含
んでいるものは書名に表記されているので、注意してほしい。

1. 『辞書・事典全情報』→p. 33 参照

2. 『便覧図鑑年表全情報』→p. 34 参照

3. 『名簿・名鑑全情報』→p. 34 参照

4. 『年鑑・白書全情報』→p. 33 参照

5. 『思想哲学書全情報 1945-2000』2001

6. 『心理学の本全情報 45/92』1993、『同 93/97』1998、『同 1998-2002』2003、『同
　　2003-2007』2008

7. 『宗教の本全情報 86/95』1995、『同 1995-2000』2000、『同 2000-2005』2006

8. 『超自然・超心理学の本全情報 86/95』1996

9. 『紀行・案内記全情報 45/91』海外編 1992、『紀行・案内記全情報 45/91』日本編
　　1993、『紀行・案内記全情報 92/96』1997、『同 1997-2001』2002、
　　『同 2002-2007』2008

10. 『政治・行政問題の本全情報 45/94』1998、『同 1995-2001』2002、『同 2002-2008』
　　2009

11. 『都市問題の本全情報 45/95』 1996、『同 1996-2003』 2004

12. 『通貨・金融・保険の本全情報 71/98』1998

13. 『青少年問題の本全情報 45/97』1998、『同 1997-2002』2002、『同 2002-2007』2007

14. 『高齢者問題の本全情報 82/99』2000、『同 2000-2004』2005

15. 『文化人類学の本全情報 45/93』1994、『同 1994-2001』2002

16. 『マスコミ・ジャーナリズムの本全情報 45/95』 1997
　　『同 1996-2001』 2001、『同 2001-2006』 2007

17. 『児童教育の本全情報 70/92』1993、『同 1992-2005』2006、『同 2006-2021』2022

18. 『女性・婦人問題の本全情報 45/94』1996、『同 95/98』1999、『同 1999-2002』
　　2003、『同 2003-2006』2007、『同 2007-2010』 2011、『同 2011-2014』2015、
　　改題『女性・婦人問題・ジェンダーの本全情報 2015-2018』2019

19. 『服飾・デザインの本全情報 1945-2001』2002
20. 『民話・昔話全情報 45/91』1992、『同 92/99』2000、
　　　『同 2000-2007』2008、『同 2008-2015』2016
21. 『天文・宇宙の本全情報 45/92』1993、『同 1993-2003』2004
22. 『乗り物の本全情報 87/96』1997
23. 『災害・防災の本全情報 45/95』1995、『同 1995-2004』2005、
　　　『同 2004-2012』2012、『同 2012-2020』2020
24. 『地球・自然環境の本全情報 45/92』1994、『同 93/98』 1999、
　　　『同 1999-2003』2004、『同 2004-2010』2011
25. 『植物・植物学の本全情報 45/92』 1993
26. 『動物・動物学の本全情報 45/92』1993
27. 『動物・植物の本全情報 93/98』1999、『同 1999-2003』2004
28. 『健康・食事の本全情報 80/92』1992、『同 1993-2004』2004
29. 『医療問題の本全情報 45/96』1996、『同 1996-2003』2004、『同 2003-2012』2012、
　　　『同 2012-2019』2020
30. 『原子力問題図書・雑誌記事全情報 1985-1999』2000、『同 2000-2011』2011、
　　　『同 2012-2020』2020
31. 『食糧・農業問題の本全情報 45/94』1996、『同 1995-2004』2005
32. 『食品・栄養の本全情報 1992-2001』2002
33. 『画集・画文集全情報 45/90』1991
34. 『画集写真集全情報 91/96』1998、『同 1997-2001』2002、『同 2002-2006』2007
35. 『写真集全情報 45/90』1991
36. 『映画・音楽・芸能の本全情報 45/94』1997、『同 95/99』2000、『同 2000-2004』2005
37. 『スポーツの本全情報 45/91』1992、『同 92/97』1998、
　　　『同 1998-2002』2003、『同 2003-2008』2009
38. 『日本語の本全情報 45/92』1993、『同 92/97』1998、『同 1997-2002』2003、
　　　『同 2003-2007』2008
39. 『「外国語」の本全情報 45/94』1995、『同 95/99』2000、『同 2000-2004』2005
40. 『日本の随筆全情報 1996-2002』2003
41. 『日本の詩歌全情報 27/90』1992、『同 91/95』1996、
　　　『同 1996-2000』2001、『同 2001-2005』2006
42. 『日本の小説全情報 27/90 上下巻』1991、『同 91/93』1994、『同 94/96』1997、
　　　『同 2000-2002』2003、『同 2003-2005』2006
43. 『翻訳小説全情報 45/92』1994、『同 93/97』1999、『同 1998-2000』2001、
　　　『同 2001-2003』2004、『同 2004-2006 「附・作家名総索引 1945-2006」』2007、
　　　『同 2007-2009 』2010、『同 2010-2012』2013、『同 2013-2015』2016、

『同 2016-2018』2019、『同 2019-2021』2022 ※作家ごとに一覧できる図書目録

44.『児童文学書全情報 51/90』1998、『同 91/95』1999、『同 1996-2000』2001、
　　　『同 2001-2005』2006、『同 2006-2010』2011、『同 2011-2015』2016、
　　　『同 2016-2019』2020

【主題書誌】（主題に関する文献目録、索引など）

【人文科学関係】

1.『児童図書総目録　中学校用』雑誌　日本児童図書出版協会　　　　　　　　　1987-
2.『児童図書総目録　小学校用』雑誌　日本児童図書出版協会　　　　　　　　　1987-
3.『子どもの本　日本の古典をまなぶ 2000 冊』日外アソシエーツ　2014
　　　『同現代日本の創作 5000』2005、『同 現代日本の創作 最新 3000』2015、『同 国語・英語をまなぶ 2000 冊』2011、『同 社会がわかる 2000 冊』2009、『同 情報教育・プログラミングの本 2000 冊』2018、『同 楽しい課外活動 2000 冊』2013、『同 伝記を調べる 2000 冊』2009、『同 美術・音楽にふれる 2000 冊』2012、『同 伝統行事や記念日を知る本 2000 冊』2019、『同 総合学習国際社会に生きる力を育む 2000 冊』2019、『同 総合学習郷土・地域とのつながりを考える 3000 冊』2019、『同 福祉をまなぶ 2000 冊』2020
4.『キラキラ読書クラブ-子供の本 644 冊ガイド』　　日本図書センター　2006
5.『ヤングアダルト図書総目録』年刊 ヤングアダルト図書総目録刊行会　1982-
6.『ヤングアダルトの本 (1) 中高生の悩みに答える 5000 冊』『同 (2) 社会との関わりを考える 5000 冊』『同 (3) 読んでみたい物語 5000 冊』日外アソシエーツ　2008、『同 いま読みたい小説 4000 冊』2018、『同 教科書の名作 3000 冊』2013、『同 高校教科書の文学 3000 冊』2015、『同 社会を読み解く 4000 冊』2018、『同「18 歳からの選挙権」2000 冊』2016、『同 職業・仕事への理解を深める 4000 冊』2011、『同 書籍になった Web 小説・ケータイ小説 3000 冊』2015、『同 悩みや不安迷ったときに読む 4000 冊』2018、『同 ノベライズ化作品 3000 冊-アニメ・ゲーム・ドラマ』2016、『同　部活をきわめる 3000 冊』2013、『同 ボランティア・国際協力への理解を深める 2000 冊』2015、『同 将来の仕事・資格に出会う 3000 冊』2020
7.『日本の物語・お話絵本登場人物索引』　　DB ジャパン　　　　　　　　　2007
　　　『同 1953-1986』2008、『同 2007-2015』2017
8.『児童図書総目録』小学校用・中学校用　2 冊　　日本児童図書出版協会　1987-2013
9.『図書館学文献目録』　　　　　　　日本私立大学協会　　　　　　　　1971
10.『図書館学関係文献目録集成』　　　　金沢文圃閣　　　　　　　　2000-2002
11.『学校図書館基本図書目録』年刊　　全国学校図書館協議会　　　　1952-
12.『近代雑誌目次文庫』　　　　　　ゆまに書房　　　　　　　　　1989-
13.『外国研究書総目録　明治・大正・昭和戦前期』　日外アソシエーツ　　2008
14.『文書館学文献目録』　　　　　　岩田書院　　　　　　　1995, 2000

【哲学・思想・心理学関係】

1. 『思想哲学書総覧　2001-2010』　1-2　日外アソシエーツ　　　　　2011
　　『同　2011-2021』2022
2. 『哲学・思想図書総目録』年刊　　　　人文図書目録刊行会　　　　　1986-
3. 『心理図書総目録』年刊　　　　　　　人文図書目録刊行会　　　　　1986-
4. 『心理学紀要論文総覧』　　　　　　　日外アソシエーツ　　　　　　2008
5. 『医療福祉のプロがすすめる孤独・社会的孤立・つながりを考える1000冊』
　　　　　　　　　　　　　　　　　　　日外アソシエーツ　　　　　　2020
6. 『仏教を知る本』1～3　　　　　　　　日外アソシエーツ　　　　　　2009
7. 『仏教書総目録』年刊　　　　　　　　仏教書総目録刊行会　　　　　1983-
8. 『キリスト教書総目録』年刊　　　　　キリスト教書総目録刊行会　　1992-

【歴史・地理・伝記関係】

1. 『史籍解題辞典』　　　　　　　　　　東京堂出版　　　　　　　　　1985-1999
2. 『「日本研究」図書目録 1985-2004』　日外アソシエーツ　　　　　　2005
　　『同　2005-2021』2022
3. 『日本史文献事典』　　　　　　　　　弘文堂　　　　　　　　　　　2003
4. 『事件・犯罪を知る本』　　　　　　　日外アソシエーツ　　　　　　2009
5. 『読書案内　歴史の謎にせまる3000冊』日外アソシエーツ　　2012　　　　203.1
6. 『人物書誌大系』1-47　　　　　　　　日外アソシエーツ　　　　1982-2022
7. 『日本古代史図書総覧－明治～平成』　日外アソシエーツ　　　　2008
8. 『「縄文弥生から飛鳥奈良」を知る本』　日外アソシエーツ　　　2010　　210.2
9. 『「平安時代」を知る本』1-2　　　　　日外アソシエーツ　　　　2010　　210.36
10. 『歴史図書総目録』随時刊　　　　　　歴史図書目録刊行会　　　　1973-
11. 『歴史図書総目録』シリーズ　日外アソシエーツ
　　『同 1 日本史通史図書目録』1994、『同 2 日本古代・中世史図書目録』1993、『同 3
　　日本近世史図書目録』1993、『同 4 日本近代史図書目録』1994、『同 5 東洋 史図書
　　目録』1994、『同 6 西洋史図書目録』1995、『同 7 91/97 古代・中世・近世』1999、
　　『同 8 日本史図書目録 91/97 近代・通史』1999、『同 9 東洋史・西洋史図書目録
　　91/97』1999、『同 10 日本史図書目録 1998-2003 古代・中世・近世』2004、『同 11 日
　　本史図書目録 1998-2003』2004、『同 12 東洋史・西洋史図書目録 1998-2003』2004
12. 『日本中世史図書総覧　明治～平成』　日外アソシエーツ　　　　　2008
13. 『「鎌倉・南北朝・室町」を知る本』　　日外アソシエーツ　　　　　2009
14. 『日本近世史図書総覧　明治～平成』　日外アソシエーツ　　　　　2009
15. 『読書案内「戦国」を知る本』(1)～(3)　　日外アソシエーツ　　　　2008
16. 『日本事物歴史関係図書総覧-日本人の歩み-』　図書館流通センター　2003
17. 『現代史図書目録 45-99』全 4 冊　　　日外アソシエーツ　　　　　2000-2001

18. 『シベリア抑留関係基本書誌』　　　　　　　日外アソシエーツ　　2016　　210.75
19. 『日本地方史誌目録総覧』　　　　　　国立国会図書館　　1971
20. 『日本の移民研究—動向と文献目録』2 冊　　明石書店　　　2008　　334.51
21. 『文献目録　ベトナム戦争と日本-1948〜2007』　人間社　　　2008
22. 『マラヤ日本占領期文献目録 1941-45 年』　　龍渓書舎　　　2007
23. 『フィリピン関係文献目録 — 戦前・戦中、「戦記もの」』　龍渓書舎　2009
24. 『日本人物文献索引』シリーズ　日外アソシエーツ 1994〜　　　　281.031
　　『同 文学 80/90』1994、『同 文学 1991-2005』2006、
　　『同 政治・経済・社会 80/90』1995、『同 政治・経済・社会 1991-2005』2006、
　　『同 思想・哲学 1980-2010』2013、『同 政治・経済・社会 2005-2019』2021、
　　『同 文学 2005-2019』2021
25. 『外国人物文献索引』シリーズ　日外アソシエーツ 2012-　　　　280.31
　　『同 文学 1980-2010 Ⅰ古代〜近代』2012、『同 文学 1980-2010 Ⅱ現代』2012、
　　『同 政治・経済・社会 1980-2010』2013、『同 思想・哲学 1980-2010』2014
26. 『教科書に載った世界史人物 800 人：知っておきたい伝記・評伝』
　　　　　　　　　　　　　　　　　　　日外アソシエーツ　　2019
27. 『子どもの本 人物・伝記を調べる 2000 冊』　日外アソシエーツ　　2021
28. 『地理学文献目録』 第 1 集−　　　　柳原書店　　　　1953−　　290.31
29. 『日本関連英語文献書誌 1555-1800』エディション・シナプス　2012　　210.5
30. 『地名でたどる郷土の歴史−地方史誌にとりあげられた地名文献目録』
　　　　　　　　　　　　　　　　　　日外アソシエーツ　　　　2017
31. 『「沖縄」がわかる本 6000 冊』　　　日外アソシエーツ　　　　2016

【社会科学・国際関係】
1. 『読書案内　中国を知る本』(1)〜(3)　　日外アソシエーツ　　　2008
2. 『国際関係図書目録 45/94』1-6 日外アソシエーツ　　　　1996-1997
　　『同 1995-2000』1-3 2001、『同 2001-2005』1-3 2006
3. 『地域別図書目録』1-7（1950〜）　日外アソシエーツ　　　1995-2004
4. 『アメリカ・ヨーロッパ関係図書目録 94/98』　日外アソシエーツ　　1999
　　『同 1999-2003』2004
5. 『ヨーロッパ関係図書目録』　　　日外アソシエーツ　　　　1995
6. 『アメリカ関係図書目録』　　　　日外アソシエーツ　　　　1995
7. 『アジア・アフリカ関係図書目録』上・下 2 冊　　日外アソシエーツ　1995
　　『同 94/98』1999、『同 1999-2003』2004
8. 『必読日中国交文献集』　　　　　　　蒼蒼社　　　　2005
9. 『チベット研究文献目録』　　　　　　風響社　　　　1999

10. 『中東・イスラム関係記事索引 1990-2004』　　日外アソシエーツ　　　2005

11. 『日本におけるユダヤ・イスラエル論議文献目録 1989-2004』　昭和堂　2005

12. 『東洋文庫蔵イラン・イスラーム革命文献解説目録』　東洋文庫　　2004

13. 『21 世紀の国際問題 3000 冊－紛争・民族・人権』日外アソシエーツ　　2022

【政治・法律・経済・経営】

1. 『官報総索引』'88(昭和 63 年 1 月-平成 1 年 3 月)～　年刊　文化図書 1990-

2. 『政治・公共団体関係図書目録 45/93』　　　　　日外アソシエーツ　　　1995

3. 『経済・政治・公共団体関係図書目録 1999-2003』　日外アソシエーツ　　2004

4. 『法律図書総目録』随時刊　　　　　　　　　法経書出版協会　　　1967-

5. 『優良辞典・六法目録』　　　　　　　　　　辞典協会　　　　　1982-2022

6. 『憲法文献大事典』　　　　　　　　　　　　日本図書センター　　　2004

7. 『文献目録　憲法論の 50 年-1945～1995』　　日外アソシエーツ　　　1996
　　　『同　憲法論の 10 年-1996～2005』2006

8. 『憲法改正最新文献目録』　　　　　　　　　日外アソシエーツ　　　2016

9. 『経済図書総目録』随時刊　　　　　　　　　法経書出版協会　　　1977-

10. 『経済学二次文献総目録』　　　　　　　　　経済資料協議会　1971, 1996

11. 『経済・産業翻訳基本書目　明治～平成』　　日外アソシエーツ　　　2009

12. 『経済史文献解題』年刊　　　　　　　　　　思文閣出版　　　　　1960－

13. 『経済学文献大鑑』1919-1936　複製版　　　文生書院　　　　　　1977

14. 『日本経済史文献』第一～第九　　　　　　日本経済史研究所　　1970-1986

15. 『NPO・市民活動図書目録』　　　　　　　日外アソシエーツ　　2014　　335.89

16. 『経営図書総目録』随時刊　　　　　　　　　法経書出版協会　　　1977-

17. 『情報・経営工学書目録』　　　　　　　　　工学書目録刊行会　　2003-2018

18. 『企業・経済団体関係図書目録 45/93』　　　日外アソシエーツ　　　1995

19. 『会計学文献目録大集』　　　　　　　　　　中央経済社　　　　　1969

20. 『近代会計百年－その歩みと文献目録』　　日本会計研究学会　　1978

21. 『会計学文献目録－明治・大正・昭和前期－』中央経済社　　　　　1981

【社会・教育・文化・民俗・軍事】

1. 『社会図書総目録』　年刊　　　　　　　　　人文図書目録刊行会　　1985-

2. 『ノンフィクション・ルポルタージュ図書目録』シリーズ　日外アソシエーツ　1993
　　　『同 86/92 1 社会・事件編』1993、『同 86/92 2 文化・生活編』1993、『同 45/85
　　　Ⅰ 社会・事件編』1994、『同 45/85 2 文化・生活編』1994、『同 93/95』(社会・事
　　　件編、文化・生活編の合体編) 1996、『同 1996-2003 1 社会・事件編』2004、『同
　　　1996-2003 2 文化・生活編』2004

3. 『文献目録　日本論・日本人論の 50 年 1945～1995』日外アソシエーツ　1996
　　　『同　日本論・日本人論 1996～2006』　　　　　　　2007

4. 『労働・雇用問題文献目録 1990-2004』　日外アソシエーツ　　　2005　　366.031

5. 『女性問題図書総目録』2013 年版　女性問題図書総目録刊行会　　2013

6. 『近代日本女性文献史料総覧』　　　　大空社　　　　　　　1998-

7. 『地域女性史文献目録』　　　　　　　ドメス出版　　　　　2003

8. 『日本女性史研究文献目録』1-4　　東京大学出版会　　1983-2003　　367.21

9. 『福祉関係総合図書目録』上下 2 巻　　図書館流通センター　2002

10. 『福祉文献大事典』(1)(2)　　　　　　日本図書センター　　2006

11. 『児童福祉関係図書目録 45/94』日外アソシエーツ 1999、『同 1995-2004』2005

12. 『障害者福祉関係図書目録 80/94』　　日外アソシエーツ　　　1995
　　『同　95-99』2000、『同　2000-2004』2005

13. 『障害者とともに生きる本 2500 冊』　　日外アソシエーツ　　　2017　　369.27

14. 『介護問題文献目録 2000-2006』　　日外アソシエーツ　　　2007

15. 『阪神・淡路大震災関連文献目録 1995-2000』　日外アソシエーツ　　2000

16. 『災害文献大事典—1945（昭和 20）年-2008（平成 20）年』日本図書センター 2009

17. 『統計図表レファレンス事典　事故・災害』　日外アソシエーツ　2011　　369.3

18. 『3.11 の記録　東日本大震災資料総覧 震災篇』日外アソシエーツ　2013　369.31
　　『同 原発事故篇』2013、『同 テレビ特集番組篇』2014、『同 2 期 2013-2021』2022

19. 『教育図書総目録』随時刊　　　　教育図書総目録刊行会　　　1965-

20. 『教育・文化・宗教団体関係図書目録 45/93』日外アソシエーツ　1994
　　『同 1999-2003』2004

21. 『幼児教育・保育図書総目録』随時刊　教育図書総目録刊行会　　1987-

22. 『「大学教育」関係図書目録－1989-2005〝学問の府〟はいま』2006、
　　『同 2006-2021〝学問の府〟はいま』2022

23. 『郷土に伝わる民俗と信仰：地方史誌にとりあげられた民俗文献目録』
　　　　　　　　　　　　　　　　　　日外アソシエーツ　　　2018　　382.1

24. 『食文化・味覚雑誌目次総覧』　　　　日外アソシエーツ　　　2015　　383.8

25. 『図書雑誌文献目録　民族紛争・民族融和』　日外アソシエーツ　2001

26. 『日本民俗学文献総目録』　　　　　　弘文堂　　　　　　　1980　　386.81

27. 『民俗芸能研究文献目録』　　　　　　岩田書院　　　　　　2004

28. 『文化人類学文献事典』　　　　　　　弘文堂　　　　　　　2004　　389.031

29. 『ベトナム文化人類学文献解題 －日本からの視点』　風響社　2009　389.031

30. 『服飾関連文献目録－明治元年～昭和 23 年』　日外アソシエーツ　1995

31. 『服飾文献目録 67/88』　　　　　　　日外アソシエーツ　　　1989
　　『同　89/93』1994、『服飾文献目録 1994/2000』2001

32. 『民話・昔話集内容総覧』　　　　　　日外アソシエーツ　　　2003　　388.031
　　『同　県別・国別 2003-2012』2012、『同　県別・国別 2012-2021』2021

33. 『民話・昔話集作品名総覧』日外アソシエーツ 2004
　　　『同 2003-2014』2015、『同 県別・国別 2003-2012 作品名索引』2012、
　　　『同 県別・国別 2012-2021 作品名索引』2021
34. 『説話集内容総覧 仏教編』日外アソシエーツ　2022　388.031
35. 『近代日本礼儀作法書誌事典』　　　　　柏書房　　　　　　　2006
36. 『わらべうた文献総覧解題』（増補）　無明舎出版　　　　　2006
38. 『原爆文献大事典』　　　　　　　　　日本図書センター　　　2004
39. 『原爆手記掲載図書・雑誌文献目録 1945-1995』日外アソシエーツ　　　1999
40. 『太平洋戦争図書目録 45/94』日外アソシエーツ 1995
　　　『同 1995-2004』2005、『同 2005-2015』2016
41. 『近現代戦争史図書目録 1996-2020』　　日外アソシエーツ　　　　2021

【自然科学関係】

1. 『JIS 総目録』年刊　　　　　　　　日本規格協会　　　　　　1966-
2. 『読書案内 科学に親しむ 3000 冊』　　日外アソシエーツ　　　2009
3. 『最新科学・技術図書目録』　　　　　図書館流通センター　　2002
4. 『〈伝記ガイダンス〉 科学者 3000 人』日外アソシエーツ　　　2010　402.8
5. 『リハビリのプロがすすめる健康寿命を延ばす 1000 冊』日外アソシエーツ 2018
6. 『医療福祉のプロがすすめる人生 100 年時代の「健康」を問い直す 1000 冊』
　　　　　　　　　　　　　　　　　　　日外アソシエーツ　　　　2021
7. 『環境問題文献目録 2000-2002』日外アソシエーツ 2003
　　　『同 2003-2005』2006、『同 2006-2008』2009
8. 『環境・化学工学書目録』年刊　　　　工学書目録刊行会　　　2004-　519.031
9. 『公害文献大事典－1947（昭和 22）年～2005（平成 17）年』日本図書センター 2006
10. 『日本理学書総目録』随時刊　　　　日本理学書総目録刊行会　　1966-
11. 『建築・住宅問題文献目録 1976-2006』　日外アソシエーツ　　　2006
12. 『建築・土木工学書目録』年刊　　　　工学書目録刊行会　　　2013-
13. 『機械・金属工学書目録』年刊　　　　工学書目録刊行会　　　2004-
14. 『電気・電子工学書目録』年刊　　　　工学書目録刊行会　　　2004-
15. 『生活・健康・栄養図書総目録』随時刊　家政学図書目録刊行会　2004-
16. 『子どもの本 くらしとお金をまなぶ 2000 冊』日外アソシエーツ　　2022

【産業・商業】

1. 『新撰 産業情報総覧』　　　　　　　　日外アソシエーツ　　　1983
2. 『日本農業書総目録』随時刊　　　　　農業書協会　　　　　　1953-
3. 『統計図表レファレンス事典「食」と農業』日外アソシエーツ　　2011
4. 『消費者問題文献目録 1975-2004』　　　日外アソシエーツ　　　2006
5. 『広告関係論文レファレンス』〈平成 18 年版〉日経広告研究所　　2006

【芸術・スポーツ関係】

1. 『美術家文献目録　日本篇』1991〜2010　　　日外アソシエーツ　　　2013　　703.1
2. 『美術家文献目録　外国篇』1980〜2010　　　日外アソシエーツ　　　2014　　703.1
3. 『写真レファレンス事典　災害篇 1991〜2020』　日外アソシエーツ　2021　740.31
4. 『子どもの本　美術・音楽 2000 冊』　　　　　　日外アソシエーツ　2012
5. 『子どもの本　心ゆたかに美術・音楽 2000 冊』日外アソシエーツ　2022
6. 『音楽文献目録』1 〜　　　　　　音楽文献目録委員会　　　　　　　1973-
7. 『ポピュラー音楽関係図書目録』　　　　　日外アソシエーツ　　　2009　　764.7
8. 『歌い継がれる名曲案内　音楽教科書掲載作品 10000』日外アソシエーツ　2011
9. 『戦前期　レコード音楽雑誌 記事索引』日外アソシエーツ　　　2017
10. 『古典芸能作品集　内容総覧』　　　　　日外アソシエーツ　　　2010　　772.1
11. 『日本劇映画総目録—明治 32 年から昭和 20 年まで』　日外アソシエーツ　2008
12. 『日本の演劇-公演と劇評目録 : 1980 年〜2018 年』　日外アソシエーツ　2019
13. 『映画基本書目　大正・昭和・平成』　　　日外アソシエーツ　　　2009
14. 『事典映画の図書—1897 年から 1985 年までの映画書誌集成』　凱風社　2009
15. 『マンガ・アニメ文献目録』　　　　　　　日外アソシエーツ　　　2014　　726.01
16. 『映画・演劇人物研究文献目録』　　　　　日外アソシエーツ　　　2010　　778.031
17. 『紙芝居登場人物索引』　　　　　　　　DB ジャパン　　　2009　　779.8
　　　　『同 2009-2015』2016
18. 『スポーツ・健康科学書総目録』年刊　　スポーツ・保健体育書目録刊行会　1976-
19. 『オリンピックの本 3000 冊』　　　　　　日外アソシエーツ　　　2018
20. 『障害者とスポーツ文献目録 : リハビリからパラリンピックまで』
　　　　　　　　　　　　　　　　　　　　　日外アソシエーツ　　　2020

【語学関係】

1. 『国語・国文学図書総目録』随時刊　国語・国文学図書総目録刊行会　1981-
2. 『子どもの本 国語・英語をまなぶ 2000 冊』　日外アソシエーツ　2011　810.31
3. 『近代漢語研究文献目録』　　　　　　　　東京堂出版　　　2010　814.031
4. 『落語研究資料解題 明治〜平成-速記本・SP レコードデータ付き』
　　　　　　　　　　　　　　　　　　　　　日外アソシエーツ　2016　　779.13

【文学関係】→「8．主題から文献を探す」の「6）文学関係文献を探す場合」(p.69)
を参照のこと。

IX 事実・事項調査のための情報源

－書誌以外の主要参考図書（レファレンスブックス）一覧－

　漢字が分からないといえば漢和辞典、植物の名前が知りたいと思えば植物図鑑、英語の言葉を調べたければ英語辞典というように、誰でも、曲がりなりにも事実・事項調査については、目的にたどり着ける側面を持っている。そうした意味で、本書のメインを書誌類に置いてきたが、書誌類以外の参考図書(Reference Books→調べるための本)の活用法も知っておかねばならない。ここでは、書誌以外のレファレンスツールの内、図書形態の**参考図書**（**レファレンスブックス**）、すなわち辞典・事典・年鑑・年報・図鑑・統計集など、いわゆる事項・事実調査に役立つ参考図書を紹介する。なお、書名だけでは理解しにくいと思われるものや、特に重要と思われるものには、解題(内容解説)を付している。また、ここで紹介する参考図書は主としたものを取り上げているので、ご注意願いたい。

　なお、ここでの**参考図書一覧は調査の手がかりとして掲載している**ので、著・編者等は省略するなど、書誌情報は不十分になっている。正確な書誌詳細を知りたい場合は、国立情報学研究所の「CiNii Books」や、国立国会図書館の蔵書目録(「NDL オンライン」の図書検索)などにて確認願いたい。また、分野によっては、主要と思われるものが採録されていなかったり、漏れたりしているものがあると思われる。その場合は個々で補っていただきたい。

１．事項・事実調査に役立つ主要参考図書について

　事実・事項調査とは、例えば、「東京にある吉祥寺という地名の由来を知りたい」、「ケネディ大統領はいつ、どこで、誰に暗殺されたか」など、事実・事項関係を調べることをいう。ここでは、こうした事実・事項調査に使われる参考図書(Reference Books)を紹介する。

　なお、採録にあたっては、実践的な参考図書を精選したが、多少ではあるが、コンサイス辞典的なものや初歩的な年表なども含めた。その理由は、実際の調査では、専門的過ぎるものは詳細かつ学問的過ぎて、利用者の要求を満たせないということがしばしばあるからである。したがって、図書館の参考図書の構築にもこうした配慮が必要であり、詳細な専門的辞典・事典があるからといって、コンサイス的なものや中・高教育で使用した基本的な地図や年表などをおろそかにしてはならないと考えている。参考図書の特色を研究し、利用者のニーズを研究して蔵書構築を考える必要がある。

＊　調査に役立つ参考文献紹介

　参考図書の選択が、著者の体験に基づくために、特定の主題に限定してサービスを行っている専門図書館の担当者や利用者には不十分であることは否めない。必要があれば他文献『**まちの図書館でしらべる**』まちの図書館でしらべる編集委員会編 柏書房 2002、『**図書館活用術**』新訂第４版 藤田節子著　日外アソシエーツ　2020、『**看護師のための Web 検索・文献検索入門**』佐藤淑子・和田佳代子著　医学書院　2013（JJN スペシャル NO. 95）など、関連文献を利用していただきたい。

ワンポイントアドバイス〜年鑑・年報類の年版表示について〜

　年鑑・年報類には年版表示がある。こうした年版表示には数種類あることを知っておきたい。一つは、年版表示と刊行年が同一の場合。2つ目は、年版表示と刊行年が違う場合（例えば、年版表示が『○○資格試験ガイド 2024 年版』となっているのに、本の奥付の刊行年は 2023 年になっているケースと、逆に刊行年は 2023 年なのに年版表示は 2022 年版になっているケース）がある。このように、必ずしも刊行年＝年版表示でないことに十分注意して使う。異なる理由は、内容情報の年に合わせるか、それとも刊行年に合わせるかによる。また、「年度版」と表示されることがあるが、これは 4 月〜3 月までの学校年度や官公庁会計年度の場合に使用され、民間での 1 月〜12 月の場合には、「年版」表示になるのが普通である。

2．主要参考図書一覧(事典・辞典・年鑑・地図・統計集など)

　本項の構成は、先人たちのレファレンスサービス関係書を参考にするとともに、実体験から図書館現場で比較的よく使われるレファレンスツールに配慮しつつ編成した。なお、文献の配列は、大きな見出しの下、原則として NDC（日本十進分類法）分類を参考にリスト化した。

（※リスト右端の NDC 分類番号は参考番号）

1）全般に関するもの（百科事典・一般年鑑等）

A【百科事典】

1. 世界大百科事典（全 34 巻）（改訂新版）　　　平凡社　　　　　2007　　031
　　日本で最も代表的な百科事典。改訂新版が有料データベース「ジャパンナレッジ（Japan Knowledge）」でも提供。
2. ブリタニカ国際大百科事典　全 21 冊　第 3 版　TBS ブリタニカ　1995
　　英語の代表的百科事典。日本語訳。大項目と小項目より成る。
3. 万有百科大事典(Japonica)　全 23 冊　第 3 版　小学館　　　1982
4. 日本大百科全書(ニッポニカ)全 26 冊　第 2 版　小学館　　　1994

有料データベース「ジャパンナレッジ（JapanKnowledge）」でも提供。
　5.古事類苑　全51冊　　　　　　　　　吉川弘文館　　　　1967-72
　　　有料データベース「ジャパンナレッジ（JapanKnowledge）」でも提供。
　6.広文庫　　全20冊　復刻版　　　　　名著普及会　　　　1976-77
　7. The Encyclopedia Americana 30Vols.　International ed.　Scholastic Library Pub.　2005
　8.The New Encyclopedia Britannica 32Vols.　　　Encyclopedia Britannica 1992

B【年鑑】

　1.**読売年鑑**　分野別人名録付　　　　　読売新聞社　　　　1949-
　　　現在刊行されている国内唯一の一般的年鑑。1年間の様々な出来事が分かる。
　2.**世界年鑑**　分野別人名録付　　　　　共同通信社　　　　1949-
　　　世界の動向をまとめた国内唯一の年鑑。

C【その他】

　1.日本の賞事典　　　　　　　　　　　　日外アソシエーツ　　2005
　　　『同 2005-2012』2012、『同 2012-2019』2019
　2.世界の賞事典　　日外アソシエーツ　　2005、　　『同 2005-2014』2015
　3.ギネス世界記録　年刊　　　　　　　　アスキー総合研究所　2004-　　　049.3
　4.日本名数辞典　　　　　　　　　　　　東京堂出版　　　　1979　　　031.5
　5.名数数詞辞典　　　　　　　　　　　　東京堂出版　　　　1980

2）言葉に関するもの

　1.認知言語学大事典　　　　　　　　　　朝倉書店　　　　　2019　　　801.04
　2.翻訳の賞事典　　　　　　　　　　　　日外アソシエーツ　2019　　　801.7
　3.言語学大辞典　全7冊　　　　　　　　三省堂　　　　　　1988-2001　803.3
　4.オックスフォード言語学辞典 新装版　　朝倉書店　　　　　2021　　　803.3
　5.言語科学の百科事典　　　　　　　　　丸善　　　　　　　2006　　　803.6
　6.文章構成の基本大事典　　　　　　　　勉誠出版　　　　　2000
　7.図説ことばあそび遊辞苑　　　　　　　遊子館　　　　　　2007　　　807.9
　8.ことばのおもしろ事典　　　　　　　　朝倉書店　　　　　2016　　　801
　9.公用あいさつ事典　新版　　　　　　　ぎょうせい　　　　2008　　　809.4
　10.ビジュアル版　世界の文字の歴史文化図鑑　柊風舎　　　　2012　　　801.1
　11.世界の文字大事典　　　　　　　　　　朝倉書店　　　　　2013　　　801.1
　12.ビジュアル版　世界言語百科　　　　　柊風舎　　　　　　2009　　　803.6

A【日本語】

　1.日本語学大辞典　　　　　　　　　　　東京堂出版　　　　2018　　　810.1
　2.日本語百科大事典　　　　　　　　　　大修館書店　　　　1995　　　810.36
　3.日本語学研究事典　　　　　　　　　　明治書院　　　　　2007　　　810.33

4. 日本語大事典　全2冊	朝倉書店	2014	810.33
5. 新版 日本語教育事典	大修館書店	2005	810.7
6. 日本語発音アクセント辞典（新版）	日本放送出版協会	1998	811.14
7. 日本難字異体字大字典　全2冊	遊子館	2012	811.2
8. 漢字・楷行草「筆順」大字典 全2冊	東京書道教育会	2002	728.4
9. 日本語語感の辞典	岩波書店	2010	813.1
10. 研究社日本語口語表現辞典（第2版）	研究社	2020	813.4
11. 日本語シソーラス:類語検索辞典	大修館書店	2016	813.5
12. 古典基礎語辞典	角川学芸出版	2011	813.6

B【語源・古語】

1. 語源辞典　名詞編	東京堂出版	2003	812.033
2. 語源海	東京書籍	2005	
3. 日本語源大辞典	小学館	2005	
4. 日本語源広辞典(増補版)	ミネルヴァ書房	2012	812.033

C【国語】

1. **日本国語大辞典**　（第2版）　全13冊　　小学館　　　　2000-2002　　813.1
　　国語の百科辞典といわれるもの。基本中の基本文献。国語の万能型辞典。見出し語とし
　て、古語・現代語・方言・外来語・俗語・隠語など約50万語を収録。引用・例示・歴史的かな
　づかい表記・漢字表記・語義・用例・語源・発音・アクセントなど、詳細な解説を施している。
　　『日本国語大辞典』精選版　全3巻 2006　もある。
　　有料データベース「ジャパンナレッジ（JapanKnowledge）」でも提供。

2. **広辞苑**　（7版）　新村出著　　　　　岩波書店　　　　　2018　　　　813.1
　　最も基本的な中型国語辞典。科学技術・社会・経済・風俗関係の新語・略語・外来語な
　ども含む。代表的な古語・学術用語・外来語・方言・隠語・慣用句・ことわざ・地名・
　人名・作品名・動植物名など、幅広く収録。新収項目1万、総収録項目24万。初版は、1955
　年。『逆引き広辞苑』岩波書店 1992-もあり。

3. 大言海　全4冊・索引　大槻文彦著　　　富山房　　　　　1932-1937

4. 新訂 字訓　平凡社　2005　　813.6

5. **大辞林**（第4版）　　　　　　　　　三省堂　　　　　2019　　　　813.1
　　万葉の古代から現在までの日本語25万1,000項目を収録。

6. **大辞泉**（第2版）全2冊　　　　　　小学館　　　　　2012　　　　813.1
　　『デジタル大辞泉』として有料データベース「ジャパンナレッジ（JapanKnowledge）」でも
　提供(毎年更新)。

7. 日本大辞書　山田美妙著　　　　　日本大辞書発行所　　1893

8. 時代別国語大辞典　　　　　　　　　三省堂　　　　　1967-　　　　813.1

135

D【難訓・難語】

　1. 難訓辞典　　　　　　　　　　　　　　　　東出版　　　　　　1995　　　813.2

　2. 日本難訓難語大辞典　　　　　　　　　　　遊子館　　　　　　2007　　　813.2

　3. 三省堂難読漢字辞典　　　　　　　　　　　三省堂　　　　　　2009　　　813.2

E【漢和】

　1. **大漢和辞典**　（修訂第2版）　全15冊　　大修館書店　　　1989-1990　813.2
　　　　最も詳しい漢和辞典。中国の本、人名も豊富。総語彙約50万語。熟語・故事成語・現
　　　　代中国語など広範囲に及ぶ。字義・用例・出典のほか、必要に応じ名乗・解字などを解説。
　　　　専門家・研究者向けの本格的辞典。デジタル版あり。

　2. **広漢和辞典**　全4冊　　　　　　　　　　大修館書店　　　1981-82
　　　　前者の『大漢和辞典』を一般大衆向けに編纂し直したもの。

　3. 大漢語林　　　　　　　　　　　　　　　　大修館書店　　　1992

　4. 字通　白川静著　　　　　　　　　　　　　平凡社　　　　　1996

　5. 角川漢和中辞典　　　　　　　　　　　　　角川書店　　　　1959

　6. 三省堂五十音引き漢和辞典　　　　　　　　三省堂　　　　　2004

　7. 全訳漢辞海　（第2版）　　　　　　　　　三省堂　　　　　2006

　8. 新潮日本語漢字辞典　　　　　　　　　　　新潮社　　　　　2007　　　813.2

F【諺】

　1. **故事成語名言大辞典**　　　　　　　　　　大修館書店　　　1988　　　813.4
　　　　中国の古典、漢訳仏典、日本の古典などから故事成語・名言を抽出。

　2. **故事俗信ことわざ大辞典**（第2版）　　　小学館　　　　　2012　　　813.4
　　　　日本・中国・西洋で使用されてきた故事・諺・慣用句・俗語・俗説・和歌・俳句・
　　　　川柳などを収録し解説したもの。解説・用例・出典なども掲載。有料データベース「ジャパン
　　　　ナレッジ（JapanKnowledge）」でも提供。

　3. 世界ことわざ大事典　　　　　　　　　　　大修館書店　　　1995　　　388.8

　4. 世界の故事名言ことわざ総解説　（改訂第9版）自由国民社　　2009　　　813.4

　5. 五カ国語共通のことわざ辞典—日本語・台湾語・英語・中国語・韓国語対照　慧文社　2007

　6. 知っておきたい日本の名言・格言事典　　　吉川弘文館　　　2005

　7. 日本語慣用句辞典　　　　　　　　　　　　東京堂出版　　　2005　　　813.4

　8. 現代英語ことわざ辞典　　　　　　　　　　リーベル出版　　2003

　9. 三省堂中国故事成語辞典（ワイド版）　　　三省堂　　　　　2010　　　823.4

G【類語】

　1. 類語大辞典　　　　　　　　　　　　　　　講談社　　　　　2002　　　813.5

　2. 類語国語辞典　　　　　　　　　　　　　　角川書店　　　　1985

　3. 用例でわかる類語辞典　　　　　　　　　　学研教育出版　　2009　　　813.5

4. 日本語の類義表現辞典	東京堂出版	2006
5. 表現類語辞典 （新装版）	東京堂出版	2009　813.5
6. 早引き類語連想辞典（第2版）	ぎょうせい	2008　813.5

H【古語・時代語】

1. 角川古語大辞典　全5冊　　　　　角川書店　　　1982-1999　813.6

　　　上代〜近世末までの古語を収録。普通語・仏教語・人名・地名・書名など古典を理
　　解するために必要な語を約8万語を収め、人名・書名を除き用例・出典も示す。有料データベ
　　ース「ジャパンナレッジ（JapanKnowledge）」でも提供。

2. 現代語から古語を引く辞典	三省堂	2007　813.6
3. 小学館全文全訳古語辞典	小学館	2004
4. 古典基礎語辞典	角川学芸出版	2011　813.6
5. 江戸時代語辞典	角川学芸出版	2008　813.6
6. 古語大鑑　全2巻　東京大学出版会	2011-　刊行中	813.6

I【外来・略語・カタカナ】

1. 図解外来語辞典	角川書店	1979　813.7
2. 略語大辞典　第2版	丸善	2002　813.7
3. 用例でわかるカタカナ新語辞典（改訂第2版）　学研		2007　813.7
4. カタカナ・外来語／略語辞典　（改訂増補新版）　自由国民社		2009　813.7
5. 宛字外来語辞典	柏書房	1979

J【隠語】芸能界・相撲界など興行界や夜の水商売の世界の言葉

1. 新修　隠語大辞典	皓星社	2017　813.9

K【俗語・流行・風俗】

1. 日本俗語大辞典	東京堂出版	2003　813.9
2. 新語・流行語大全: ことばの戦後史 1945-2006　自由国民社		2006　814.7
3. 江戸風俗語事典（新装版）	青蛙房	2002　814.9

L【文法・修辞・文章・用例】

1. 日本語文法大辞典	明治書院	2001　815.033
2. 敬語使い方辞典	新日本法規出版	2009　815.8
3. 日本語文章・文体・表現事典（新装版）	朝倉書店	2018　816.036
4. 例解同訓異字用法辞典	東京堂出版	2003　816.07
5. 文章辞典	帝国地方行政学会	1969　816.07
6. レトリック事典	大修館書店	2006　801.6
7. 日本語の文体・レトリック辞典	東京堂出版	2007　816.033
8. 例解　現代レトリック事典	大修館書店	2022
9. 日本語修辞辞典	国書刊行会	2005　816.2

10. 枕詞辞典　（改訂版）	同成社	2010	816.3

M【方言】

1. **現代日本語方言大辞典**　全8冊	明治書院	1992-1994	818.033

　　最も詳しい方言辞典として知られる。23万語。17年間の労作。

2. **日本方言大辞典**　全3冊	小学館	1989	

　　有料データベース「ジャパンナレッジ（JapanKnowledge）」でも提供。

3. 標準語引き　日本方言辞典	小学館	2004	
4. 全国方言辞典　全2冊	角川書店	1982-83	
5. 地方別方言語源辞典	東京堂出版	2007	818.033
6. 江戸語辞典	東京堂出版	1991	818.36
7. 関西ことば辞典	ミネルヴァ書房	2018	818.6

N【現代用語】

1. **現代用語の基礎知識**　年刊	自由国民社	1948-	813.7

　　現代用語辞典の老舗版。流行語・若者用語・時事用語・略語・新語を調べるのに最適。各年のキーパーソン・人物ファイル、世界の国旗、流行語大賞全記録なども収録。有料データベース「ジャパンナレッジ（JapanKnowledge）」などでも提供。

2. 朝日キーワード　年刊	朝日新聞社	1983-	813.7

O【用字・用語・表現】

1. NHK 新用字用語辞典	日本放送出版協会	1981	816.07
2. 日本語表現大辞典―比喩と類語三万三〇〇	講談社	2005	816.2
3. 注釈　公用文用字用語辞典　（第5版）	新日本法規出版	2011	816.4

P【東洋語】

1. 岩波中国語辞典（簡体字版）倉石武四郎	岩波書店	1990	823.3
2. 中国語新語辞典　（5訂版）	同学社	2008	823.7
3. クラウン日中辞典	三省堂	2010	823.2
4. 講談社中日辞典　（第3版）	講談社	2010	823.3
5. 中日辞典　（第3版）	小学館	2016	823.3
6. 中国最新用語辞典　中英日対照（改訂版）	日本国際貿易促進協会	2007	823.7
7. 標準韓国語辞典　朱信源	白帝社	2005	829.13
8. 小学館日韓辞典	小学館	2008	829.13
9. 韓日・日韓漢字語用例辞典	白帝社	2009	829.14
10. 韓国語文法語尾・助詞辞典	スリーエーネットワーク	2010	829.15
11. 日タイ実用辞典　（第2改訂版）	ボイス	2009	829.36
12. 詳解ベトナム語辞典	大修館書店	2011	829.37
13. マレーシア語辞典	大学書林	2007	829.42

14. 日本語 - ハワイ語辞典	千倉書房	2009	829.45
15. 蒙日辞典―モンゴル語―日本語辞典	国際語学社	2007	829.55
16. イディッシュ語辞典	大学書林	2010	849.9
17. ヒンディー語＝日本語辞典	大修館書店	2006	829.83
18. すぐにつかえるベトナム語 - 日本語 - 英語辞典	国際語学社	2008	829.37
19. トルコ語のことわざ辞典	中西印刷出版部松香堂書店	2010	829.57
20. 基本梵英和辞典 （縮刷版）	東方出版	2011	829.88
21. 梵和大辞典 ： 漢訳対照	山喜房佛書林	2012	829.88
22. 新梵字大鑑 全2冊	法藏館	2015	829.88
23. 日本語ペルシア語辞典（改訂増補版）	大学書林	2010	829.93

Q【英語】

1. 英語年鑑	研究社出版、研究社	1960-	830.59
2. ロングマン発音辞典 （3訂版）	桐原書店	2008	831.1
3. オックスフォード英単語由来大辞典	柊風舎	2015	832.033
4. 小学館ランダムハウス英和大辞典（パーソナル版） 全2冊 小学館 1976			833.3
有料データベース「ジャパンナレッジ」（Japan Knowledge)」でも提供。			
5. 研究社新英和大辞典 第6版	研究社	2002	
6. オックスフォードカラー英和大辞典 全8冊	福武書店	1982	
7. マクミラン英英辞典 （第2版）	南雲堂フェニックス	2007	833.1
8. ロングマン現代英英辞典 （5訂版）	桐原書店	2008	
9. ロングマン アメリカ英語辞典 （4訂版）	桐原書店	2008	833.1
10. ロングマン Exams 英英辞典 （増補版）	桐原書店	2009	833.1
11. オックスフォード現代英英辞典 （第8版）	オックスフォード大学出版局	2010	833.1
12. 和英表現辞典	大修館書店	2003	
13. 英和翻訳表現辞典―基本表現・文法編	研究社	2008	837.5
14. 新キーワード辞典―文化と社会を読み解くための語彙集	ミネルヴァ書房	2011	833
15. NEW 斎藤和英大辞典 （新版）	日外アソシエーツ	2022	833.2
16. しぐさの英語表現辞典 （新装版）	研究社	2008	833.4
17. 三省堂英語イディオム・句動詞大辞典	三省堂	2011	833.4
18. オックスフォード英語ことわざ・名言辞典	柊風舎	2017	833.4
19. オックスフォード英語類語活用辞典	オックスフォード大学出版局	2008	833.5
20. ビジネス時事英和辞典	三省堂	2010	833.7
21. 人文社会37万語和英対訳大辞典	日外アソシエーツ	2005	
22. オックスフォード実例現代英語用法辞典 （第4版）	研究社	2018	835
23. 話すためのアメリカ口語表現辞典	研究社	2007	837.8

24. 英語談話表現辞典	三省堂	2009	837.8

R【独語】

1. 郁文堂独和辞典 （第2版）	郁文堂	1993	843.3
2. 新現代独和辞典	三修社	1992	843.3
3. 独和大辞典 （第2版）	小学館	1998	843.3
4. クラウン独和辞典 （第5版）	三省堂	2014	843.3
5. アクセス独和辞典 （第4版）	三修社	2021	843
6. アポロン独和辞典 （第3版）	同学社	2010	843

S【仏語】

1. 小学館ロベール仏和大辞典	小学館	1988	853.3
2. クラウン仏和辞典 （第5版）	三省堂	2006	
3. 和仏大辞典	アルヒーフ	2006	
4. スタンダード時事仏和大辞典	大修館書店	2009	853.7

T【伊語・スペイン語】

1. クラウン西和辞典	三省堂	2005	
2. 小学館西和中辞典 （第2版）	小学館	2007	863.3
3. スペイン語大辞典	白水社	2015	863.3
4. プリーモ伊和辞典—和伊付	白水社	2011	873.3

U【諸国】

1. 現代ポルトガル語辞典 （3訂版）	白水社	2014	869.3
2. 邦訳日葡辞書 ロドリゲス著	岩波書店	1980	
3. 岩波ロシア語辞典	岩波書店	1992	883.3
4. 博友社ロシア語辞典 （改訂新版）	博友社	1995	883.3
5. 研究社和露辞典 （改訂版）	研究社	2011	883.2
6. ロシア語表現辞典	ナウカ出版	2009	885
7. セルビア・クロアチア語辞典	武田書店	2010	889.23
8. 現代ギリシア語辞典	リーベル出版	1992	891.9
9. ギリシャ語辞典 古川晴風	大学書林	1989	891.9
10. 羅和辞典 （改訂版）	研究社	2009	892.3
11. アラビア語・ペルシア語・ウルドゥー語対照辞典	大学書林	2008	829.763
12. すぐにつかえる日本語-フィンランド語-英語辞典	国際語学社	2010	893.613
13. 現代デンマーク語辞典	大学書林	2011	849.7

V【欧文語】

1. The Oxford English Dictionary	Clarendon Press	1989	
2. The Oxford English dictionary 2nd ed. Compact disc.		1992	

3. The Random House Dictionary of the English Language 2nd ed. Random House 1987
4. Webster's Third New International Dictionary of the English Language

Merriam Webstar　　　1961

3）人名に関するもの

＜世界＞

1. **世界伝記大事典**　全18冊　　　　　　　ほるぷ出版　　　　　　　1978-81
   収録点数は少ないが、最も詳細な人名事典。
2. **岩波世界人名大辞典**　全2冊　　　　　　岩波書店　　　　　　　2013
   日本人を除く、基本的な世界人名辞典。神話・架空の人物まで収録。有料データベース「ジャパンナレッジ（JapanKnowledge）」でも提供。
3. 岩波＝ケンブリッジ世界人名辞典　　　　岩波書店　　　　　　　1997
4. 世界人名辞典（新版）東洋編　　　　　　東京堂出版　　　　　　1977
5. ラルース図説世界史人物百科　全4冊　　原書房　　　　　　　　2004-2005
6. 世界人名資料事典　全4冊　　　　　　　日本図書センター　　　2009
7. 20世紀思想家事典　　　　　　　　　　　誠信書房　　　　　　　2001
8. 図説 聖人事典　　　　　　　　　　　　八坂書房　　　　　　　2011
9. 世界女性史大事典　　　　　　　　　　　日外アソシエーツ　　　1999
10. 世界女性人名事典　　　　　　　　　　　日外アソシエーツ　　　2004
11. 世界スポーツ人名事典　　　　　　　　　日外アソシエーツ　　　2004

＜日本人＞

A【レファレンス事典・人物索引】

人物レファレンス事典の主要文献→「Ⅶ人名情報の探し方」（p.118～）参照

1. 日本人物レファレンス事典　（シリーズ）　日外アソシエーツ　2013～　　　281.03
   『同 思想・哲学・歴史篇』（2013）、『同 政治・外交篇（近現代）』（2014）、『同 芸能篇1』（2014）、『同 芸能篇2』（2014）、『同 女性篇』（2015）、『同 皇族・貴族篇』（2015）、『同 軍事篇（近現代)』（2015）、『同 武将篇』（2016）、『同 江戸時代の武士篇』（2016）、『同 商人・実業家・経営者篇』（2017）、『同 名工・職人・技師・工匠篇』（2017）、『同 教育篇』（2018）、『同 医学・医療・福祉篇』（2019）、『同 宗教篇（僧侶・神職・宗教家)』（2019）、『同 武術・体育・スポーツ篇』（2021）、『同 図書館・出版・ジャーナリズム篇』（2021）

B【読み方事典・典拠】

1. 名前10万よみかた辞典　　　　　　　　　日外アソシエーツ　　　2002　　288.12
2. 新訂 同姓異読み人名辞典　　　　　　　　日外アソシエーツ　　　2009　　281.03
3. 日本史人名よみかた辞典　　　　　　　　日外アソシエーツ　　　1999
   『同 2』（2020）
4. 姓名よみかた辞典　全2冊　姓の部、名の部　日外アソシエーツ　　2014　　281.03

5. 最新著者名よみかた辞典　全2冊　　　　　　日外アソシエーツ　　　　　1985
6. 日本著者名・人名典拠録　全4冊　　　　　　日外アソシエーツ　　　　　1989
7. 国立国会図書館著者名典拠録　第2版　全6冊　　国立国会図書館　　1991
　　　電子資料で2000年版あり。
8. 苗字8万よみかた辞典　　　　　　　　　　　日外アソシエーツ　　　　　1998

C【人名辞典・事典】

1. ジャーナリスト人名事典　全2冊（明治〜戦前編・戦後〜現代編）　日外アソシエーツ　2014
2. 郷土史家人名事典—地方史を掘りおこした人々　日外アソシエーツ　　2007　　210.033
3. 日本古代中世人名辞典　　　　　　　　吉川弘文館　　　　2006　　210.1
4. 明治維新人名辞典　　　　　　　　　　吉川弘文館　　　　1981　　210.61
5. 江戸時代来日外国人人名辞典　　　　　東京堂出版　　　　2011　　210.5
6. 「人名辞典」大事典　全2冊　　　　　日本図書センター　2007　　280.31
7. 現代物故者事典1980〜1982　　　　　　日外アソシエーツ　　1983　　　281.03
　　　『同　1988〜1990』(1993)、『同 1991〜1993』(1994)、『同 1994〜1996』(1997)、『同 1997〜1999』
　　　(2000)、『同　2000〜2002』(2003)、『同　2003〜2005』(2006)、『同 2006〜2008』(2009) 、『同
　　　2009〜2011』(2012)、『同　2012〜2014』(2015)、『同 2015〜2017』(2018)、『同 2018〜2020』
　　　(2021)
8. 人物物故大年表　日本人編Ⅰ　古代〜1945　日外アソシエーツ　　2005　　　280.33
　　　『同　日本人編Ⅱ1946〜2004』(2006)
9. 21世紀世界人名典拠録（欧文名）全3冊　　日外アソシエーツ　　2017　　　280.33
10. 昭和人物事典　戦前期　　　　　　　　　　日外アソシエーツ　　2017　　281.0
11. 367日誕生日大事典−データブック・同じ日生まれの有名人　日外アソシエーツ 2007 280.33
12. 日本人名大事典　全7冊　　　　　　平凡社　　　　　　1979　　　281.033
　　　日本人を調べるための基本人名事典。有料データベース「ジャパンナレッジ（Japan
　　　Knowledge）」でも提供。
13. コンサイス日本人名事典　（第5版）　　三省堂　　　　　　2009　　　281.033
14. 日本の祭神事典：社寺に祀られた郷土ゆかりの人びと　日外アソシエーツ　2014 281.03
15. 日本古代人名辞典　全7冊　　　　　　吉川弘文館　　　　1977　　281.033
16. 日本古代人名辞典　　　　　　　　　　東京堂出版　　　　2009　　281.033
17. 日本古代氏族人名辞典　（普及版）　　吉川弘文館　　　　2010　　281.033
18. 戦国人名辞典　　　　　　　　　　　　吉川弘文館　　　　2006　　281.033
19. 日本中世内乱史人名事典　全2冊+別巻　新人物往来社　　　2007　　281.033
20. 海を越えた日本人名事典　新訂増補　　日外アソシエーツ　2005　　281.033
21. 日本近現代人名辞典　　　　　　　　　吉川弘文館　　　　2001　　281.033
22. 郷土ゆかりの人物総覧−データブック・出身県別3万人　日外アソシエーツ 2011　281.033

23. 20 世紀日本人名事典　全 2 冊	日外アソシエーツ	2004	281.033	
24. 〈現代日本〉朝日人物事典	朝日新聞社	1990	281.033	
25. 年刊人物情報事典 1981〜1984	日外アソシエーツ	1981-1984	281.033	
26. 現代日本人名録　全 3〜4 冊	日外アソシエーツ	1987-	281.033	

『同 1990 年版』(1990)、『同 1994 年版』(1994)、『同 1998 年新訂版』(1998)、『同 2002 年新訂版』(2002)

27. 現代評論家人名事典　（新訂第 3 版）	日外アソシエーツ	2002	281.033	
28. 明治大正人物事典〈Ⅰ〉政治・軍事・産業篇	日外アソシエーツ	2011	281.033	

『同〈Ⅱ〉文学・芸術・学術篇』(2011)

29. 日本人物風土事典	日本図書センター	2011	281.033	
30. 近代日中関係史人名辞典	東京堂出版	2010	281.033	
31. 近現代日本人物史料情報辞典　全 4 冊	吉川弘文館	2004-2011	281.031	
32. 教科書に載った日本史人物 1000 人	日外アソシエーツ	2018	281.031	
33. 明治を生きた人々　全 2 冊	日外アソシエーツ	2018	281.031	
34. 名数人名事典	日外アソシエーツ	2000	281.033	
35. 日本現今人名辞典　復刻近代日本人名録-五十音順目次付き　全 2 冊				
	日外アソシエーツ	2022	281.033	
36. 公卿人名大事典　日外アソシエーツ　1994、『同 普及版』 2015			281.035	
37. 名前から引く人名辞典 新訂増補　全 2 冊	日外アソシエーツ	2002, 2018	281.033	
38. 現代日本女性人名録 新訂	日外アソシエーツ	2001	281.033	
39. 日本女性人名資料事典	日本図書センター	2006	281.035	
40. 日本女性史事典－トピックス 1868-2015	日外アソシエーツ	2016		
41. 徳川幕臣人名辞典	東京堂出版	2010	281.035	
42. 戦国房総人名辞典	崙書房出版	2009	281.35	
43. 日本人名関連用語大辞典	遊子館	2008	288.1	
44. 姓氏 4000 歴史伝説事典	勉誠出版	2008	288.1	
45. 全国名字大辞典	東京堂出版	2011	288.1	
46. 徳川歴代将軍事典	吉川弘文館	2013	288.3	
47. 聖徳太子事典 コンパクト版	新人物往来社	2007	288.44	
48. 南方熊楠大事典	勉誠出版	2012	289.1	
49. 近代日本社会運動史人物大事典　全 5 冊	日外アソシエーツ	1997	309.021	
50. 日本アナキズム運動人名事典	ぱる出版	2004	309.7	
51. 事典・世界の指導者たち:冷戦後の政治リーダー3000 人　日外アソシエーツ 2018 310.33				
52. 政治家人名事典 明治〜昭和	日外アソシエーツ	2003	310.35	
53. 新訂 現代政治家人名事典 （新訂）	日外アソシエーツ	2005	310.35	

54. 中国重要人物事典	蒼蒼社	2009	312.22
55. 学校創立者人名事典	日外アソシエーツ	2007	372.1
56. 教育人名資料事典	日本図書センター	2009	372.8
57. 大日本博士録 全5巻（復刻版）	日外アソシエーツ	2023	377.5
58. ノーベル賞受賞者業績事典（新訂版）	日外アソシエーツ	2003	377.7
59. 日本架空伝承人名事典（新版）	平凡社	2012	388.1

有料データベース「ジャパンナレッジ（JapanKnowledge）」でも提供。

60. 現代日本科学技術者大事典 全5巻	日外アソシエーツ	1986-1987	403.5
61. 日本数学者人名事典	現代数学社	2009	410.33
62. 植物文化人物事典	日外アソシエーツ	2007	470.33
63. 美術家人名事典 建築・彫刻篇-古今の名匠1600人	日外アソシエーツ	2011	703.3
64. 美術家名鑑 年刊	美術倶楽部	1959-	703.5
65. 日本画家人名事典	日本図書センター	2011	721.033
66. 美術家人名事典—古今・日本の物故画家3500人	日外アソシエーツ	2009	721.033
67. 美術家人名事典 工芸篇—古今の名工2000人	日外アソシエーツ	2010	703.3
68. 音楽家人名事典（新訂第3版）	日外アソシエーツ	2001	
69. 日本の作曲家—近現代音楽人名事典	日外アソシエーツ	2008	760.33
70. スポーツ人名事典（新訂第3版）	日外アソシエーツ	2002	
71. 最新世界スポーツ人名事典	日外アソシエーツ	2014	780.35
72. テレビ・タレント人名事典（第6版）	日外アソシエーツ	2004	
73. 日本タレント名鑑 年刊	VIPタイムズ社	1972-	770.35
74. 新撰 芸能人物事典–明治～平成	日外アソシエーツ	2010	770.33
75. 海外文学新進作家事典	日外アソシエーツ	2016	903.3
76. 和歌・俳諧史人名事典	日外アソシエーツ	2003	911.033
77. 戦後詩歌俳句人名事典	日外アソシエーツ	2015	911.033

D【紳士録・職員録】

1. **人事興信録** 明治36～ 隔年刊　　　興信データ　　　　1903-2010

　　日本を代表する大物11万人を紹介した紳士・淑女録。

2. **日本紳士録** 明治22年～平成19年　　隔年　ぎょうせい　1889-2007　281.035

　　文化・学芸に強い紳士・淑女録。記載情報は大変細かく、調査時点の①勤務先役職位 ②外部機関役職名・所属委員会名と肩書きや履歴 ③出身県 ④生年月日 ⑤父親の名前とその続柄 ⑥最終学卒記録 ⑦専攻分野・研究テーマ ⑧代表的著作 ⑨学位 ⑩所属宗教 ⑪趣味 ⑫配偶者の名前・配偶者の父名・最終卒業学校 ⑬現住所 ⑭電話番号 ⑮現勤務先名・住所・電話番号。前記『人事興信録』も記載は同等レベル。

3. 著作権台帳（文化人名録）　第1版-26版 日本著作権協議会　1951-2001　281.033

4. **職員録**　上・下巻　年刊　　　　　　　　　　　　国立印刷局　　　　1986-

　　官公庁職員・議員などを調べる基本文献。国家公務員の管理職職員の職位と人名が分かる国
　家公務員を主体にした老舗基本ツール。収録記載例は「総務省→企画課→企画課長→小田信長」。
　国家公務員は頻繁に人事異動があるので、最新版(年刊)を使う必要がある。なお、上巻は国会
　議員・国の機関の係長および同相当職以上の在職者の氏名など。下巻は都道府県・市町村を対
　象とし、都府県議員・庁の内部部局の在職者の氏名など。

5. 政官要覧　年刊　　　　　　　　　　　　　　政官要覧社　　　　1982-　　　314.18
6. 全国辯護士大觀　（第 21 版）　　　　　　　法律新聞社　　　　2019　　　327.14
7. 全国大学職員録　全 2 冊　年刊　　　　　　廣潤社　　　　　　1954-
8. 全国短大・高専職員録　年刊　　　　　　　廣潤社　　　　　　1963-

E【号・別名・難読奇姓・姓氏・家系】

1. 難読姓氏・地名大事典　　　　　　　　　　新人物往来社　　　2002-2006　　288.1
2. 近代人物号筆名辞典　　　　　　　　　　　柏書房　　　　　　1979　　　　281.033
3. 号・別名辞典（新訂増補）「近代・現代」、「古代・中世・近世」　日外アソシエーツ　2003
4. 異名・別名の辞典　　　　　　　　　　　　新典社　　　　　　2003
5. 実用難読奇姓辞典（増補新版）　　　　　　日本加除出版　　　1986　　　　288.1
6. 姓氏家系大辞典　全 3 巻　　　　　　　　角川書店　　　　　1963
7. 日本史諸家系図人名辞典　　　　　　　　　講談社　　　　　　2003
8. 寛政重修諸家譜　新訂　全 22 冊・索引 4 冊　続群書類従完成会　　1980-1981
9. 徳川諸家系譜　全 4 冊　　　　　　　　　続群書類従完成会　　1982-1984

＜外国人＞

Ｆ【人物レファレンス事典】

外国人物レファレンス事典など主要文献→「Ⅶ 人名情報の探し方」（p.118〜）参照

1. 東洋人物レファレンス事典　（※主題別）　日外アソシエーツ　　　　　　2013-
　　『同 文芸篇』(2013)、『同 政治・外交・軍事篇』(2014)、『同 美術・音楽・芸能篇』(2015)
2. 西洋人物レファレンス事典　（※主題別）　日外アソシエーツ　　2012-　　　　280.033
　　『同 音楽篇』(2013)、『同 美術篇』(2012)、『同 思想・哲学・歴史篇』(2012)、『同 文芸篇』
　(2012)、『同 映画・演劇・芸能・舞踏篇』(2013)、『同 政治・外交・軍事篇』(2013)、『同 女
　性篇』(2016)、『同 経済・産業篇』(2017)、『同 スポーツ篇』(2022)
3. 外国人物レファレンス事典　（※主題別）日外アソシエーツ　2013-　　280.33
　　『同 架空・伝承編』(2013)、『同 架空・伝承編 第Ⅱ期』(2022)、『同 古代-19 世紀 1-4 欧文
　名』(1999)、『同 古代-19 世紀　5 漢字名』(1999)、『同 古代-19 世紀 6-7 索引』(1999)、『同
　古代-19 世紀Ⅱ(1999-2009) 1-2 欧文名』(2009)、『同 古代-19 世紀Ⅱ(1999-2009) 3 漢字名』
　(2010)、『同 古代-19 世紀Ⅱ(1999-2009) 4 索引』(2010)、『同 古代-19 世紀Ⅲ (2010-2018)

1-2 欧文名』(2019)、『同 古代-19 世紀 III (2010-2018) 3 漢字名』(2018)、『同 古代-19 世紀 III (2010-2018) 4 索引』(2019)、『同 20 世紀 1-4 欧文名』(2002)、『同 20 世紀 5 漢字名』(2002)、『同 20 世紀 6-7 索引』(2002)、『同 20 世紀 第 II 期(2002-2010) 1-2』(2011)、『同 20 世紀 第 II 期(2002-2010) 3 漢字名』(2012)、『同 20 世紀 第 II 期(2002-2010) 4 索引』(2012)、『同 20 世紀 III (2011-2019) 1-2 欧文名』(2019)、『同 20 世紀 III (2011-2019) 3 漢字名』(2019)、『同 20 世紀 III (2011-2019) 4 索引』(2020)

 4. 西洋人著者名レファレンス事典 （新訂増補） 全 3 冊 日外アソシエーツ 2009

G【人名辞典・事典】

 1. **岩波世界人名大辞典** 全 2 冊 4 年ごと改訂 　　　岩波書店 　　　2013
  国内最大の外国人名辞典。架空人物や神話から現代まで、3 万 8,980 項目数。著作情報もある。

 2. 現代外国人名録 　　　　　日外アソシエーツ 　　1992-
  『同 96』(1996)、『同 2000』(2000)、『同 2004』(2004)、『同 2008』(2008)、『同 2012』(2012)、『同 2016』(2016)、『同 2020』(2020)

 3. 現代世界人名総覧 　　　　　日外アソシエーツ 　　2015 　280.33
 4. 朝鮮民主主義人民共和国組織別人名簿 　年刊 　ジェイピーエムコーポレーション 　1988-
 5. 中国組織別人名簿 　年刊 　　　ジェイピーエムコーポレーション 　1978-
 6. **岩波西洋人名辞典 （増補版）** 　　　　岩波書店 　　　1981
  西洋人名事典の代表。重要な基本文献。発音に近いカナ表記に注意。
 7. 来日西洋人名事典 　　　　　日外アソシエーツ 　　1983
 8. 20 世紀西洋人名事典 　全 2 冊 　日外アソシエーツ 　　1995
 9. 韓国姓名字典 （増補改訂） 　　　三修社 　　　2007
 10. 同名異人事典〈外国人編〉 　　日外アソシエーツ 　　2005 　280.33
 11. 中国歴史人物大図典 　神話・伝説編 　遊子館 　　　2005 　282.2
 12. 中国歴史人物大図典 　歴史・文学編 　遊子館 　　　2004 　282.2
 13. 中国神話・伝説人物図典 　　遊子館 　　　2010 　282.2
 14. 中国歴史・文学人物図典 　　遊子館 　　　2010 　282.2
 15. 古代ギリシア・ローマ人物地名事典 　彩流社 　　　2008 　283.1
 16. 人物物故大年表 　外国人編〈1〉古代〜19 世紀 　日外アソシエーツ 　2006
 17. ユダヤ人名事典 　　　　　東京堂出版 　　　2010 　280.33
 18. 英米児童文学作品・登場人物事典 　松柏社 　　　2012 　909.036
 19. 日本文化文学人物事典 　　鼎書房 　　　2009 　910.33
 20. 最新海外作家事典 （新訂第 4 版） 　日外アソシエーツ 　2009

H【読みかた事典・典拠・綴り方】

 1. 新アルファベットから引く外国人名よみ方字典 　日外アソシエーツ 　2013 　280.3

2. 新・カタカナから引く外国人名綴り方字典　　　日外アソシエーツ　　2014　　280.3

3. 外国人別名辞典　　　　　　　　　　　　　日外アソシエーツ　　2004

4. 東洋人名・著者名典拠録　　　　　　　　　日外アソシエーツ　　2010　　282.03

5. 西洋人名よみかた辞典　（増補改訂版）　全3冊　　日外アソシエーツ　1992

6. 同姓異読み人名辞典 新訂　西洋人編　　　日外アソシエーツ　　2022

7. 西洋人名・著者名典拠録　全2冊　　　　　日外アソシエーツ　　1990

8. 西洋人名・著者名典拠録(新訂増補) 全3冊　日外アソシエーツ　2004　　280.03

Ⅰ【外国語】

1. The Dictionary of National Biography1986-1990　Oxford University Press 1996
   イギリスの権威ある人名辞典。通称DNB。

2. The McGraw-Hill Encyclopedia of World Biography 12 Vols.　McGraw-Hill　1973
   国内刊行の『世界伝記大事典』の元になった本。

3. Webster's New Biographical Dictionary　　　Merriam-Webster　　　1983

4. Encyclopedia of World Biography 2nd ed.　Gale Research　　　　1997

5. Who's Who:an Annual Biographical Dictionary　A&C Black Publishers　　1897-
   イギリス人中心。現在生存中の有名人録。10年ごとに『Who Was Who』に転載される。
   「Who's who online」（1995〜）もある。

6. American National Biography 24vols　Oxford University Press　　1999
   アメリカで最も権威ある人名辞典。

7. Who's Who in America A Marquis Who's Who Publication　　　　1990-
   アメリカの人名録。『Marquis who's who』を含んだCD-ROMもあり。

8. Who Was Who in America : A Companion Biographical Reference Work to Who's
   Who in America　vol.1 (1897/1942)-　A Marquis Who's Who Publication　1963-

4）歴史・文化に関するもの

＜世界・各国・歴史地図・年表・図鑑＞

1. 歴史学事典　全16冊　　　　　　　　弘文堂　　　　1994-2009

2. **世界歴史事典　全25冊**　　　　　　平凡社　　　　1951-55

3. 世界史事典（新版）　　　　　　　　評論社　　　　2001

4. 世界史大年表（増補版）　　　　　　山川出版社　　2018　　　203.2

5. 世界史年表（第3版）　　　　　　　岩波書店　　　2017

6. 世界史年表・地図　（第29版）　　　吉川弘文館　　2023　　　203.2

7. 標準世界史年表　（第52版）　　　　吉川弘文館　　2022　　　203.2

8. 人類の歴史大年表 : ビジュアル版　　柊風舎　　　　2013　　　203.2

9. 世界の歴史大図鑑　　　　　　　　　河出書房新社　2009　　　203.6

10. 世界の戦い歴史百科:ビジュアル版:歴史を変えた1001の戦い　柊風舎 2013　203.6

11. 世界の民族・国家興亡歴史地図年表　ジョン・ヘイウッド著　柊風舎　2013　203.8
12. 戦争の世界史大図鑑　　　　　　　　　河出書房新社　2008　209
13. 世界文化史年表　（第3版）　　　　　芸心社　1999
14. 世界考古学事典　全2冊　　　　　　　平凡社　1979
15. 古代文明の世界大図鑑　　　　　　　ガイアブックス　2010　209.3
16. 世界歴史地名大事典　全3冊　　　　　柊風舎　2017-2018　290.33
17. 戦後歴史学用語辞典　　　　　　　　東京堂出版　2012　210.01
18. 日本都市史・建築史事典　　　　　　丸善出版　2018　210.1
19. 国絵図読解事典　　　　　　　　　　創元社　2021　210.5
20. アジア・太平洋戦争辞典　　　　　　吉川弘文館　2015　210.75
21. 平成災害史事典〈平成元年～平成10年〉日外アソシエーツ　1999　369.3
　　『同　〈平成11年～平成15年〉』(2004)、『同　〈平成16年～平成20年〉』(2009)、『同〈平成
　　21年～平成25年〉』(2014)、『同　〈平成26年～平成30年〉』(2019)、『同　総索引』(2019)
22. **アジア歴史事典**　全11冊　　　　　平凡社　1959-1962
　　東洋史関係において最も優れた歴史事典。
23. シルクロード歴史大百科　　　　　　原書房　2019　220
24. 東アジア考古学辞典　　　　　　　　東京堂出版　2007　220
25. 新編　東洋史辞典　　　　　　　　　東京創元社　1980
26. 韓国歴史地図　　　　　　　　　　　平凡社　2006
27. 朝鮮韓国近現代史事典：1860-2014（第4版）日本評論社　2015
28. 中国歴史地図 HISTORICAL ATLAS　　平凡社　2009　222.01
29. 現代中国年表：1941-2008　　　　　　岩波書店　2010　222.077
30. 二〇世紀満洲歴史事典　　　　　　　吉川弘文館　2012　222.5
31. ユダヤ小百科　　　　　　　　　　　水声社　2012　227.9
32. イスラーム世界事典　　　　　　　　明石書店　2002　227
33. イスラーム歴史文化地図　　　　　　悠書館　2008　228
34. アシェット版　図説ヨーロッパ歴史百科　原書房　2007　230
35. 図解　ヨーロッパ中世文化誌百科 全2冊　原書房　2008　230.4
36. 騎士道百科図鑑　　　　　　　　　　悠書館　2011　230.4
37. 古代ローマ生活事典　　　　　　　　みすず書房　2011　232
38. ロシアを知る事典　（新版）　　　　平凡社　2004　238
39. アメリカ歴史地図　　　　　　　　　明石書店　2003　253.01
40. アメリカ史「読む」年表事典〈1〉新大陸発見‐18世紀　原書房　2010　253
　　『同　〈2〉19世紀』(2011)、『同　〈3〉20世紀』(2014)、『同　〈4〉20-21世紀』(2014)
41. 世界の人物大年表　　　　　　　　　創元社　2022　280

42. 史跡・遺跡レファレンス事典	日外アソシエーツ	2013	290.2
『同 外国篇』(2017)			
43. 現代アジア事典	文眞堂	2009	292.033
44. 中国歴史名勝大図典 全2冊	遊子館	2002	292.2
45. 中国歴史名勝図典	遊子館	2011	292.2
46. 東南アジアを知る事典 (新版)	平凡社	2008	223
47. 21世紀イギリス文化を知る事典	東京書籍	2009	293.3
48. オセアニアを知る事典(新版)	平凡社	2010	270

＜日本＞

A【事典・歴史用語・国史】

1. **国史大辞典** 全18冊 　　　　　　　吉川弘文館 　　　　1979-97

日本のあらゆる分野を網羅した国史辞典。最も詳しいもの。有料データベース「ジャパンナレッジ（JapanKnowledge）」でも提供。

2. **日本史大事典** 全7冊 　　　　　　　平凡社 　　　　　1992-1994

3. **日本歴史大辞典** （増補改訂版） 全12冊 　河出書房新社 　1970-1971

4. 日本歴史大事典 全4冊 　　　　　　　小学館 　　　　　2000-2001

5. 日本史広辞典 　　　　　　　　　　　山川出版社 　　　　1997

6. **日本史用語大辞典** 全2冊 　　　　　柏書房 　　　　　　1978

日本史を教える教員や郷土史研究家向けの辞典。

7. 教科書に出てくる歴史ビジュアル実物大図鑑	ポプラ社	2010	210
8. 歴史民俗用語よみかた辞典	日外アソシエーツ	1998	
9. 古文書解読事典（改訂新版）-文書館へいこう	東京堂出版	2000	210.02
10. 古文書用語辞典 （新版）	新人物往来社	2012	210.5
11. 遺跡・古墳よみかた辞典	日外アソシエーツ	2014	210.025
12. 対外関係史辞典	吉川弘文館	2009	210.18
13. 事典日本人の見た外国	日外アソシエーツ	2008	290.31
14. 旧石器考古学辞典 （4訂版）	雄山閣	2021	210.2
15. 考古博物館事典	日外アソシエーツ	2010	210.025
16. 日本古代史事典	朝倉書店	2005	
17. 日本古代史大辞典－旧石器時代～鎌倉幕府成立頃	大和書房	2006	
18. 日本考古学史年表（軽装版）	学生社	2001	
19. 図説平城京事典	柊風舎	2010	210.35
20. 戦国武将合戦事典	吉川弘文館	2005	
21. 日本中世史事典	朝倉書店	2008	210.4
22. 江戸幕府大事典	吉川弘文館	2009	210.5

23. 江戸を知る事典	東京堂出版	2004		
24. 江戸編年事典（新装版）	青蛙房	2008	210.5	
25. 武家編年事典（新装版）	青蛙房	2008	210.5	
26. 幕末維新史事典	新人物往来社	1983		
27. 近世藩制・藩校大事典	吉川弘文館	2006		
28. 郷土史辞典（新版）	朝倉書店	1973		
29. 郷土資料事典　全47冊	ゼンリン	1997-1998		
30. 日本近現代史研究事典	東京堂出版	1999		
31. 日本災害史事典 1868-2009	日外アソシエーツ	2010	210.6	
32. 明治時代史大辞典　全4巻	吉川弘文館	2011-2013	210.6	

明治時代に関する最大の総合歴史辞典。

33. アジア・太平洋戦争辞典	吉川弘文館	2015	210.75	
34. 京都大事典	淡交社	1984		
35. 姓氏家系歴史伝説大事典	勉誠出版	2003		
36. 令和新修 歴代天皇・年号事典	吉川弘文館	2019		
37. 古文書用語大辞典（新版）	新人物往来社	2012		
38. 織田信長家臣人名辞典（第2版）	吉川弘文館	2010	281.03	
39. 幕末維新大人名事典　全2冊	新人物往来社	2010	281.03	
40. 公家事典	吉川弘文館	2010	281.035	
41. 全国名字大辞典	東京堂出版	2011	288.1	
42. 江戸時代全大名家事典	東京堂出版	2008	280.5	
43. 日本家系・系図大事典	東京堂出版	2008	280.5	
44. 天皇・皇室を知る事典	東京堂出版	2007	288.41	
45. 皇室事典（令和版）	KADOKAWA	2019	288.4	
46. 天皇皇族歴史伝説大事典	勉誠出版	2008	288.41	
47. 日本家紋大事典	新人物往来社	2008	288.6	
48. 苗字から引く家紋の事典	東京堂出版	2011	288.6	
49. 江戸史跡事典 全3冊	新人物往来社	2007	291.36	
50. 幕末京都史跡大事典	新人物往来社	2009	291.62	

B【史料・資料】

1. **日本史総覧**　全9冊	新人物往来社	1983-86	210.036

最も基本的な日本史史料総覧。項目の全てが表組みになっているもので、例えば、天皇家一覧表、将軍一覧表、藩学校一覧表、百姓一揆一覧表、豊臣時代大名表など。

2. **日本史資料総覧**	東京書籍	1986

教員・郷土史研究家向けの史料総覧。前期の『日本史総覧』をカバー。

C 【歴史地図・年表】

1. **日本歴史地図** 全3冊 　　　　　　　　　柏書房 　　　　　　　1982-83
　　最も基本的な歴史地図。全ての項目が地図(マップ化)になっている。例えば、貝塚分布図、古墳分布図、銅鐸分布図、縄文遺跡分布図など。学術的にも高い評価を受けている。
2. 日本史年表・地図（29版） 　　　　　　吉川弘文館 　　　　　　2023 　　　　210.032
3. 読める年表・日本史（改訂第11） 　　自由国民社 　　　　　　2012 　　　　210.032
4. 日本史総合年表　（第3版） 　　　　　吉川弘文館 　　　　　　2019 　　　　210.032
5. 標準日本史地図　（新修版第48版） 　吉川弘文館 　　　　　　2022 　　　　210.038
6. 標準日本史年表　（第58版） 　　　　吉川弘文館 　　　　　　2022 　　　　210.032
7. **新・國史大年表** 全11冊・別巻 　　　　国書刊行会 　　　　2007-2015 　210.032
　　政治・経済・社会・文化など、あらゆる分野を網羅。読む年表。『国史大事典』と対応。
8. 日本古代史年表　全2冊 　　　　　　　東京堂出版 　　　　1993, 2008 　　210.3
9. **近代日本総合年表**　（第4版） 　　　　岩波書店 　　　　　　2001 　　　　210.6
　　政治・文化・外交など幅広い分野を扱った代表的な総合年表。歴史年表ではなく、日本全体の総合年表。表組みの区分は、政治、経済・産業・技術、社会、学術・教育・思想、芸術、国外の6区分より成る。何がいつから始まったかといった、起源調査などに便利。
10. 誰でも読める日本近代史年表　ふりがな付き　吉川弘文館 　　　2008 　　　　210.6
11. 昭和・平成史年表 1926-2019 　　　　平凡社 　　　　　　　　2019 　　　　210.7
12. 昭和・平成現代史年表：大正12年〜平成20年 　（増補版） 小学館 2009 　210.7
13. 誰でも読める日本現代史年表　ふりがな付き　吉川弘文館 　　　2008 　　　　210.76
14. 現代世相風俗史年表：1945→2008（増補新版） 河出書房新社 　2009 　　210.76
15. **日本文化総合年表** 　　　　　　　　岩波書店 　　　　　　　1990
　　古代〜1988年までの総合年表。政治・経済、学術・宗教、美術・芸能、文学、人事、国外など文化全般の分野を収録。
16. 総合地方史大年表 　　　　　　　　　人物往来社 　　　　　　1967
17. 戦後史年表 1945〜2005 　　　　　　小学館 　　　　　　　　2005

5）地名・地理・地誌・地図に関するもの

1. **ミリオーネ全世界事典**　全14冊 　　　学研 　　　　　　　　1980
　　代表的な世界各国事典。地理・地誌も詳細。
2. **世界地名大事典**　全8冊 　　　　　　朝倉書店 　　　　　　1973-74 　　290.33
　　最高峰最大の世界地名大事典。ほかに比類のない地名数。世界地名調査の基本文献。
3. **世界地名大事典**　全9冊 　　　　　　朝倉書店 　　　　　　2012-2017 　290.33
　　前者の新版に相当する基本文献。
4. 図説大百科世界の地理 全24冊 　　　　朝倉書店 　　　　　　1999-2000

5. 世界地理大百科事典　全6冊　　　　　　　　朝倉書店　　　　1998-2002
6. タイムズ世界地図帳（第13版）　　　　　雄松堂書店　　　　2011　　　290.38
7. 最新世界大地図　　　　　　　　　小学館クリエイティブ　　2017　　　290.38
8. 世界大地図帳（9訂版）　　　　　　　　　平凡社　　　　　　2022
9. 今がわかる時代がわかる世界地図　毎年刊行　　成美堂出版　　　　　　　　290.38
10. 地図でみる世界の地域格差:OECD 地域指標(2020 年版)　明石書店　　2021　　361.9
11. 世界遺産マップス(2023 改訂版)　シンクタンクせとうち総合研究機構　2023　　709

＜日本＞

A【地名辞典・事典】

1. **日本歴史地名大系**　全50冊　　　　　　　平凡社　　　　　1979-2005
　　廃寺・廃社・古井戸、辻名など、細かい日本歴史地名を調べるための基本文献。有料データベース「ジャパンナレッジ（JapanKnowledge）」にて提供。

2. **角川日本地名大辞典**　全49冊　　　　　　角川書店　　　　1978-1990
　　現代の日本地名が最も詳しく書かれた基本文献で、日本最高の地名辞典。有料データベース「ジャパンナレッジ（JapanKnowledge）」でも提供。

3. 日本地名大事典　全7冊　　　　　　　　朝倉書店　　　　1967-68
　　地名の語源などがコンパクトに調べられる。

4. **大日本地名辞書**（増補版）　全8冊　吉田東伍著　冨山房　　1969-71
　　古いが民俗学的に評価が高い辞典。歴史地理学発生の元。

5. 三省堂日本山名事典（改訂版）　　　　　三省堂　　　　　2011　　291.033
6. 市町村名語源辞典（改訂版）　　　　　　東京堂出版　　　2001　　291.033
7. 読み間違えやすい全国地名辞典　　　　日外アソシエーツ　2018　　291.033
8. 日本古代史地名事典　　　　　　　　　雄山閣　　　　　2007　　291.033
9. 古代地名大辞典　全2冊(本編)・(索引・資料編)　角川書店　1999
10. 東京の消えた地名辞典　　　　　　　　東京堂出版　　　2009　　291.361
11. 奈良・京都地名事典　　　　　　　　　新人物往来社　　2007　　291.65
12. 河川・湖沼名よみかた辞典（新訂版）　　日外アソシエーツ　2004
13. 日本文学地名大辞典　散文編　全2冊　遊子館　　　　　2003
14. 旧市町村名便覧新版—明治22年から現在まで　　日本加除出版　2006
15. 平成の大合併−県別市町村名事典　　　東京堂出版　　　2006

B【読み方】

1. 現代日本地名よみかた大辞典　全7冊　　日外アソシエーツ　1985
2. 日本地名よみかた辞典　　　　　　　　共立文化社　　　2003
3. 全国地名駅名よみかた辞典:最新・市町村合併完全対応版　日外アソシエーツ　2016

C【地名索引・地図】

1. 日本地名索引 1981　全3冊　　　　アボック社　　　　　　1981
   全国ブロック別国土地理院5万分の1および20万分の1地図に対応した地名索引。
2. 新日本地名索引（2万5千分の1地図）全3冊　アボック社出版局　1993
3. 高等地図帳　　年刊　　　　　　　二宮書店　　　　　1962-　290.38
4. 新詳高等地図　年刊　　　　　　　帝国書院　　　　　1953-　290.38
5. 日本分県地図地名総覧　年刊　　　人文社　　　　　　1959-2005
6. 新日本分県地図－全国地名総覧　年刊　国際地学協会　1969-2004
7. 日本分県大地図（2訂版）　　　　平凡社　　　　　　2016　291.038
8. 日本大地図帳（10訂版）　　　　　平凡社　　　　　　2007　291.038
9. 日本歴史旅行地図帳　－超ビジュアル　成美堂出版　　2011　291.038
10. 今がわかる時代がわかる日本地図　年刊　成美堂出版　2004-　291.038
11. ラルース地図で見る国際関係ヴィジュアル版：現代の地政学(新版) 原書房　2017　312.9
12. 移住・移民の世界地図　　　　　　丸善出版　　　　　2011　334.4
13. 2万5000分の1地図（最新版）－地理空間情報時代の地図　古今書院　2010　448.9
14. 日本の地震地図（決定新版）　　　東京書籍　　　　　2019　453.21
15. 中国産業地図　　　　　　　　　　日本経済新聞出版社　2011　602.22
16. 鉄道旅行日本地図　〈東日本編〉〈西日本編〉全2冊　成美堂出版　2011　686.21

D【地理・地誌】

1. **日本地誌**　全21冊　　　　　　二宮書店　　　　　1967-1980
   日本最高峰の地誌事典。学術的にも高い評価。
2. **日本の地誌**　全11冊　　　　　　朝倉書店　　　　　2005-2012　291.08
   地域別(北海道・東北・首都圏・中部圏・近畿圏・中国四国・九州沖縄など)に分け解説。
3. **日本の地形**　全7冊　　　　　　東京大学出版会　　2001-2006
   総説・北海道・東北・関東／伊豆小笠原・中部・近畿／中国／四国・九州／南西諸島に区分。
4. **日本地方地質誌**　全8冊　（新版）　朝倉書店　　　2006-2017
5. 事典・日本の観光資源：○○選と呼ばれる名所15000　日外アソシエーツ　2008　291.036

＜外国＞

E【地名辞典・事典】

1. 外国地名レファレンス事典　　　　日外アソシエーツ　2006
2. 外国地名よみかた辞典　　　　　　日外アソシエーツ　2008　290.3
3. **世界地理**　全17冊　　　　　　　朝倉書店　　　　　1973-2002
   学術的にも高い評価。世界地理調査の基本文献。
4. 図説大百科 世界の地理　全24冊　朝倉書店　　　　　1996-2000
5. 世界地理大百科事典　全6冊　　　朝倉書店　　　　　1998-2002

6. オックスフォード地理学辞典（新装版）　　　朝倉書店　　　　　　　　2021
7. コンサイス外国地名事典　（第3版）　　　　三省堂　　　　　　　　1998
8. 精選中国地名辞典　　　　　　　　　　　　凌雲出版　　　　　　　1983
9. 現代中国地名辞典　　　　　　　　　　　　学研　　　　　　　　　1981
10. 大韓民国地名便覧（2012年版）　　　　　日本加除出版　　　　　2011
11. タイ事典　　　　　　　　　　　　　　　　めこん　　　　　　　　2009　　　292.37

F【国旗・地図】

1. 世界の国旗（最新版）　　　　　　　　　　学研　　　　　　　　　2002
2. 世界の国旗と国章大図鑑　（5訂版）　　　　平凡社　　　　　　　　2018
3. 世界「地方旗」図鑑　　　　　　　　　　　えにし書房　　　　　　2015
4. 標準世界史地図　（増補第50版）　　　　　吉川弘文館　　　　　　2022　　　203.8
5. グランド新世界大地図 2005　　　　　　　全教出版　　　　　　　2004
6. タイムズ世界地図帳　（第13版）　　　　　雄松堂出版　　　　　　2011　　　290.38
7. 世界大地図　　　　　　　　　　　　　　　小学館　　　　　　　　2009　　　290.38

G【外国語】

1. The Columbia Lippincott Gazetteer Of The World　Columbia Univ. Press, 1962
2. Webster's New Geographical Dictionary　　　Merriam-Webster　　　1984

6）統計に関するもの

A【出版・情報・図書館】

1. 出版指標年報　年刊　　　　　　　全国出版協会出版科学研究所　　　1972-　　　023.1
2. **日本の図書館**：統計と名簿　年刊　　　　日本図書館協会　　　　1952-　　　010.59
　　専門図書館を除く館種を対象にした、悉皆調査統計。個々の図書館の統計数値を搭載。
3. 読書世論調査　年刊　　　　　　　　　毎日新聞東京本社広告局　　　1949-　　　019.3

B【世界】

1. 世界経済・社会統計 随時刊　　　　　　　柊風舎　　　　　　1998-　　　330.59
2. 東アジア長期経済統計 随時刊　　　　　　勁草書房　　　　　2000-　　　330.59
3. 中国経済データハンドブック 年刊　　　　日中経済協会　　　1992-　　　332
4. ユネスコ文化統計年鑑 1980-1999　　　　原書房　　　　1981－2000　　350.9
　　国連機関のUNESCOが出す代表的な統計年鑑。
5. **国際連合世界統計年鑑**　　　　　　　　　原書房　　　　　　1953-　　　350.9
　　最も代表的な世界統計年鑑。国連作成の日本語訳。洋文献もあり。
6. 世界の統計　年刊　　（『国際統計要覧』の改題）　日本統計協会 1994-　　350.9
7. 世界国勢図会―世界がわかるデータブック　隔年刊　矢野恒太記念会　1985-　　350.9
　　有料データベース「ジャパンナレッジ（JapanKnowledge）」でも提供。

8. マクミラン新編世界歴史統計　全3冊　　　　　東洋書林　　　　　　2001-2002　　　　350.9
9. 図表でみる世界の主要統計　年刊　　　　　　明石書店　　　　　　2007-　　　　　　350.9
10. 中国富力 2000→2001　　　　　　　　　　かんき出版　　　　　　2000　　　　　　　352.2
11. ベトナム統計年鑑　　　　　　　　　　ビスタピー・エス　　　　2000-　　　　　　　352.31
12. ヨーロッパ統計年鑑　　　　　　　　　　柊風舎　　　　　　　　1997-　　　　　　　353
13. 国際連合・世界人口予測 1960→2060 （2010年改訂版）　原書房　　　　　2011　　　358
14. 世界人口高齢化統計 1950-2050　　　　　　原書房　　　　　　　2003　　　　　　　358
　　　国際連合『世界人口年鑑』別巻。
15. 簡易生命表　年刊　　　　　　　　　　厚生労働統計協会　　　　1965-　　　　　　　358.1
16. 図表でみる教育:OECD 教育インディケータ、同 OECD インディケータ
　　　　　　　　　　　　　　　　　1996年版〜 年刊　明石書店 1996-　　370.59
17. OECD 環境データ要覧〈2004〉　　　　　　柊風舎　　　　　　　2006　　　　　　　519
18. 中国・韓国・アジア諸国の産業統計データ集　2005年版　生活情報センター　2005　605.9
19. アメリカ流通概要資料集　　　　　　　　流通経済研究所　　　　1986-　　　　　　　675
20. 特定サービス産業実態調査報告書　　　　経済産業統計協会　　　1981-　　　　　　　673.9
21. 中国マーケティングデータ総覧—地域別 （中国31省・自治区・直轄市地域別） データ集〈2005年〉
　　　　　　日本能率協会総合研究所中国ビジネス情報センター　　　2005

C【日本】

1. **日本長期統計総覧**（新版）全5冊　　　　日本統計協会　　　　　2006　　　　　　351
　　　有料データベース「ジャパンナレッジ（JapanKnowledge）」でも提供。

2. **日本統計年鑑**　　　　　　　　　　　　日本統計協会　　　　　1949-　　　　　　351
　　　最も代表的な日本統計年鑑。『帝国統計年鑑』を引き継ぐもの。有料データベース「ジャ
　　　パンナレッジ」（Japan Knowledge)でも毎年最新版を提供。

3. 日本帝国統計年鑑（明治15-昭和15年）　東京リプリント出版社 1962-1973　351
4. **日本国勢図会**　隔年刊　　　　　　　　矢野恒太記念会　　　　1927-　　　　　　351
　　　有料データベース「ジャパンナレッジ（JapanKnowledge）」でも提供。

5. **日本の統計**　年刊　　　　　　　　　　日本統計協会　　　　　1956-　　　　　　351
6. 統計でみる日本　　　　　　　　　　　　日本統計協会　　　　　1995-　　　　　　351
7. 完結昭和国勢総覧　全4冊　　　　　　　　東洋経済新報社　　　　1991　　　　　　351
8. 明治大正国勢総覧　　　　　　　　　　　東洋経済新報社　　　　1975　　　　　　351

D【地域】

1. 全国市区の行政比較調査データ集〈2008〉日本経済新聞社産業地域研究所 2009　318.2
2. 日本都市年鑑　　　　　　　　　　　　　第一法規出版　　　　　1931-　　　　　　318.7
3. 全国都市財政年報　　　　　　　　　　　日本経済新聞社　　　　1997-　　　　　　349.059
4. 類似団体別市町村財政指数表　年刊　　　地方財務協会　　　　　1955-　　　　　　349.21

5. 全国都市統計総覧	東洋経済新報社	1982	351
6. 統計でみる市区町村のすがた　年刊	日本統計協会	2000-	351
7. データでみる県勢　年刊	矢野恒太記念会	1988-	351

全国の各県調査の基本文献。

8. 東京都統計年鑑	東京都総務局統計部	1954-	351.36

E【法律】

1. 司法統計年報	法曹会	1984-	327.059

F【経済】

1. 明治以降本邦主要経済統計	日本銀行統計局	1966	330.59

明治からの長期的な日本経済の流れが分かる経済統計集。

2. 日本経済統計集（明治・大正・昭和）	日本評論新社	1958	330.59

明治からの長期的な日本経済の流れが分かる経済統計集。

3. 日本経済統計集 1868-1945	日外アソシエーツ	1999	330.59

『同 1946-1970』(1999)、『同 1971-1988』(2009)、『同 1989-2007』(2009)

4. 長期経済統計　全14冊	東洋経済新報社	1965-1988	330.59
5. 経済統計年鑑　（『週刊東洋経済』臨時増刊）東洋経済新報社		1957-2005	
6. 日本経済統計年鑑〈1960-2021年分収録〉	インデックス	2001-2022	
7. 地域経済総覧（『週刊東洋経済』臨時増刊号）年刊　東洋経済新報社		1971-	330.59
8. 国民経済計算報告　昭和30年～平成10年	財務省EP印刷局	2001	330.59
9. 国民経済計算年報	メディアランド	1979-	330.59
10. 県民経済計算年報	メディアランド	1984-	330.59
11. 東アジア長期経済統計　全13冊	勁草書房	2000-2019	332.2
12. 政府開発援助（ODA）国別データブック	外務省国際協力局	2001-	333.8
13. 地価公示　年刊	住宅新報社	1975-	334.6

G【経営・企業】

1. 個人企業経済調査報告　構造編・動向編　年刊　日本統計協会		2003-	335.35
2. 産業別財務データハンドブック　年刊	日本経済研究所	1991-	336.83

H【物価・為替・財政】

1. 全国物価統計調査報告　5年ごと刊行	日本統計協会	1969-	337.85
2. 消費者物価指数年報	日本統計協会	1968-	337.85
3. 小売物価統計調査年報	日本統計協会	1959-	337.85
4. 全国72都市小売物価統計調査10年報（平成3年～12年）日本統計協会 2005			337.85
5. 株価総覧　年刊　東洋経済新報社　（『週刊東洋経済』臨時増刊）		1968-	338.155
6. 外為年鑑	FNグローバル	1959-	338.95
7. 補助金総覧　　年刊	日本電算企画	1983-	344

3. 労働力調査年報	日本統計協会	1977-	366.21
4. 就業構造基本調査報告 3年ごと刊	日本統計協会	1957-	366.21
5. 賃金センサス 年刊	労働法令	1962-	366.4
6. モデル賃金実態資料 年刊	経営書院	1987-	366.4
7. 女性のデータブック （第4版）	有斐閣	2005	367.21
8. 介護サービス施設・事業所調査 年刊	厚生労働統計協会	2002-	369.26

L【教育・文化・民俗・国防】

1. 文部科学統計要覧 年刊	ブルーホップ	2000-	370.59
2. 学校基本調査報告書 全2冊 年刊	日経印刷	1952-	370.59

　　高等教育機関、初等中等教育機関・専修学校・各種学校に区分されている。

3. 教育アンケート調査年鑑 2冊	創育社	1994-	370.59
4. 図表でみる教育：OECDインディケータ 年刊	明石書店	1996-	370.59
5. 社会教育調査報告書 3年ごと刊行	ブルーホップ	1956-	373.4
6. 防衛年鑑	防衛メディアセンター	1955-	390.59
7. 国際軍事データ：数字で読む明日の世界	朝雲新聞社	2004-	392

M【自然・工学】

1. 栄養・健康データハンドブック 年刊	同文書院	1995-	498.55
2. 国民健康・栄養の現状 年刊	第一出版	2008-	498.55
3. 統計データ科学事典	朝倉書店	2007	417.036
4. 厚生統計要覧 年刊	厚生労働統計協会	1970-	498.059
5. 食生活データブック 年刊	農林統計協会	2000-	498.5
6. 食生活データ総合統計年報	三冬社	1989-	498.5
7. 栄養・健康データハンドブック 年刊	同文書院	1995-	498.55
8. 資源・エネルギー統計年報	経済産業調査会	2003-	568.059
9. 工業統計表 全5冊 年刊	経済産業調査会	1957-	505.9

　　産業編、市町村編など、製造業における出荷統計などを知るための法定統計。

10. 鉱工業指数年報	経済産業統計協会	1964-	505.9
11. 工業統計調査 産業細分類別統計表 年刊	経済産業調査会	2001-	505.9
12. 科学技術要覧 年刊	ブルーホップ	1965-	505.9
13. 原子力市民年鑑	緑風出版	1998-	543.5
14. 石油等消費動態統計年報	経済産業省調査会	2001-	501.6
15. 食品産業統計年報	食品産業センター	1982-	588.059
16. 酒類食品統計年報	日刊経済通信社	1984-	588.059
17. 食品流通統計年鑑	流通システム研究センター	1993-	588.9

N【産業】

1. **企業活動基本調査報告書**　年刊　　　　　　経済産業統計協会　　1994-　　　　605.9
2. ポケット農林水産統計　年刊　　　　　　　　農林統計協会　　　　1951-　　　　610.59
3. 世界農林業センサス　10年ごと刊　　　　　　農林統計協会　　　　1971-　　　　610.59
4. 食料品貿易統計年報　　　　　　　　　　　　オムニ情報開発　　　2002-　　　　611.48
5. 生産農業所得統計　年刊　　　　　　農林水産省大臣官房統計部　1973-　　　　611.85
6. 農業物価統計　年刊　　　　　　　　農林水産省大臣官房統計部　1996-　　　　611.86
7. **漁業センサス**（農林統計報告）5年ごと刊　農林水産省大臣官房統計部　1948-　　660.59
8. 水産物流通統計年報　　　　　　　　　　　　農林統計協会　　　　1963-　　　　661.4
9. ポケット畜産統計　年刊　　　　　　　　　　農林統計協会　　　　1971-　　　　640.59
10. 畜産物流通統計　年刊　　　　　　　　　　　農林統計協会　　　　1993-　　　　648.059
11. 農林業センサス累年統計書-林業編-昭和35年〜平成17年　農林統計協会　2008　610.59
12. ポケット水産統計　年刊　　　　　　　　　　農林統計協会　　　　1951-　　　　660.59

0【商業・流通・交通】

1. **商業統計表**　全4冊　昭和27年版〜　　　　経済産業統計協会　　1954-　　　　670.59
　　　　1〜3巻「産業編」（簡易版）は隔年刊行。4巻「品目編」は5年ごと刊行。
2. 商業販売統計年報　　経済産業省大臣官房調査統計グループ　1997-　　　　670.59
3. 特定サービス産業実態調査報告書　年刊　　経済産業統計協会　　1975-　　　　670.59
4. 通信販売企業実態調査報告書　年刊　　　　日本通信販売協会　　2000-　　　　673.36
5. 広告動態調査　年刊　　　　　　　　　　　　日経広告研究所　　　2004-　　　　674.059
6. 流通統計資料集　年刊　　　　　　　　　　　流通経済研究所　　　1981-2015　675.059
7. 百貨店調査年鑑　　　　　　　　　　　　　　ストアーズ社　　　　1972-　　　　673.83
8. 輸出統計品目表　　年刊　　　　　　　　　　日本関税協会　　　　1973-　　　　678.3
9. **国際連合貿易統計年鑑**　　　　　　　　　　原書房　　　　　　　1955-　　　　678.9
10. ロシア連邦貿易通関統計　年刊　ジャパン・プレス・フォト　　1999-　　　　678.938
11. 交通経済統計要覧（『運輸経済統計要覧』の改題）年刊　運輸総合研究所　1961-　680.59
12. 交通事故統計年報　　　　　　　　交通事故総合分析センター　1995-　　　　681.3
13. 航空統計要覧　年刊　　　　　　　　　　　　日本航空協会　　　　1975-　　　　687.059
14. **日本の国際観光統計**　年刊　　　　　　　国際観光サービスセンター　1996-　　689.059
15. 観光の実態と志向　　年刊　　　　　　　　日本観光振興協会　　1965-　　　　689.059
16. 国語に関する世論調査　年刊　　　　　　　ぎょうせい　　　　　1977-　　　　810.9

7）団体・会社等、機関に関するもの

1. **全国各種団体名鑑**　全3冊　隔年刊　　　　原書房　　　　　　　1966-　　　　060
　　　　国内のあらゆる団体の概要などを調査するための基本文献。
2. **専門情報機関総覧**〈2018〉随時　　　　専門図書館協議会　　2018　　　018.035

企業の資料室など、専門図書館を紹介したもの。直接の図書館利用や図書館同士の相互利用に便利。記載例：「①全体的な図書館利用案内(サービス範囲・利用条件・最寄り駅案内など)②一般事項(連絡部署・資料室面積・座席数・設置年など) ③所蔵資料(主な収集分野・所蔵図書数・年間受入数・雑誌類点数など) ④サービスツール(受入資料案内・蔵書検索・レファレンスなど)⑤相互協力(複写サービス・レファレンスなど) ⑥資料の整理(分類表など) ⑦システム化(資料の管理方法・自館作成DBなど) ⑧刊行物」。

3. 日本の出版社・書店 2018-2019 年版　　　出版ニュース社　　　2017　　　023.035
　　　出版社は約 3,400 社を採録。前身『日本の出版社』。

4. 全国博物館総覧　全 4 冊　　　　　　　　ぎょうせい　　　　1986

5. 全国『文庫・記念館』ガイド　　　　　　講談社　　　　　　1986

6. 学会名鑑 2007〜9 年版　　　　　　日本学術協力財団　　　2007　　　061

7. **帝国データバンク会社年鑑**　全 3 冊　　帝国データバンク　　1912-　　　335.035

8. **東商信用録**　(全国 8 ブロック・県別)　東京商工リサーチ　年刊　1967-　335.035

9. 企業名変遷要覧　1、2　　　　　　日外アソシエーツ　　2006, 2015　335.21

10. **会社四季報**　年 4 回　　　　　　　　東洋経済新報社　　　1936-
　　　年 4 回の刊行。企業の概要が分かり、学生などの就活に不可欠。

11. 独立行政法人・特殊法人総覧　年刊　　　行政管理研究センター　2007-　335.7

12. 海外進出企業総覧　(『週刊東洋経済』臨時増刊) 年刊　東洋経済新報社　1973- 335.5

13. ベトナム進出日系企業　隔年刊　　　　　ビスタピー・エス　　2007-　　335.5

14. 外資系企業総覧　(『週刊東洋経済』臨時増刊号) 年刊　東洋経済新報社　1985- 335.035

15. 日本の企業グループ　(『週刊東洋経済』臨時増刊号) 年刊　東洋経済新報社 1984- 335.035

16. 中国進出企業一覧　　　　　　　　　　　蒼蒼社　　　　　　1992-　　335.36

17. 日本金融名鑑　全 3 冊、全 2 冊　年刊　日本金融通信社　　1960-　　338.035

18. 全国信用金庫名鑑　年刊　　　　　金融図書コンサルタント社　1960-　338.73

19. **全国学校総覧**　年刊　　　　　　　　原書房　　　　　　1959-　　370.35

20. ドラッグストア名鑑　年刊　　　日本ホームセンター研究所　1998-　499.095

21. 食品メーカー総覧　隔年刊　　　　　　日本食糧新聞社　　　2006-　588.035

22. 業種別業界情報　全 2 冊　年刊　　　　経営情報出版社　　　2000-　603.6

23. 全国大型小売店総覧　(『週刊東洋経済』臨時増刊号) 年刊　東洋経済新報社 1991- 673.8

24. 日本スーパー名鑑　全 2 冊＋索引、全 5 冊＋索引　年刊　商業界　1962-　　673.86

25. レジャーランド＆レクパーク総覧　年刊　綜合ユニコム　　　1986-　　689.3

26. 全国文学館ガイド　(増補改訂版)　　　小学館　　　　　　2013

8）その他、主題に関するもの

A【情報・図書館・出版】

1. 日本の「国際賞」事典　　　　　　　日外アソシエーツ　　2020　　　002

2. 日本の賞事典　　　　　　　　　　　　　　　日外アソシエーツ　　　2005
　　『同 2005-2012』（2012）、『同 2012-2019』（2019）
3. 世界の賞事典　日外アソシエーツ　2005　　『同 2005-2014』　2015　　　002.036
4. 女性の賞事典　　　　　　　　　　　　　　　日外アソシエーツ　　　2014　　　002.036
5. 文化情報学事典　　　　　　　　　　　　　　勉誠出版　　　　　　　2019　　　002.7
6. 人工知能学大事典　　　　　　　　　　　　　共立出版　　　　　　　2017　　　007.13
7. 個人文庫事典　全2冊　　　　　　　　　　　日外アソシエーツ　　　2005　　　010.35
8. 著作権事典　（新版）　　　　　　　　　　　出版ニュース社　　　　1999　　　021.2
9. 西洋製本図鑑　　　　　　　　　　　　　　　雄松堂出版　　　　　　2008　　　022.8
10. 出版文化人物事典：江戸から近現代・出版人 1600 人　日外アソシエーツ　2013　　023.035
11. 世界の出版情報調査総覧　　　　　　　　　　日本図書館協会　　　　2012　　　023.035
12. 自費出版年鑑　　　　　　　　　　　　　　　サンライズ出版　　　　1998-　　023.89
13. 白書出版産業　　　　　　文化通信社　　　　2004　　　『同 2010』（2010）023.1
14. 日本出版文化史事典：トピックス 1868 - 2010　日外アソシエーツ　2010　　　023.1
15. 翻訳書原題邦題事典　　　　　　　　　　　　日外アソシエーツ　　　2014　　　027.34
16. 情報技術用語大事典　　　　　　　　　　　　オーム社　　　　　　　2001
17. 社会情報学ハンドブック　　　　　　　　　　東京大学出版会　　　　2004
18. 通信の百科事典　　　　　　　　　　　　　　丸善　　　　　　　　　1998
19. 図書館・出版文化の賞事典　　　　　　　　　日外アソシエーツ　　　2018　　　010.36
20. 図書館情報学ハンドブック　（第2版）　　　丸善　　　　　　　　　1999
21. 図書館ハンドブック　（第6版 補訂2版）　　日本図書館協会　　　　2016
22. 最新図書館用語大辞典　　　　　　　　　　　柏書房　　　　　　　　2004
23. 図書館情報学用語辞典　（第5版）　　　　　丸善出版　　　　　　　2020　　　010.33
　　有料データベース「ジャパンナレッジ（JapanKnowledge）」でも提供。
24. 図書館人物事典　　　　　　　　　　　　　　日外アソシエーツ　　　2017　　　010.33
25. 世界の図書館百科　　　　　　　　　　　　　日外アソシエーツ　　　2006
26. 図書館年鑑　　　　　　　　　　　　　　　　日本図書館協会　　　　1982-　　010.59
27. 年報こどもの図書館　　　　　　　　　　　　日本図書館協会　　　　1957-　　016.28
28. 全国特殊コレクション要覧　（改訂版）　　　国立国会図書館　　　　1977
29. 本の歴史文化図鑑：ビジュアル版：5000 年の書物の力　柊風舎　2012　　　020.2
30. 幻想図書事典　　　　　　　　　　　　　　　新紀元社　　　　　　　2008　　　028
31. 世界の絵本・児童文学図鑑　　　　　　　　　柊風舎　　　　　　　　2011　　　028.09
32. 総合百科事典 ポプラディア 全18冊（第3版）　ポプラ社　　　　2021　　　031
33. 企業博物館事典　（新訂）　　　　　　　　　日外アソシエーツ　　　2003
34. 子ども博物館美術館事典　　　　　　　　　　日外アソシエーツ　　　2016　　　069.035

35. 日本全国歴史博物館事典	日外アソシエーツ	2018	069.035
36. 郷土博物館事典	日外アソシエーツ	2012	069.035
37. ものづくり記念館博物館事典	日外アソシエーツ	2018	606
38. 大学博物館事典	日外アソシエーツ	2007	069.7
39. 人物ゆかりの旧跡・文化施設事典	日外アソシエーツ	2014	069.8
40. 日本メディア史年表	吉川弘文館	2018	070.21
41. 戦後新聞年表 1945 年 - 1995 年	日本図書センター	2011	070.21
42. ジャーナリズム用語事典	国書刊行会	2009	070.36
43. マスコミ電話帳　2021 年版　適宜刊行	宣伝会議	2021	

B【思想・哲学・心理・宗教】

1. 岩波　哲学・思想事典	岩波書店	1998	
2. カラー図解　哲学事典	共立出版	2010	100
3. スクリブナー思想史大事典　全 10 冊	丸善出版	2016-2020	103.3
4. メルロ=ポンティ哲学者事典 全 3 冊・別巻	白水社	2017	103.3
5. 歴史的人間学事典　全 3 冊	勉誠出版	2008	114
6. 日本思想史辞典	ぺりかん社	2001	
7. 日本思想史辞典	山川出版社	2009	121.032
8. 中国古典名言事典（新装版）	講談社	2001	
9. 中国思想文化事典	東京大学出版会	2001	
10. ポストモダン事典	松柏社	2001	
11. イギリス哲学・思想事典	研究社	2007	133.1
12. 哲学・思想翻訳語事典　（増補版）	論創社	2013	
13. アイゼンク教授の心理学ハンドブック	ナカニシヤ出版	2008	140.36
14. 現代心理学〈理論〉事典（新装版）	朝倉書店	2018	140.36
15. 心理学総合事典　（新装版）	朝倉書店	2014	
16. 青年心理学事典	福村出版	2000	
17. 心理学辞典	有斐閣	1999	
18. 心理学辞典	丸善	2004	
19. 質的心理学辞典	新曜社	2018	140.33
20. 日本心理学者事典	クレス出版	2003	
21. 新編　感覚・知覚心理学ハンドブック〈Part2〉	誠信書房	2007	141.2
22. 感情と思考の科学事典	朝倉書店	2010	141.6
23. 新・発達心理学ハンドブック	福村出版	2016	143.036
24. 異常心理学大事典	西村書店	2016	145.036
25. 心理臨床学事典	丸善出版	2011	146.036

26. 現代カウンセリング事典		金子書房	2001	146.8
27. スクールカウンセリング事典		東京書籍	1997	
28. カウンセリング心理学事典		誠信書房	2008	146.8
29. 認知行動療法事典		日本評論社	2010	146.811
30. こころの問題事典		平凡社	2006	
31. カウンセリング実践ハンドブック		丸善	2011	146.8
32. スピリチュアル用語辞典		ナチュラルスピリット	2009	147.033
33. 現代倫理学事典		弘文堂	2006	150.33
34. 応用倫理学事典		丸善	2008	150.36
35. 世界名言大辞典 （新装版）		明治書院	2018	159.8
36. 大金言	山田愛剣 著	バベル社	1994	159.8
37. 現代世界宗教事典		悠書館	2009	160.36
38. 宗教学事典		丸善出版	2010	160.36
39. 宗教の事典		朝倉書店	2012	160.36
40. 宗教年鑑		文化庁	1968–	
41. 現代宗教事典		弘文堂	2005	
42. 世界宗教大事典		平凡社	1991	
43. ケンブリッジ世界宗教百科		原書房	2006	
44. 世界宗教地図		東洋書林	2003	
45. 日本宗教史年表		河出書房新社	2004	162.1
46. 世界神話伝説大事典		勉誠出版	2016	164.033
47. 世界神話大図鑑：神話・伝説・ファンタジー		東洋書林	2009	164
48. ラルース世界の神々・神話百科		原書房	2006	164
49. 世界の神話文化図鑑		東洋書林	2007	164
50. ラルースギリシア・ローマ神話大事典		大修館書店	2020	164.31
51. ケルト神話・伝説事典		東京書籍	2006	164.3
52. 世界神話大事典		大修館書店	2001	164.036
53. シュタイナー用語辞典 （新装版）		風濤社	2008	169.34
54. 神社・寺院名よみかた辞典 （普及版）		日外アソシエーツ	2004	175.035
55. 神道史大辞典		吉川弘文館	2004	175.035
56. 全国神社名鑑 全2冊		全国神社名鑑刊行会史学センター	1977	175.035
57. 祝詞大百科事典		国書刊行会	2008	176.4
58. 祝詞用語用例辞典		戎光祥出版	2011	176.4
59. 神葬祭大事典 （縮刷版）		戎光祥出版	2003	176.9
60. 仏教名言・名句事典		新人物往来社	2008	180.4

61. 新・佛教辞典 （第 3 版）	誠信書房	2006	180.33

コンパクトだが分かりやすく使いやすい辞典。

62. 佛教語大辞典　全 3 冊	東京書籍	1975	180.33
63. 例文仏教語大辞典	小学館	1997	

有料データベース「ジャパンナレッジ（JapanKnowledge）」でも提供。

64. **望月仏教大辞典**	世界聖典刊行協会	1954-63	180.33

学術的かつ代表的な仏教辞典。

65. **織田佛教大辞典**　補訂縮刷版（新装）	大蔵出版	2005	180.36
66. 仏教文化事典	佼成出版社	1989	180.33
67. **広説仏教語大辞典**　全 4 冊	東京書籍	2001	180.33
68. 仏教の事典	朝倉書店	2014	180.36
69. 上座仏教事典	めこん	2016	180.36
70. 日本仏教史辞典	吉川弘文館	1999	182.1
71. 日本仏教編年大鑑：八宗総覧	四季社	2009	182.1
72. 事典日本の名僧	吉川弘文館	2005	182.88
73. 仏教考古学事典　（新装版）	雄山閣	2015	182.033
74. 唯識仏教辞典	春秋社	2010	180.33
75. **全国寺院名鑑**　全 4 冊	史学センター	1969	185.1
76. 日本仏像事典	吉川弘文館	2004	186.8
77. 全国霊場・観音めぐり：「知」のナビ事典	日外アソシエーツ	2017	186.91
78. 訓話・説話大辞典 全 4 冊	日本図書センター	2007	159.2
79. 日本密教人物事典〈上、中〉：醍醐僧伝探訪	国書刊行会	2010, 2014	188.52
80. 禅の思想辞典	東京書籍	2008	188.8
81. キリスト教大事典　（改訂新版）	教文館	1977	190.33
82. オックスフォードキリスト教辞典	教文館	2017	190.33
83. キリスト教人名辞典	日本基督教団出版局	1986	190.35
84. 現代キリスト教神学思想事典	新教出版社	2001	191.033
85. **新カトリック大事典**　全 5 冊	研究社	1996-2010	198.2
86. 聖書名言辞典	講談社	2004	193
87. 旧約・新約聖書大事典	教文館	1989	193.033
88. 新聖書辞典　（新装版）	いのちのことば社	2014	193.033
89. 聖書神学事典	いのちのことば社	2010	193.033
90. 聖書語句大辞典：新約旧約	教文館	1982	
91. キリスト教教育事典	日本キリスト教団出版局	2010	197.7
92. 古典ユダヤ教事典	教文館	2008	199.033

※歴史・地理関係→前半の「4）歴史・文化に関するもの」 (p. 147) **を参照。**

C【社会科学一般・政治】

1. **社会科学大事典** 全20冊	鹿島研究所出版会	1968-1975	
2. 社会科学総合辞典	新日本出版社	1992	
3. 最新世界各国要覧 随時刊	東京書籍	1982-	
4. **アジア動向年報**	アジア経済研究所	1970-	302.2
5. 現代アジア事典	文眞堂	2009	302.2
6. 現代沖縄事典（復刻版）	日本図書センター	2011	
7. 中国総覧 隔年刊	ぎょうせい	1971-	302.22
8. 中国年鑑	中国研究所	1985-	059.22
9. インド文化事典	丸善出版	2018	292.5
10. イギリス文化事典	大修館書店	2003	
11. イタリア文化事典	丸善出版	2011	302.37
12. アメリカ文化事典	丸善出版	2018	302.53
13. 現代ブラジル事典 （新版）	新評論	2016	302.62
14. 社会・労働運動大年表（新版）	労働旬報社	1995	309.021
15. 政治学事典	弘文堂	2000	310.33
16. 現代政治学事典 （新訂版）	ブレーン出版	1998	310.33
17. 日本議会政治史事典：トピックス1881-2015	日外アソシエーツ	2016	312.1
18. 中国情報ハンドブック 年刊	蒼蒼社	1987-2019	312.22
現在はオンライン提供。			
19. 戦後アメリカ大統領事典	大空社	2009	312.53
20. 国会便覧 年刊	シュハリ・イニシアティブ	1954-	314.035
21. 議会用語事典	学陽書房	2009	314.1
22. 國會要覧 年刊	国政情報センター	1989-	314.035
23. 国政選挙総覧:1947-2016	日外アソシエーツ	2017	314.8
24. 現代人権事典	明石書店	2003	316.1
25. 人権事典 （第2版）	明石書店	2006	316.1
26. 世界の人権問題史事典 トピックス1776-2020	日外アソシエーツ	2021	316.1
27. 日本官僚制総合事典	東京大学出版会	2001	317.036
28. 歴代内閣・首相事典（増補版）	吉川弘文館	2022	312.1
29. 総務省名鑑 年刊	時評社	2002-	317.215
30. 財務省名鑑 年刊	時評社	2001-	317.24
31. 経済産業省名鑑 年刊	時評社	2001-	317.255
32. 農林水産省名鑑 年刊	時評社	1985-	317.251
33. 環境省名鑑 年刊	時評社	2003-	317.269

34. 国土交通省名鑑　年刊	時評社	2002-	317.26
35. 文部科学省名鑑　年刊	時評社	2002-	317.27
36. 厚生労働省名鑑　年刊	時評社	2002-	317.28
37. 全国消防便覧　隔年刊	ぎょうせい	1999-	317.79
38. 新自治用語辞典（改訂版）	ぎょうせい	2012	318.033
39. 市町村役場便覧　年刊	日本加除出版	1982-	318.11
40. 全国歴代知事・市長総覧	日外アソシエーツ	2022	318.035
41. 全国市町村要覧　年刊	第一法規出版	1963-	318.036
42. 全国市町村名変遷総覧（全訂）	日本加除出版	2006	
43. 市町村名変遷辞典（3訂版）	東京堂出版	1999	
44. 最新全国市町村名事典	三省堂	2006	
45. 日本都市年鑑	第一法規	1931-	318.7
46. 戦後自治の政策・制度事典	公人社	2016	318
47. 世界まちづくり事典	丸善	2007	318.9
48. 日本まちづくり事典	丸善	2010	318.7
49. 国際紛争・内戦史事典：トピックス 1901-2009　日外アソシエーツ		2010	319.032
50. 国際政治経済辞典（改訂版）	東京書籍	2003	319.033
51. 日本外交主要文書・年表(明治百年史叢書) 全4冊　原書房		1983-1985	319.1
52. 対外関係史総合年表	吉川弘文館	1999	
53. 日本国際交流史事典：トピックス 1853 - 2008　日外アソシエーツ		2009	319.1
54. 日中関係基本資料集：1972年-2008年 全2冊　霞山会		2008	319.1022
55. アジアにおけるアメリカの歴史事典　雄松堂書店		2011	319.5302
56. アジアの安全保障　隔年刊	朝雲新聞社	1979-	319.8
57. 軍縮条約・資料集（第3版）	有信堂高文社	2009	319.8

D【法律】

a. 法規

総合法規

1. **現行法規総覧**　　加徐式　　　　　第一法規出版
   国内法規を調べるための基本文献。下の『現行日本法規』と同じ。

2. **現行日本法規**　　加徐式(電子版「Super 法令Web」)　　ぎょうせい

3. **法令全書**　　月刊　　　　　国立印刷局（前：内閣官報局）1887-
   明治期からの国内法令を全て収録。復刻版もあり。

4. **六法全書**　年刊　　　　　有斐閣　　　　1948-

5. 模範六法　年刊　　　　　三省堂　　　　1971-　　320.91

| 6.有斐閣判例六法　年刊 | 有斐閣 | 1989- | 320.91 |
| 7.岩波判例基本六法　年刊 | 岩波書店 | 1991- | 320.981 |

主題法規→全てのジャンルの法規を紹介(定期または随時刊行分)

1. 図書館法規基準総覧(日本図書館協会)
2. 著作権関係法令集(著作権法情報センター)
3. 個人情報実務六法(民事法研究会)
4. 人事小六法(学陽書房)
5. 給与小六法(学陽書房)
6. 共済組合法関係法令集(財経詳報社)
7. 注解 消防関係法規集(近代消防社)
8. 現行自治六法(第一法規)
9. 自治六法(ぎょうせい)
10. 新注解 自治六法(東京法令出版)
11. 都政六法(学陽書房)
12. 地方自治体新条例集(イマジン出版)
13. 地方公務員共済六法(第一法規)
14. 不動産関係法令集(住宅新報社)
15. 詳細 登記六法(金融財政事情研究会)
16. 戸籍六法(テイハン)
17. 住民基本台帳法令・通知集(ぎょうせい)
18. 住民基本台帳六法(日本加除出版)
19. 中国会社法法令集 日中対訳(アイ・ピー・エム)
20. 会計全書(中央経済社)
21. 会計法規集(中央経済社)
22. 金融商品取引法法令集(商事法務)
23. 外国為替・貿易小六法(外国為替研究協会)
24. 税務六法(ぎょうせい)
25. 租税条約関係法規集(納税協会連合会)
26. 国税徴収関係基本通達集(大蔵財務協会)
27. 財政会計六法(大蔵財務協会)
28. 財政小六法(学陽書房)
29. 金融六法(学陽書房)
30. 国有財産六法(大蔵財務協会)
31. 個人情報・プライバシー六法(民事法研究会)
32. 社会保障法令便覧(労働調査会出版局)
33. 雇用保険法関係法令集(労務行政)
34. 消費者六法(民事法研究会)
35. 労働法全書(労務行政)
36. 労働総覧(労働法令協会)
37. 児童手当関係法令通知集(中央法規出版)
38. 社会福祉六法(新日本法規出版)
39. 介護保険六法(中央法規出版)
40. 生活保護関係法令通知集(中央法規出版)
41. 老人福祉関係法令通知集(第一法規)
42. 障害者自立支援基本法令集(中央法規出版)
43. 知的障害者福祉六法(中央法規出版)
44. 精神保健福祉関係法令通知集(ぎょうせい)
45. 児童虐待防止法等関係法令通知集(中央法規出版)
46. 児童福祉六法(中央法規出版)
47. 文部科学法令要覧(ぎょうせい)
48. 教育法規便覧(学陽書房)
49. 東京都教育例規集(ぎょうせい)
50. 詳解 教務必携(ぎょうせい)
51. 生涯学習・社会教育行政必携(第一法規)
52. 防衛関係法令集(内外出版)
53. 看護六法(新日本法規出版)
54. 医療六法(中央法規出版)
55. 医療政策六法(中央法規出版)
56. 感染症法令通知集(中央法規出版)
57. 薬事衛生六法(薬事日報社)
58. 薬事法令ハンドブック(薬事日報社)
59. 環境六法(中央法規出版)
60. 知的財産権法文集(発明推進協会)
61. 知的財産権四法(特・実・意・商)対照条文集(法学書院)
62. 知的財産権関係条約条文集(発明協会)
63. 安全衛生法令要覧(中央労働災害防止協会)

64. 労働安全衛生関係法令集 (労務行政)　　65. 道路法令総覧 (ぎょうせい)

66. 河川六法 (大成出版社)　　67. 都市計画法令要覧 (ぎょうせい)

68. 東京都環境関係例規集 (ぎょうせい)

69. 廃棄物処理法法令集 3 段対照 (日本環境衛生センター)

70. 廃棄物・リサイクル六法 (中央法規出版)

71. 基本建築基準法関係法令集 (建築資料研究社)　　72. 国土交通六法 (東京法令出版)

73. 実用海事六法 (成山堂出版)　　74. 海上保安六法 (成山堂書店)

75. 経済産業六法 (東洋法規出版)　　76. 農林水産六法 (学陽書房)

77. 農地六法 (新日本法規出版)　　78. 関税六法 (日本関税協会)

79. 関税関係個別通達集 (日本関税協会)　　80. 海運六法 (成山堂書店)

81. 港湾六法 (成山堂書店)　　82. 自動車六法 (輸送文研社)

83. 注解 鉄道六法 (第一法規)　　84. 観光関連法規集 (学文社)

85. 情報通信法令集 (電気通信振興会)　　86. スポーツ六法 (信山社出版)

※判例集→本論「8. 主題から文献を探す」の「3)法学関係文献を探す場合」(p.55)を参照。

b. 辞典・事典・年表・条約

1. 国民法律百科大辞典　全 8 冊	ぎょうせい	1984	
2. 現代法律百科大辞典　全 8 冊	ぎょうせい	2000	
3. 法学辞典 全訂 (改訂増補版)	日本評論社	1979	
4. 法律用語辞典　(第 4 版)	法学書院	2010	
5. 有斐閣法律用語辞典　(第 5 版)	有斐閣	2020	
6. 法令用語辞典　(第 11 次改訂)	学陽書房	2023	320.33
7. ローダス 21 最新法律英語辞典	東京堂出版	2007	320.33
8. 法務・法律ビジネス英和大辞典	日外アソシエーツ	2017	320.33
9. 法律用語がわかる辞典　(第 5 版)	自由国民社	2009	320.33
10. 和独法律用語辞典　(第 2 版)	成文堂	2012	320.33
11. よくわかる法律用語辞典	ぎょうせい	2009	320.33
12. 法律用語辞典 (第 4 版)	法学書院	2010	320.33
13. 法律英語用語辞典　(第 3 版補訂)	自由国民社	2015	320.33
14. 法令用語ハンドブック (3 訂版)	ぎょうせい	2009	320.34
15. 日常生活の法律全集 2012 (追補版)	自由国民社	2012	320.36
16. 法と心理学の事典—犯罪・裁判・矯正	朝倉書店	2011	321.4
17. 日本刑罰史年表 (増補改訂版) 重松一義著	柏書房	2007	322.1
18. 中国職官辞典 : 秦から南宋まで	日外アソシエーツ	2020	322.22
19. 英米法律語辞典	研究社	2011	322.933
20. 英米法辞典	東京大学出版会	1991	322.933

21. アメリカビジネス法辞典	商事法務	2011	322.953
22. 三省堂憲法辞典	三省堂	2001	
23. 新版 体系憲法事典	青林書院	2008	323.1
24. 新解説世界憲法集 （第 5 版）	三省堂	2020	
25. 世界の憲法集 （第 5 版）	有信堂高文社	2018	323
26. 原典日本憲法資料集	創成社	1988	
27. 新行政法辞典	ぎょうせい	1999	323.9
28. 民事法学辞典 （増補版） 全 2 冊	有斐閣	1974	
29. 体系民法事典 （第 3 版増補）	青林書院新社	1984	
30. 会社法実務ハンドブック（第 2 版）	中央経済社	2010	325.2
31. 合併ハンドブック （第 4 版）	商事法務	2019	325.258
32. 注解刑法 （増補第 2 版）	青林書院新社	1980	
33. 体系刑法事典	青林書院新社	1974	
34. 刑事法学辞典 （増補版）	有斐閣	1963	
35. 矯正用語事典 （新訂）	東京法令出版	2019	326.5
36. 国際関係法辞典 （第 2 版）	三省堂	2005	
37. 国際条約集 年刊	有斐閣	1981-	
38. 条約集：多数国間条約 年刊	国立印刷局	1965-	
39. 条約集：二国間条約 年刊	国立印刷局	1965-	
40. 解説 条約集 2009	三省堂	2009	329.09
41. 解説国際環境条約集	三省堂	2003	
42. 国際人権百科事典 ロバート・L．マデックス・打樋啓史著	明石書店	2007	316.1
43. 国際人権条約・宣言集 （第 3 版）	東信堂	2005	

E【経済】

1. **経済学大辞典** （第 2 版） 全 3 冊	東洋経済新報社	1980	
2. 日本経済事典	日本経済新聞社	1996	
3. 体系 経済学辞典 （第 6 版）	東洋経済新報社	1984	
4. 経済学辞典 （第 3 版）	岩波書店	1992	
5. 経済事典 （新版）	青林書院新社	1980	
6. 岩波現代経済学事典	岩波書店	2004	
7. 経済用語辞典 （第 4 版）	東洋経済新報社	2007	330.33
8. 経済・ビジネス基本用語 4000 語辞典	日本経済新聞出版社	2009	330.33
9. 日経ビジネス経済・経営用語辞典	日経 BP 社	2009	330.33
10. 経済・金融ビジネス英和大辞典	日外アソシエーツ	2012	330.33
11. ビジネス・技術・産業の賞事典	日外アソシエーツ	2011	330.36

12. 最新経済・ビジネス英語 2 万語辞典	日本経済新聞出版社	2009	670.93
13. 計量経済学ハンドブック	朝倉書店	2007	331.19
14. 応用計量経済学ハンドブック（新装版）	朝倉書店	2022	331.19
15. 現代日本経済史年表 1868〜2015	日本経済評論社	2016	332.106
16. 日本経済史事典—トピックス 1945-2015	日外アソシエーツ	2008	332.107
17. 現代中国経済政策史年表	日本経済評論社	2008	332.22
18. アメリカ経済経営史事典	創風社	2008	332.53
19. 拡大 EU 辞典	小学館	2006	329.37
20. ODA・プラント輸出便覧　年刊	経済情報研究所	2005-	333.8
21. 政府開発援助(ODA)国別データブック　年刊	ディグ	2001-	333.8

F【経営・会計】

1. 体系経営学辞典　新版　高宮晋著	ダイヤモンド社	1978	
2. 現代経営事典	日本経済新聞社	1986	
3. 現代経営学辞典　（3 訂版）	同文舘出版	2003	
4. ベーシック経営学辞典	中央経済社	2004	
5. ビジネス・経営学辞典　（新版）	中央経済社	2006	
6. 経営倫理用語辞典	白桃書房	2008	335.15
7. 業種別業界情報　年刊	経営情報出版社	1980-	603.6
8. 企業不祥事事典　Ⅰ：ケーススタディ 150	日外アソシエーツ	2007	335.21
『同　Ⅱ　ケーススタディ 2007-2017』(2018)			
9. 業種別審査事典　全 9 冊　第 12 次	金融財政事情研究会	2012	
産業界動向把握ツール。CD-ROM 版、ネットワーク DB 版あり。			
10. 我が国企業の海外事業活動　年刊	経済産業統計協会	1973-	335.21
11. 外資系企業の動向　年刊	経済産業統計協会	1969-	335.5
12. 近代日本会社史総覧	日本図書センター	2012	335.48
13. 中小企業施策総覧　年刊	中小企業総合研究機構	1993-2015	335.35
14. 戦後中小企業政策年表	日本図書センター	2011	335.35
15. プロジェクトマネジメントハンドブック	オーム社	2009	336
16. ＭＢＡ国際マネジメント事典	中央経済社	2007	336.033
17. ビジネス実務総合英和辞典	三省堂	2009	336.07
18. 経営科学ＯＲ用語大事典	朝倉書店	2007	336.1
19. 組織図系統図便覧　全上場会社版〈2011〉	ダイヤモンド社	2010	336.3
20. 社内規程百科　（改訂 11 版）	経営書院	2007	336.38
21. 会社規程総覧　（改訂 9 版）	経営書院	2021	336.38
22. 人事労務管理事典　改定 2 版	丸善プラネット	2015	336.4

23. コーチング心理学ハンドブック	金子書房	2011	61.454
24. 就業規則総覧 （改訂 14 版）	経営書院	2019	336.44
25. 就業規則ハンドブック （改訂 5 版）	経営書院	2017	336.44
26. 経理規程ハンドブック （第 10 版）	中央経済社	2020	336.9
27. 会計学大辞典（第 5 版）	中央経済社	2007	336.9
28. 会計学辞典 （第 6 版）	同文舘出版	2007	336.9
29. 会計学辞典 （第 5 版）	中央経済社	2008	336.98
30. テーマ別会計実務全書	中央経済社	2009	336.9
31. 会計税務便覧 年刊	清文社	1984-	336.9
32. 財務情報英和辞典	三省堂	2008	336.83
33. 組織再編ハンドブック	中央経済社	2011	336.9
34. 最新・会計処理ガイドブック （平成 29 年 7 月改訂） 清文社		2017	336.9
35. 会計諸則集（最新増補 12 版）	税務経理協会	2012	336.9
36. 和英用語対照 税務・会計用語事典 （13 訂版） 財経詳報社		2015	336.98
37. 会社税務ハンドブック（第 4 版）	中央経済社	2015	336.98
38. 国際税務ハンドブック（第 4 版）	中央経済社	2017	336.98
39. 国際会計基準書 2001	同文舘出版	2001	
40. 国際会計基準ガイドブック （第 2 版）	中央経済社	2001	
41. 物価の文化史事典—明治・大正・昭和・平成 展望社		2008	337.821

G【金融・証券・税務・統計】

1. 英和和英金融・会計用語辞典	WAVE 出版	2007	338.033
2. バロンズ金融用語辞典 （第 7 版）	日経 BP 社	2009	338.033
3. 金融工学ハンドブック	朝倉書店	2009	338.01
4. 適時開示ハンドブック （第 2 版）	中央経済社	2007	338.16
5. 証券用語辞典 （第 5 版）	銀行研修社	2010	338.033
6. 金融法務辞典（第 14 版）	銀行研修社	2010	338.32
7. 全国信用金庫名鑑 年刊	金融図書コンサルタント社	1960-	338.73
8. 国際金融用語辞典 （第 6 版）	銀行研修社	2007	338.9
9. 金融実務大辞典	金融財政事情研究会	2000	
10. 金融経済学ハンドブック 全 2 冊	丸善	2006	
11. 世界貨幣大事典	ジェミニ	1974	
12. 現代証券事典 （新版）	日本経済新聞社	1992	
13. 日本企業のアジア進出総覧 （2022）	重化学工業通信社	2022	338.922
14. 税務百科大辞典 全 5 冊	ぎょうせい	1980-1981	
15. 租税法辞典	中央経済社	2001	

16. 税務用語事典 （8 訂版）	ぎょうせい	2003	
17. 官公庁会計事典 質疑応答式（改訂 11 版 ）	全国会計職員協会	2013	343.9
18. 税務便利事典 （改訂増補 3 版）	税務研究会出版局	2008	336.98
19. 税務便覧 年刊	税務経理協会	1964-	345.12
20. 税法用語辞典 （10 訂版）	大蔵財務協会	2022	345.1
21. 図説日本の税制 年刊	財経詳報社	1990-	345.1
22. 税法便覧 年刊	税務研究会出版局	1962-	345.1
23. 現代統計学大辞典	東洋経済新報社	1977	

H【社会・労働】

1. 新社会学辞典	有斐閣	1993	
2. 現代社会学辞典	有信堂高文社	1984	
3. 現代社会学事典	弘文堂	2012	
4. 社会学事典	丸善	2010	361.036
5. 社会心理学事典	丸善	2009	361.4
6. コミュニティ心理学ハンドブック	東京大学出版会	2007	361.4
7. 世界主要国価値観データブック	同友館	2008	361.41
8. ポストコロニアル事典	南雲堂	2008	361.5
9. 調査法ハンドブック	朝倉書店	2011	361.9
10. 日本社会保障総合年表 全 2 冊	日本図書センター	2011	364.032
11. 労働・社会保険用語集 （第 2 版）	法学書院	2009	364.3
12. 介護給付費実態調査報告 年刊	厚生労働統計協会	2003-2017	364.48
13. 日本労働年鑑	旬報社	1919-	366.059
14. 就労条件総合調査 年刊	労務行政	2002-	366.4
15. 産業保健活動事典	バイオコミュニケーションズ	2011	366.99
16. 労働総覧 年刊	労働法令	1954-	366.14
17. 労働基準法解釈総覧 （改訂 16 版）	労働調査会	2021	366.15
18. 日本標準産業分類 平成 25 年 10 月改定	総務省政策統括官	2014	366.29
19. 社会・労働運動大年表	労働旬報社	1986-1995	
20. 労働時間管理ハンドブック （2010 年版）	経営書院	2010	366.44
21. 行動科学事典	誠信書房	1967	
22. 産業・組織心理学ハンドブック	丸善	2009	366.94
23. 日本社会保障大百科 （復刻） 全 3 冊	日本図書センター	2006	
24. 日本女性史大辞典	吉川弘文館	2008	367.21
25. 日本子ども資料年鑑	KTC 中央出版	1988-	367.6
26. 社会調査ハンドブック （新装版）	朝倉書店	2017	

27. NHK 世論調査事典	大空社	1996	
28. 社会福祉の動向　年刊	中央法規出版	1956-	369
29. 社会福祉用語辞典　（第9版）	ミネルヴァ書房	2013	369.033
30. 標準社会福祉用語事典　（第2版）	秀和システム	2010	
31. 国民福祉辞典（第2版）	金芳堂	2006	369.033
32. 地域福祉事典　（新版）	中央法規出版	2006	
33. 介護保険ハンドブック（平成18年改訂版）	法研	2006	
34. 介護福祉用語辞典　（7訂版）	中央法規出版	2015	369.033
35. 介護福祉用語辞典	ミネルヴァ書房	2009	369.033
36. エンサイクロペディア社会福祉学	中央法規出版	2007	369.036
37. 福祉の賞事典	日外アソシエーツ	2021	369.036
38. 世界の社会福祉年鑑	旬報社	2001-	369.059
39. 新福祉制度要覧	川島書店	2008	369.036
40. 世界女性史年表	明石書店	2003	
41. 在宅ケア事典	中央法規出版	2007	369.26
42. セクシュアリティ基本用語事典	明石書店	2006	
43. 自殺予防事典	明石書店	2006	
44. 日本歴史災害事典	吉川弘文館	2012	369.3
45. 昭和災害史事典　全5冊	日外アソシエーツ	1995	369.3
46. 平成災害史事典 平成元年〜平成10年	日外アソシエーツ	1999	369.3

『同　平成11年〜平成15年』(2004)、『同　平成16年〜平成20年』(2009)、『同　平成
21年〜平成25年』(2014)、『同　平成26年〜平成30年』(2019)、『同　総索引』(2019)

47. 全国災害史事典 近畿地方(1868-2015)	日外アソシエーツ	2015	369.3
48. 世界災害史事典　(1945-2009)	日外アソシエーツ	2009	369.3
49. 産業災害全史(シリーズ「災害・事故史〈4〉」)	日外アソシエーツ	2010	369.3
50. 災害情報学事典	朝倉書店	2016	369.3

51. 子どもたちの事故・事件年表事典 ：トピックス平成1989-2019

	日外アソシエーツ	2020	

52. 3.11の記録（1期）：東日本大震災資料総覧 震災篇、原発事故篇、テレビ特集番組篇

	日外アソシエーツ	2013	369.31
53. 原発災害・避難年表	すいれん舎	2018	369.36
54. 詳解子ども虐待事典	福村出版	2009	369.4
55. 図解子ども事典	一芸社	2004	371.45

Ⅰ【教育】

1. 国際教育事典	アルク	1991	
2. 世界教育事典 （増補改訂版）	ぎょうせい	1980	
3. 新教育の事典	平凡社	1979	
4. 新教育学大事典 全8冊	第一法規出版	1990	
5. 現代教育用語辞典	第一法規出版	1973	
6. 現代教育学事典	労働旬報社	1988	
7. 現代教育史事典	東京書籍	2001	
8. 教職用語辞典 改訂版	一藝社	2019	370.33
9. 教育評価事典	図書文化社	2006	
10. 現代学校教育大事典 全7冊	ぎょうせい	1993	
11. 新教育社会学辞典	東洋館出版社	1986	
12. 教育社会学事典	丸善出版	2018	371.3
13. 新・教育心理学事典 （普及版）	金子書房	1979	
14. 日本教育史事典―トピックス1868-2010	日外アソシエーツ	2011	372.106
15. 教育法規大辞典	エムティ出版	1994	
16. 私学必携 隔年刊行	第一法規出版	1981-	373.22
17. 学校法人会計要覧 年刊	学校経理研究会	1981-	374.5
18. 教育問題情報事典	日外アソシエーツ	1993	

　　　　『同 第2版』(2002)

19. 集会・行事・運動会のための体育あそび大事典	黎明書房	2011	374.98
20. 学習指導用語事典 （第3版）	教育出版	2009	375.036
21. **全国学校総覧** 年刊	原書房	1959-	
22. 全国高等学校一覧 年刊	全国高等学校長協会	1950-	
23. 学校名変遷総覧 大学・高校編	日外アソシエーツ	2006	
24. **図詳ガッケン・エリア教科事典** 全18冊	学研	1976-1978	

　　　　教科指導に対応したもの。データ関係は古い。

25. 社会科教育事典 （新版）	ぎょうせい	2012	
26. 国語教育総合事典 （新装版）	朝倉書店	2021	375.8
27. 英語教育用語辞典 （第3版）	大修館書店	2019	
28. 紙の文化事典	朝倉書店	2006	
29. ノーベル賞受賞者業績事典 （新訂第3版）	日外アソシエーツ	2013	
30. 日本の賞 2006―最新受賞全データ	日外アソシエーツ	2007	377.7

　　　　『同 2007―最新受賞1700』(2008)

31.	最新文化賞事典	日外アソシエーツ	1996	377.7

『同 1996-2003』(2003)、『同 2003-2010』(2011)、『同 2011-2018』(2019)

32.	発達障害事典	丸善出版	2016	378.8
33.	自閉症百科事典	明石書店	2010	378.033
34.	社会教育・生涯学習ハンドブック（第9版）	エイデル研究所	2017	379.036

J【民俗・民族・軍事】

1.	**日本民俗大辞典** 全2冊	吉川弘文館	1999-2000	
2.	日本民俗語大辞典	桜楓社	1983	
3.	精選 日本民俗辞典	吉川弘文館	2006	
4.	日本風俗史事典	弘文堂	1980	
5.	サイン・シンボル大図鑑	三省堂	2010	701.1
6.	近世日本風俗事典	日本図書センター	2011	382.1
7.	日本の生活環境文化大事典―受け継がれる暮らしと景観	柏書房	2010	382.1
8.	日本郷土風俗・民芸・芸能図鑑	日本図書センター	2012	382.1
9.	江戸時代生活文化事典：重宝記が伝える江戸の智恵 全2冊	勉誠出版	2018	382.1
10.	アイヌ文化史辞典	吉川弘文館	2022	382.11
11.	沖縄民俗辞典	吉川弘文館	2008	382.199
12.	日本生活史辞典	吉川弘文館	2016	382.1
13.	世界の民族衣装文化図鑑 全2冊	柊風舎	2011	383.1
14.	韓国服飾文化事典	東方出版	2008	383.1
15.	江戸衣装図鑑	東京堂出版	2011	383.1
16.	日本の食文化史年表	吉川弘文館	2011	383.81
17.	ケンブリッジ世界の食物史大百科事典 全5冊	朝倉書店	2004-2005	383.8
18.	世界たべもの起源事典	東京堂出版	2005	383.8
19.	食の民俗事典	柊風舎	2011	383.81
20.	食文化の賞事典	日外アソシエーツ	2021	383.81
21.	住（すまい）の民俗事典	柊風舎	2019	383.91
22.	日本こどものあそび図鑑	遊子館	2010	384.5
23.	性風俗史年表 1945-1989 昭和「戦後」編	河出書房新社	2007	384.7

『同 1868-1912 明治編』(2008)、『同 1912-1945 大正・昭和「戦前」編』(2009)

24.	日本民俗芸能事典	第一法規	1976	
25.	日本民俗宗教辞典	東京堂出版	1998	
26.	日本昔話事典	弘文堂	1978	
27.	世界神話事典	KADOKAWA/角川学芸出版	2005	
28.	日本伝奇伝説大事典	角川書店	1986	

K【自然】

1. **世界科学大事典**　全19冊　　　　　　　　講談社　　　　　　　　　1977
2. 科学大辞典　第2版　　　　　　　　　丸善　　　　　　　　　2005
3. ビジュアル科学大事典　　　日経ナショナルジオグラフィック　　　2009
4. 形の科学百科事典　（新装版）　　　　朝倉書店　　　　　2013　　　403.6
5. 現代科学史大百科事典　　　　　　　朝倉書店　　　　　2014　　　402
6. 事典日本の科学者：科学技術を築いた5000人　日外アソシエーツ　　2014　　403.3
7. 科学技術史事典：トピックス原始時代-2013　日外アソシエーツ　　2014　　403.2
8. 世界科学史大年表：ビジュアル版　　　柊風舎　　　　　2015　　　403.2
9. オックスフォード科学辞典　　　　　　朝倉書店　　　　　2009　　　403.3
10. 科学・ビジネス英語活用辞典　　　　　研究社　　　　　2020　　　403.3
11. 科学・技術大百科事典　（普及版）　全3冊　　朝倉書店　　　　2009
12. 科学史技術史事典　　　　　　　　　弘文堂　　　　　1983
13. 科学技術略語大辞典　　　　　　　　日外アソシエーツ　　2003
14. 科学・自然史博物館事典　　　　　　日外アソシエーツ　　2003
15. 最新科学賞事典　日外アソシエーツ　1991-　『同 91/96』（1997）　　402.1
　　　『同 1997-2002』（2003）、『同 2003 - 2007』（2008）、『同 2008 - 2012』全2冊（2013）
16. 丸善単位の辞典　　　　　　　　　丸善　　　　　2002　　　609.033
17. 早わかりSI単位辞典　　　　　　　技報堂出版　　　2003
18. カラー図説 理科の辞典　　　　　　朝倉書店　　　　2010　　　403.3
19. **理科年表**　年刊　　　　　　　　　丸善出版　　　　1924-　　　403.6
　　　天気、宇宙、月、河川の長さ、雨量、太陽暦などが表組み形式で作成されている。小学校で
　　学んだ理科関係に関する事柄を集めたもの。刊行から100年近くになる老舗基本ツール。
20. デザインサイエンス百科事典（新装版）　朝倉書店　　　　2022　　　414
21. **図説科学の百科事典**　全7冊　　　　朝倉書店　　　　2006-2008　　403.6
22. 自然史博物館事典：動物園・水族館・植物園も収録　日外アソシエーツ　2015　　406.9
23. 科学博物館事典　　　　　　　　　日外アソシエーツ　　2015　　　406.9

【a. 数学・物理・化学・天文】

1. 岩波数学辞典　（第4版）　　　　　　岩波書店　　　　2007　　　410.33
　　　有料データベース「ジャパンナレッジ(Japan Knowledge)」でも提供。
2. 朝倉数学辞典　　　　　　　　　　朝倉書店　　　　2016　　　410.33
3. 現代数理科学事典　（第2版）　　　　丸善出版　　　　2009　　　410.36
4. 朝倉数学ハンドブック　基礎編　　　朝倉書店　　　　2010　　　410.36
　　　『同 応用編』（2011）
5. 数理工学事典　　　　　　　　　　朝倉書店　　　　2011　　　410.36

6. 数学定数事典	朝倉書店	2010	410.36
7. 数学公式ハンドブック	共立出版	2011	410.38
8. 統計科学辞典 （普及版）	朝倉書店	2010	417.033
9. 統計応用の百科事典	丸善	2011	350.1
10. 統計解析ハンドブック （普及版）	朝倉書店	2010	417
11. 統計物理学ハンドブック	朝倉書店	2007	421.4
12. 力の事典—動きのひみつをさぐる	岩崎書店	2012	423
13. 音の百科事典	丸善	2006	424.036
14. 光の百科事典	丸善出版	2011	425.036
15. 色彩科学事典 （普及版）	朝倉書店	2007	425.7
16. 元素の百科事典	丸善	2003	
17. 岩波理化学辞典 （第5版）	岩波書店	1998	
18. 物理学辞典 （3訂版）	培風館	2005	
19. ペンギン物理学辞典	朝倉書店	2012	
20. ロングマン物理学辞典	朝倉書店	1998	
21. **物理学大事典** （普及版）	朝倉書店	2011	
22. MARUZEN 物理学大辞典 （第2版）	丸善	2005	
23. 原子分子物理学ハンドブック	朝倉書店	2012	429.036
24. 素粒子物理学ハンドブック	朝倉書店	2010	429.6
25. **化学大百科** （普及版）	朝倉書店	2011	
26. 標準化学用語辞典 （第2版）	丸善	2005	
27. 実用化学辞典 （新装版）	朝倉書店	2007	430.33
28. 化学辞典 （第2版）	森北出版	2009	430.33

デジタル版を有料データベース「ジャパンナレッジ(JapanKnowledge)」でも提供。

29. ペンギン化学辞典	朝倉書店	2011	430.33
30. 元素大百科事典 （新装版）	朝倉書店	2014	431.11
31. 分子から酵素を探す化合物の事典	みみずく舎	2009	437.033
32. 化合物の辞典 （普及版）	朝倉書店	2010	431.12
33. 分析化学用語辞典	オーム社	2011	433.033
34. 分析化学便覧 （改訂6版）	丸善出版	2021	433.036
35. 窒素酸化物の事典	丸善	2008	435.53
36. オックスフォード天文学辞典	朝倉書店	2003	
37. 星百科大事典 （改訂版）	地人書館	1988	
38. 天文の事典 （普及版）	朝倉書店	2012	
39. 天文学大事典	地人書館	2007	440.33

40. 天文年鑑	誠文堂新光社	1948-	440.59
41. 暦を知る事典	東京堂出版	2006	
42. 系外惑星の事典	朝倉書店	2016	445.036
43. 図説地図事典　（復刻）	日本図書センター	2011	448.9
44. ビジュアル版　世界の地図の歴史図鑑	柊風舎	2010	448.9
45. 暦の大事典（新装版）	朝倉書店	2021	449.036

【b. 地球・気象・生物・植物・動物】

（地球・気象・自然）

1. ビジュアル地球大図鑑	日経ナショナルジオグラフィック社	2009	450
2. 図説地球科学の事典	朝倉書店	2018	450.36
3. 自然地理学事典	朝倉書店	2017	450.36
4. 自然災害の事典	朝倉書店	2007	450.98
5. 災害情報学事典	朝倉書店	2016	
6. 最新気象の事典	東京堂出版	1993	
7. 身近な気象の事典	東京堂出版	2011	451.033
8. 最新気象百科	丸善	2008	451
9. 気象年鑑	気象業務支援センター	1967-	451.91
10. オックスフォード気象辞典（新装版）	朝倉書店	2021	
11. 気象予報士ハンドブック	オーム社	2008	451.036
12. 風の事典	丸善出版	2011	451.4
13. 気候変動の事典	朝倉書店	2017	451.85
14. 台風・気象災害全史―シリーズ災害・事故史3	日外アソシエーツ	2008	451.98
15. 気象災害の事典	朝倉書店	2015	451.981
16. テーマで読み解く海の百科事典（ビジュアル版）	柊風舎	2008	452.036
17. 津波の事典	朝倉書店	2007	452.5
18. 水の総合辞典	丸善	2009	435.44
19. 水の言葉辞典	丸善	2009	435.44
20. 地震の事典　（第2版　普及版）	朝倉書店	2010	453.036
21. 火山の事典（第2版）	朝倉書店	2008	453.8
22. 地形の辞典	朝倉書店	2017	454.033
23. 沙漠の事典	丸善	2009	454.64

（生物）

1. 岩波生物学辞典（第5版）	岩波書店	2013	
有料データベース「ジャパンナレッジ（Japan Knowledge）」でも提供。			
2. 生態学事典	共立出版	2003	

3. 化石・恐竜レファレンス事典	日外アソシエーツ	2019	457.031
4. 古生物学事典（第2版）	朝倉書店	2010	457.033
5. 化石の百科事典	朝倉書店	2012	457.036
6. 博物図譜レファレンス事典（植物篇、動物篇）全2冊	日外アソシエーツ	2018	460.31
7. 生物学辞典	東京化学同人	2010	460.33
8. 生物の事典（新装版）	朝倉書店	2022	465.36
9. 地球博物学大図鑑	東京書籍	2012	460.38
10. 日経バイオ年鑑	日経BP社	1986-	576.7
11. 生物の多様性百科事典	朝倉書店	2011	461
12. 絶滅危惧種図鑑レファレンス事典	日外アソシエーツ	2012	462.031
13. 細胞生物学事典	朝倉書店	2005	463.033
14. 分子細胞生物学辞典（第2版）	東京化学同人	2008	464.1
15. 生化学辞典（第4版）	東京化学同人	2007	464.033
16. 光と生命の事典	朝倉書店	2016	464.9
17. 分子生物学大百科事典 全2冊	朝倉書店	2006, 2010	464.1
18. タンパク質の事典（新装版）	朝倉書店	2022	464.2
19. 生物物理学ハンドブック	朝倉書店	2007	464.9
20. 微生物の事典（新装版）	朝倉書店	2022	465.036
21. 人類遺伝学用語事典	オーム社	2008	467.036
22. 新遺伝子工学ハンドブック（改訂第5版）	羊土社	2010	467.25
23. 遺伝子図鑑	悠書館	2013	467.036
24. 生物大図鑑 全10冊	世界文化社	1984-1986	467.5
25. 生物の進化大図鑑	河出書房新社	2010	467.5
26. 人類大図鑑	ネコ・パブリッシング	2006	469.036
27. 日本人の事典	朝倉書店	2003	469.91

（植物）

1. 動植物名よみかた辞典（普及版）	日外アソシエーツ	2004	460.33
2. 植物レファレンス事典 I	日外アソシエーツ	2004	470.31
『同 II 2003‐2008補遺』(2009)、『同 III 2009‐2017』(2018)			
3. 植物3.2万名前大辞典	日外アソシエーツ	2008	470.33
4. 植物の百科事典	朝倉書店	2009	470.36
5. 植物別名辞典	日外アソシエーツ	2016	470.33
6. 難読誤読植物名漢字よみかた辞典	日外アソシエーツ	2015	470.33
7. 新牧野日本植物圖鑑	北隆館	2008	470.38
8. 原色牧野植物大図鑑 全2冊 牧野富太郎著 北隆館		1982-1983	470.38

「日本の植物学の父」、牧野富太郎博士による代表的な『牧野日本植物図鑑』の原色植物図鑑。

9. 世界動物大図鑑	ネコ・パブリッシング	2004	480.38
10. 驚くべき世界の野生動物生態図鑑	日東書院本社	2017	480.38

（動物）

1. 日本動物大百科　全22冊	平凡社	1986-1987	482.1
2. 植物形態の事典　（新装版）	朝倉書店	2009	471.1
3. 植物ゲノム科学辞典	朝倉書店	2009	471.1
4. 日本帰化植物写真図鑑　全2冊	全国農村教育協会	2001, 2010	471.71
5. 世界の食用植物文化図鑑	柊風舎	2010	471.9
6. 花の西洋史事典	八坂書房	2008	472.3
7. ビジュアル動物大図鑑	日経ナショナルジオグラフィック社	2009	480
8. 絶滅危機動物図鑑：消えゆく野生動物たち	ランダムハウス講談社	2008	482
9. 野生動物保護の事典	朝倉書店	2010	480.9
10. 動物レファレンス事典 I 期	日外アソシエーツ	2004	480.9
『同　II期：2004-2017』（2018）			
11. 動物1.4万名前大辞典	日外アソシエーツ	2009	480.33
12. 世界大博物図鑑　全7冊	平凡社	1987-1994	480.38
13. 知られざる地球動物大図鑑 : 驚くべき生物の多様性	東京書籍	2016	480
14. 外来生物事典	東京書籍	2006	462.1
15. 絶滅危惧の動物事典	東京堂出版	2008	482.1
16. 日本産淡水性・汽水性エビ・カニ図鑑	緑書房	2019	485.3
17. 昆虫レファレンス事典　I	日外アソシエーツ	2005	486.031
『同　II［2005-2010］追補版』（2011）、『同　III［2011-2020］』（2021）			
18. 世界甲虫大図鑑	東京書籍	2016	486.6
19. 難読誤読昆虫名漢字よみかた辞典	日外アソシエーツ	2016	486.033
20. 生活害虫の事典（普及版）	朝倉書店	2009	486.036
21. 野山の鳴く虫図鑑	偕成社	2010	486.4
22. 原色魚類大図鑑（新訂）全2冊	北隆館	2005	487.5
23. 魚介類別名辞典	日外アソシエーツ	2016	487.5
24. 魚類レファレンス事典	日外アソシエーツ	2004	487.5
『同　2004-2014』（2015）			
25. 世界温帯域の淡水魚図鑑	緑書房	2020	487.5
26. 難読誤読魚介類漢字よみかた辞典	日外アソシエーツ	2016	487.5
27. 魚介類2.5万名前大辞典	日外アソシエーツ	2008	487.5
28. 海の魚大図鑑	日東書院本社	2010	487.5

29. 原色爬虫類・両生類検索図鑑	北隆館	2011	487.9
30. 世界鳥類大図鑑	ネコ・パブリッシング	2009	488.038
31. 絶滅哺乳類図鑑（新版）	丸善出版	2011	457.89
32. 日本哺乳類大図鑑	偕成社	2010	489.038

【c. 医学・予防・栄養学】

（生命倫理・医学）

1. 生命倫理事典 （新版増補版）	太陽出版	2010	490.15
2. 医学統計学の事典 （新装版）	朝倉書店	2018	490.19
3. **南山堂医学大辞典**（第20版）	南山堂	2015	490.33
有名な基本的医学辞典。			
4. 医学書院医学大辞典 （第2版）	医学書院	2009	490.33
5. 最新医学大辞典 （第3版）	医歯薬出版	2005	490.33
6. 健康医療大百科 MEDICA 全6冊	ぎょうせい	1986	490.33
7. 研究社医学英和辞典 （第2版）	研究社	2008	490.33
8. ステッドマン医学大辞典 英和・和英（改訂第6版） メジカルビュー社		2008	490.33
9. カラー図説 医学大事典 （新装版）	朝倉書店	2008	490.33
10. 医学英語表現辞典	金芳堂	2009	490.7
11. 最新医学略語辞典(第5版)	中央法規出版	2010	490.33
12. 看護大事典 （第2版）	医学書院	2010	492.9
13. 医学略語辞典 （改訂4版）	金芳堂	2011	490.33
14. プラクティカル医学略語辞典 （第8版）	南山堂	2022	490.33
15. プラクティカル医学英語辞典	金芳堂	2010	490.33
16. ライフサイエンス必須英和・和英辞典	羊土社	2010	490.33
17. 医者も知りたい面白医学英語事典	花乱社	2017	490.33
18. 中医基本用語辞典 （改訂版）	東洋学術出版社	2020	490.9
19. 中国医学辞典 基礎編	たにぐち書店	2008	490.9
20. 中国医学史レファレンス辞典	白帝社	2011	490.9
21. エッセンシャル医学英和辞典(改訂第2版)	永井書店	2008	490.33
22. 解剖学イラスト事典 （第3版）松村讓兒著	中外医学社	2011	491.1036
23. 再生医療用語ハンドブック	メディカルトリビューン	2015	491.11
24. からだと水の事典	朝倉書店	2008	491.47
25. 血管生物医学事典	朝倉書店	2011	491.324
26. からだと温度の事典	朝倉書店	2010	491.361
27. 光と人間の生活ハンドブック （普及版）	朝倉書店	2010	491.3
28. 医薬品－食品相互作用ハンドブック （第2版）	丸善出版	2011	491.5

29. 成分から調べる医薬品副作用報告一覧　　日本医薬情報センター　　2014　　491.5
30. 標準・傷病名事典（Ver. 3.0）　　　　　　医学通信社　　　　　2015　　491.61
31. 免疫の事典　　　　　　　　　　　　　　朝倉書店　　　　　　2011　　491.8
32. パーフェクトガイド検査値事典（第 2 版）　総合医学社　　　　　2014　　492.1
33. 看護学学習辞典（第 3 版）　　　　　　　学研　　　　　　　　2008　　492.9
34. 看護学事典　（第 2 版）　　　　　　　　日本看護協会出版会　2011　　492.9
35. 国際診療のための内科アトラス大事典 ： カラー版　西村書店　2019　　493
36. 心身医学用語事典　（第 2 版）　　　　　三輪書店　　　　　　2009　　493.09
37. 症候群ハンドブック　　　　　　　　　　中山書店　　　　　　2011　　493.1
38. エイズ事典　　　　　　　　　　　　　　明石書店　　　　　　2007　　493.878
39. 高齢者リハビリテーション学大事典　　　西村書店　　　　　　2011　　493.185
40. 循環器学用語集　（第 3 版）　　　　　　日本循環器学会　　　2008　　493.2
41. ストレス科学事典　　　　　　　　　　　実務教育出版　　　　2011　　493.49
42. 精神神経薬理学大事典　　　　　　　　　西村書店　　　　　　2009　　493.72
43. 現代精神医学事典　　　　　　　　　　　弘文堂　　　　　　　2011　　493.7
44. 精神医学キーワード事典　　　　　　　　中山書店　　　　　　2011　　493.7
45. 精神保健看護辞典　　　　　　　　　　　オーム社　　　　　　2010　　493.7
46. 感染症事典　　　　　　　　　　　　　　オーム社　　　　　　2012　　493.8
47. 伝染病・感染症医療史事典 ： トピックス 1347-2020　日外アソシエーツ 2021　493.8
48. 国際診療のための小児科アトラス大事典 ： カラー版　西村書店　2019　　493.92
49. 子どもの心と体の図鑑　　　　　　　　　柊風舎　　　　　　　2010　　493.98
50. 赤ちゃんの心と体の図鑑　　　　　　　　柊風舎　　　　　　　2009　　493.98
51. 発達障害事典　　　　　　　　　　　　　明石書店　　　　　　2011　　493.76
52. 必携児童精神医学　　　　　　　　　　　岩崎学術出版社　　　2010　　493.937
53. 皮膚の事典　　　　　　　　　　　　　　朝倉書店　　　　　　2008　　494.8
54. 盲・視覚障害百科事典　　　　　　　　　明石書店　　　　　　2009　　496.4
55. 日本歯科医学会学術用語集（第 2 版）　　医歯薬出版　　　　　2018　　497.033

（予防・栄養）

1. 予防医学事典　　　　　　　　　　　　　朝倉書店　　　　　　2005　　498.036
2. 図説国民衛生の動向 年刊　　　　　　　　厚生労働統計協会　　2000-　498.021
3. 日本医療史事典 ： トピックス 1722-2012　日外アソシエーツ　2013　　498.021
4. 栄養・食糧学用語辞典　（第 2 版）　　　建帛社　　　　　　　2015　　498.5
5. 心身健康事典　　　　　　　　　　　　　現代書館　　　　　　2009　　498.036
6. 健康・栄養食品事典（2008 改訂新版）　　東洋医学舎　　　　　2008　　498.5
7. 日本食品大事典(新版　第 2 版)　　　　　医歯薬出版　　　　　2022　　498.5

L【技術・工学・家政】

【a. エネルギー・技術・規格】

8. 科学・技術・倫理百科事典　全5冊	丸善出版	2012	407
9. ひらめきが世界を変えた！ 発明大図鑑	岩崎書店	2011	507.1
10. 特許英語辞典	講談社出版サービスセンター	2010	507.23
11. 科学技術英語表現辞典（第3版）	オーム社	2010	507.7
12. 知的財産権事典（第3版）	丸善	2007	
13. JIS 工業用語大辞典（第5版）	日本規格協会	2001	
14. 人間工学の百科事典	丸善	2005	
15. 化学工学辞典(改訂4版)	丸善	2005	
16. JIS 総目録　年刊	日本規格協会	1961-	
17. JIS ハンドブック 標準化　年刊	日本規格協会	1983-	
18. JIS ハンドブック 国際標準化　年刊	日化本規格協会	2000-	
19. 世界の規格便覧　全4冊	日本規格協会	2005	509.13

【b. 環境・自然遺産・災害】

1. 川の百科事典	丸善	2009	517.033
2. 環境デザイン用語辞典	井上書院	2007	520.33
3. 実用 都市づくり用語辞典	山海堂	2007	518.8
4. まちづくりの百科事典	丸善	2008	518.8
5. 環境総合年表 ：日本と世界	すいれん舎	2010	519.2
6. 環境事典	旬報社	2008	519.033
7. 環境大事典	工業調査会	1998	
8. 地球環境辞典(第4版)	中央経済社	2019	519.033
9. 環境経済・政策学事典	丸善出版	2018	519.036
10. 環境と健康の事典	朝倉書店	2008	498.4
11. 環境年表	丸善出版	2009-	519.036
12. 地球環境学事典	弘文堂	2010	519.036
13. 環境・エネルギーの賞事典	日外アソシエーツ	2013	519.036
14. 環境総覧　3年ごと刊行	通産資料出版会	1993-	519
15. 環境経営用語辞典	創成社	2009	519.13
16. 環境史事典　：トピックス 1927‐2006	日外アソシエーツ	2007	519.2
『同 トピックス 2007‐2018』(2019)			
17. 環境総合年表	すいれん舎	2010	519.2
18. 環境問題情報事典　（第2版）	日外アソシエーツ	2001	
19. 環境都市計画事典	朝倉書店	2005	
20. 沿岸域環境事典	共立出版	2004	
21. 土壌・植物栄養・環境事典　松坂泰明著	博友社	1994	

22. 公害・労災・職業病年表　（新版）	すいれん舎	2007	519.21
23. 中国環境ハンドブック　隔年刊	蒼蒼社	2004-2011	519.222
24. 廃棄物安全処理・リサイクルハンドブック	丸善	2010	518.52
25. 世界遺産事典　年刊	シンクタンクせとうち総合研究機構	1997-	709
26. 事典・日本の自然保護地域	日外アソシエーツ	2016	
27. 自然災害の事典　岡田義光著	朝倉書店	2007	519.9
28. 自然災害と防災の事典	丸善出版	2011	519.9

【c. 建築、電気・金属・鉱山工学、製造工業、土木・機械・海洋工学、化学工業、家政学】

1. 建築実務大事典	エクスナレッジ	2011	520.36
2. フレッチャー図説世界建築の歴史大事典	西村書店	2012	520.2
3. 建築文化財レファレンス事典	日外アソシエーツ	2011	520.31
4. 日本建築文化史事典：トピックス 古代-2021	日外アソシエーツ	2021	520.32
5. 建築大百科事典	朝倉書店	2008	520.36
6. 図説建築用語事典　（新版）	実教出版	2005	
7. 世界の居住文化百科：ビジュアル版	柊風舎	2013	527
8. 電気設備用語辞典（第3版）	オーム社	2016	544.49
9. 図解インテリア用語辞典	山海堂	2007	529.033
10. 機械工学ハンドブック	朝倉書店	2011	530.36
11. 世界鉄道百科図鑑	悠書館	2007	536.02
12. 自動車の百科事典	丸善	2010	537.036
13. 原子力ハンドブック	オーム社	2007	539.036
14. 原子力年鑑	日刊工業新聞社	1957-	539.059
15. 原子力総合年表	すいれん舎	2014	539.32
16. 日本情報通信史事典：トピックス 1854-2022	日外アソシエーツ	2023	547.021
17. 映像情報メディア工学大事典 全4冊	オーム社	2010	547.8
18. ペンギン電子工学辞典	朝倉書店	2010	549.033
19. 電子機器年鑑	中日社	1989-	549.036
20. 船の歴史文化図鑑：船と航海の世界史	悠書館	2007	550.2
21. 武器の歴史大図鑑	創元社	2012	559.1
22. 化学工学便覧（改訂7版）	丸善出版	2011	571.036
23. セラミックスの事典	朝倉書店	2009	573.036
24. すっきりわかる！くらしの中の化学物質大事典	くもん出版	2011	574
25. エネルギー物質ハンドブック（第2版）	共立出版	2010	575.9
26. 香りの百科　（新装版）	朝倉書店	2009	576.63
27. 全国日用品・化粧品業界名鑑　年刊	石鹸新報社	1997-	576.7

28. 和紙文化研究事典	法政大学出版局	2012	585.6
29. 全国繊維企業要覧 vol.46(2013) 全7冊	信用交換所東京本社	2012	586.035
30. 世界の絹織物文化図鑑：東洋から西洋へ、民族が紡いだ驚異の糸の物語	柊風舎	2007	586.42
31. 食品メーカー総覧 隔年刊	日本食糧新聞社	2006-	588.09
32. 日本の伝統食品事典	朝倉書店	2007	588.036
33. 食品産業年鑑	食品産業新聞社	1973-	
34. 世界の名酒事典 年刊	講談社	1978-	596.7
35. 冷凍食品年鑑	冷凍食品新聞社	1973-	588.95
36. 被服学事典	朝倉書店	2016	593.036
37. 日本食品大事典（新版 第2版）	医歯薬出版	2022	498.5
38. 世界の食材図鑑	グラフィック社	2010	596
39. 原色食品図鑑 （新訂 第2版）	建帛社	2008	596
40. 家庭医学大事典：ホームメディカ （新版）	小学館	2008	498.5

M【産業・商業・流通・交通】

1. 事典 日本の地域ブランド・名産品	日外アソシエーツ	2009	602.1
2. 全国名産大事典	日本図書センター	2010	602.1
3. 日経業界地図 年刊	日本経済新聞社	2004-	602.1
4. 日本農業年報	農林統計協会	1954-	610.59
5. 食料・農業・農村白書参考統計表 年刊	日経印刷	2001-	610.59
6. 作物学用語事典	農山漁村文化協会	2010	615.036
7. 天敵活用大事典	農山漁村文化協会	2016	615.86
8. 農薬ハンドブック 年刊	日本植物防疫協会	1972-	615.87
9. 茶大百科 全2冊	農山漁村文化協会	2008	617.4
10. 茶の事典	朝倉書店	2017	
11. たばこの事典	山愛書院	2009	589.8
12. 園芸大百科 1200品種以上 （新装版）	ブティック社	2019	627
13. A-Z 園芸植物百科事典	誠文堂新光社	2003	627.033
14. 果実の事典	朝倉書店	2008	620.3
15. 47都道府県・地野菜／伝統野菜百科	丸善	2009	626
16. 花の園芸事典	朝倉書店	2014	627.036
17. 畜産総合事典 （普及版）	朝倉書店	2009	640.36
18. 新編畜産大事典	養賢堂	1996	640.36
19. 酪農大事典	農山漁村文化協会	2011	640.36
20. ビジュアル犬種百科図鑑	緑書房	2016	645.6
21. ビジュアル猫種百科図鑑	緑書房	2016	645.7

22. 新獣医学辞典	チクサン出版社	2008	649.033
23. 森林大百科事典（新装版）	朝倉書店	2022	650.36
24. 写真図説 日本巨樹名木大事典　全5冊（復刻）	大空社	2009	653.21
25. 水産大百科事典（普及版）	朝倉書店	2012	
26. 水産海洋ハンドブック（第3版）	生物研究社	2006	660.36
27. 水産年鑑	水産社	1953-	662.1
28. 観賞魚大図鑑	緑書房	2007	666.9
29. 森林・林業百科事典	丸善	2001	
30. 食糧経済年鑑	食糧経済通信社	1961-	611.3
31. 国際ビジネス英和活用辞典	日外アソシエーツ	2015	670.93
32. マーケティング・コミュニケーション大辞典	宣伝会議	2006	
33. ホームセンター名鑑　年刊	日本ホームセンター研究所	1985-	673.7
34. 日本スーパー名鑑　年刊	商業界	1996-	673.86
35. 通信販売年鑑	宏文出版	1993-	
36. ブランド戦略のためのネーミング事典	アトラックス	2011	674.35
37. 新聞広告キャッチコピー大百科 業種別　全3冊	パイインターナショナル	1998-2011	674
38. マーケティング会社年鑑 2017	宣伝会議	2017	674.4
39. 電通広告事典	電通	2008	674.033
40. 年鑑日本の広告写真　年刊	玄光社	1982-	674.3
41. コピー年鑑	宣伝会議	1963-	674.35
42. 事典 日本の大学ブランド商品	日外アソシエーツ	2010	377.21
43. 全国食品流通総覧　隔年刊	日本食糧新聞社	2005-	673.7
44. アメリカ流通概要資料集　年刊	流通経済研究所国際経済部	1986-	
45. 米国流通用語事典	中央経済社	2009	670.93
46. 基本流通用語辞典　（改訂版）	白桃書房	2007	675.4
47. 国際商取引事典	中央経済社	2007	678.033
48. 現行輸入制度一覧　年刊	経済産業調査会	1966-	678.1
49. 交通の百科事典	丸善出版	2011	680.33
50. 都市交通年報	運輸総合研究所	1959-	
51. 日本交通史辞典	吉川弘文館	2003	682.1
52. ASEAN 物流ネットワーク・マップ	ジェトロ	2008	675.4
53. 海洋・海事史事典：トピックス古代-2014	日外アソシエーツ	2015	683.032
54. 鉄道の百科事典	丸善出版	2012	686.036
55. ビジュアル版　世界の鉄道の歴史図鑑	柊風舎	2010	686.2
56. 鉄道要覧　年刊	電気車研究会	1990-	686.21

57. 鉄道・航空機事故全史：シリーズ災害・事故史〈1〉日外アソシエーツ 2007　　686.7

58. 観光学大事典　　　　　　　　　　　木楽舎　　　　　　　2007　　689.036

59. 旅行年報　　　　　　　　　　　　　日本交通公社　　　　1981-　 689.21

60. NHK 年鑑　　　　　　　　　　　　 NHK 出版　　　　　　1953-　 699.21

N【美術・芸術・スポーツ】

【a. 美術・書道】

1. 新潮世界美術辞典　　　　　　　　　新潮社　　　　　　　1985

2. **世界美術大事典**　全6冊　　　　　 小学館　　　　　　　1988-1990

3. オックスフォード西洋美術事典　　　講談社　　　　　　　1989

4. 世界美術百科　全4冊　　　　　　　第一法規　　　　　　1985

5. 日本美術図解事典　　　　　　　　　東京美術　　　　　　2004

6. 日本美術史事典　　　　　　　　　　平凡社　　　　　　　1987

7. 西洋シンボル事典（新装版）　　　　八坂書房　　　　　　2003　　702.099

8. 日本文化のかたち百科　　　　　　　丸善出版　　　　　　2008　　702.1

9. 日本美術作品レファレンス事典　全14冊　　日外アソシエーツ　　1992-　　702.1
　　『同 絵画篇 近現代』（1992）、『同 絵画篇 浮世絵』（1993）、『同 絵画篇 近世以前』（1998）、
　　『同 彫刻篇』（2000）、『同 陶磁器篇 1,2,3』（2001）、『同 書跡篇 1,2』（2001）、『同 工芸篇』
　　（2002）、『同 建造物篇』（2003）
　　日本美術作品レファレンス事典〈第Ⅱ期〉
　　　『同 絵画篇 近世以前・浮世絵・近現代』（2006）、『同 陶磁器・工芸篇』（2009）
　　日本美術作品レファレンス事典〈第Ⅲ期〉
　　　『同 絵画篇 近世以前・浮世絵・近現代』（2020）

10. 日本美術作品レファレンス事典-個人美術全集-　　日外アソシエーツ　2011-　　702.1
　　『同 絵画篇 1,2』（2011）、『同 絵画篇 3,4』（2012）、『同 版画篇1,2』（2013）、
　　『同 陶磁器篇』（2014）、『同 工芸篇』（2014）、『同 彫刻/建築篇』（2015）、『同 デザイン/ポス
　　ター篇』（2019）、『同 現代アート篇』（2022）、『同〈第Ⅱ期〉絵画篇日本画』（2023）

11. 芸能文化博物館事典　　　　　　　　日外アソシエーツ　　2021　　702.1

12. 日本近現代美術史事典　　　　　　　東京書籍　　　　　　2007　　702.16

13. 郷土・地域文化の賞事典　　　　　　日外アソシエーツ　　2017　　702.16

14. 国宝事典（新増補改訂版）　　　　　便利堂　　　　　　　1976

15. 全国美術館ガイド：2006　　　　　 美術出版社　　　　　2006

16. 西洋美術作品レファレンス事典　　　日外アソシエーツ　　2005-　　702.3
　　『同 絵画篇[19世紀中葉以前]』（2005）、『同 絵画篇[19世紀印象派以降]』（2005）、
　　『同 版画・彫刻・工芸・建造物篇』（2006）
　　西洋美術作品レファレンス事典〈第Ⅱ期〉

『同 絵画篇』(2018)、『同 版画・彫刻・工芸・建造物篇』(2019)

17. 西洋美術作品レファレンス事典-個人美術全集- 日外アソシエーツ 2015- 703.1
　　『同 絵画篇1[19世紀以前]』(2015)、『同 絵画篇2[20世紀以降]』(2016)、
　　『同 版画篇』(2016)、『同 彫刻／工芸／建造物篇』(2017)

18. 美術作品レファレンス事典 日外アソシエーツ 2007- 703.1
　　『同 先史・古代美術』(2007)、『同 人物・肖像篇Ⅰ, Ⅱ』(2007)、『同 国宝・重文篇Ⅰ, Ⅱ』(2009)、
　　『同 仏画・曼荼羅・仏具・寺院』(2015)、『同 刀剣・甲冑・武家美術』(2016)、
　　『同 人物・肖像篇Ⅲ』(2017)、『同 日本の風景篇』(2017)

19. 東洋美術作品レファレンス事典 日外アソシエーツ 2008 702.2
20. 世界芸術家辞典（改訂版） エム・エフ・ジー 2010 703.3
21. 美術名典　年刊 芸術新聞社 1965- 703.5
22. 美術家名鑑　年刊 美術倶楽部出版部 1959- 703.5
23. 現代アート・彫刻・建築の賞事典 日外アソシエーツ 2022 703.6
24. 最新美術・デザイン賞事典91/96 日外アソシエーツ 1997 703.6
　　『同 1997-2003』(2004)、『同 2003-2009』(2010)、『同 2010-2016』(2017)

25. 美術品所蔵レファレンス事典 日外アソシエーツ 2015 703.1
　　『同 日本絵画篇[古代〜近世]』(2015)・『同 日本絵画篇 [近現代]』(2015)、『同 西洋絵画篇』
　　(2017)、『同 日本の彫刻・陶磁器・工芸篇』(2021)

26. 美術年鑑 美術年鑑社 1965- 702.1
27. 美術大鑑　年刊 ビジョン企画出版社 1984- 703.5
28. 国宝・重要文化財よみかた辞典 日外アソシエーツ 2009 709.1
29. 事典 日本の地域遺産 : 自然・産業・文化遺産 日外アソシエーツ 2013 709.1
　　『同:自然・産業・文化遺産 2』(2021)

30. 中国文化財図鑑　全6冊 科学出版社東京 2014-2016 708.7
31. 目でみる仏像事典 東京美術 2008 718.1
32. 仏像レファレンス事典 日外アソシエーツ 2009 718.031
33. 色の百科事典 丸善 2005
34. 絵画・版画の賞事典 日外アソシエーツ 2018 720.36
35. 日本書画鑑定大事典　全9冊 国書刊行会 2006-2012 721.033
36. 日本絵画名作レファレンス事典〈1〉古代〜近世、〈2〉近現代 日外アソシエーツ 2011
37. 浮世絵大事典 東京堂出版 2008 721.8
38. 浮世絵レファレンス事典 日外アソシエーツ 2010 721.8
39. 岩波西洋美術用語辞典 岩波書店 2005
40. 漫画・アニメ受賞作品総覧 日外アソシエーツ 2022 726.101
41. 絵本の事典 朝倉書店 2011 726.601

42. 日本の伝統文様事典〈花〉全4冊	日本図書センター	2011	727
43. 書法用語辞典	西東書房	2011	728.033
44. 書道百科事典	木耳社	1991	728.036
45. 現代書道字典 （増補版）	木耳社	2006	
46. 中国書道文化辞典	柳原出版	2009	728.4
47. 実用三体筆順字典 （増補改訂版）	東京堂出版	2011	728.92
48. イタリア・ルネサンス事典	東信堂	2003	

【b. 写真・陶磁器・刀・甲冑・装飾・人形】

1. 写真レファレンス事典　　　　　　　　日外アソシエーツ　　　　　2006-
　『同 人物・肖像篇』(2006)、『同 街並み・風景篇 I 東京［明治～昭和20年代］』(2020)、『同 街並み・風景篇 II 東京［昭和30年代～平成］』(2020)、『同 災害篇1991～2020』(2021)、『同 事故・事件・紛争篇1991～2021」(2022)』

2. 写真の百科事典	朝倉書店	2014	740.36
3. 感動のユネスコ世界遺産300図鑑	ロングセラーズ	2010	290.8
4. 全国伝統的工芸品総覧	ぎょうせい	2003	750.21
5. 伝統工芸館事典	日外アソシエーツ	2003	750.21
6. 工芸図版レファレンス事典(日本・中国・朝鮮)	日外アソシエーツ	2015	750.21
7. 世界の陶芸文化図鑑	東洋書林	2005	751
8. 日本陶磁器レファレンス事典	日外アソシエーツ	2013	751.1
9. 原色陶器大辞典　加藤唐九郎著	淡交社	1990	751.033
10. 角川日本陶磁大辞典 （普及版）	角川学芸出版	2011	751.1
11. 日本刀図鑑 （令和版）	光芸出版	2019	756.6
12. 日本甲冑大図鑑 （縮刷版）	柏書房	2007	756.7
13. 西洋装飾文様事典 （新装版）	朝倉書店	2008	757.033
14. 世界織物文化図鑑	東洋書林	2001	
15. デザイン事典	朝倉書店	2003	757.036
16. 最新現代デザイン事典	平凡社	2017	757.033
17. かたち・機能のデザイン事典	丸善出版	2011	757.036
18. カラーコーディネーター用語辞典	井上書院	2008	757.3
19. 新編色彩科学ハンドブック （第3版）	東京大学出版会	2011	757.3
20. 日本史色彩事典	吉川弘文館	2012	757.3
21. 全国郷土人形図鑑 （復刻）	日本図書センター	2012	759.9

【c. 音楽・工芸・芸能】

1. **音楽事典 （改訂版）** 全5冊	平凡社	1965
2. ニューグローヴ　音楽大事典 全20冊	講談社	1993-1995

3. クラシック音楽事典	平凡社	2001	760.33
4. 音楽大事典　全6冊	平凡社	1981-1983	
5. 世界音楽文化図鑑	東洋書林	2001	
6. 世界の民族音楽辞典	東京堂出版	2005	
7. 日本童謡事典	東京堂出版	2005	
8. 教科書に載った名曲原題邦題事典	日外アソシエーツ	2020	760.31
9. 標準音楽辞典　全2冊（新訂 第2版）	音楽之友社	2008	760.33
10. クラシック音楽作品名辞典　（第3版）	三省堂	2009	760.33
11. 音楽・芸能賞事典	日外アソシエーツ	1990-	760.36

『同 90/95』(1996)、『同 1996-2001』(2002)、『同 2002-2007』(2007)、『同 2007-2013』(2014)、
『同 2014-2018』(2019)

12. 音楽の賞事典	日外アソシエーツ	2010	760.36
13. 現代音楽キーワード事典	春秋社	2011	762.07
14. 日本音楽史事典 ： トピックス 1868-2014	日外アソシエーツ	2014	762.1
15. 世界の民族楽器文化図鑑	柊風舎	2013	763
16. 図解世界楽器大事典（第6版）	雄山閣	2019	763
17. ロック・エンサイクロペディア 1950s-1970s	みすず書房	2009	764.7
18. 新グローヴオペラ事典　（普及版）	白水社	2011	766.1
19. 国際理解を深める世界の国歌・国旗大事典	くもん出版	2011	767.5
20. 昭和流行歌総覧：戦前・戦中編、戦後編 全2冊	柘植書房新社	1994	767.8
21. 上方芸能事典	岩波書店	2008	770.36
22. 日本タレント名鑑　年刊	VIPタイムズ社	1969-	770.35
23. 演劇百科大事典　全6冊	平凡社	1967-1968	
24. 世界演劇事典　ロビン・メイ著	開文社出版	1999	
25. 演劇・舞踊の賞事典	日外アソシエーツ	2015	770.36
26. 演劇年鑑	日本演劇協会	1966-	770.59
27. 近代日本芸能年表　全2冊	ゆまに書房	2013	772.1
28. 日本の伝統芸能（「知」のナビ事典）	日外アソシエーツ	2017	772.1
29. 能楽大事典	筑摩書房	2012	773.033
30. 能・狂言事典　（新版）	平凡社	2011	773.036

　　　有料データベース「ジャパンナレッジ(JapanKnowledge)」でも提供。

31. 能楽史年表　全4冊	東京堂出版	2007-2010	773.032
32. 歌舞伎名作事典　（新装版）	青蛙房	2009	774.033
33. 歌舞伎事典（新版）	平凡社	2011	774.033

　　　有料データベース「ジャパンナレッジ(JapanKnowledge)」でも提供。

【d. 映画・スポーツ・茶道】

1. 世界映画大事典	日本図書センター	2008	778.033
2. 映画賞受賞作品事典　洋画編	日外アソシエーツ	2012	778.033
3. 映画の賞事典	日外アソシエーツ	2009	778.036
4. 伝記映画事典:映画解説とビブリオグラフィ	日外アソシエーツ	2020	778.036
5. 映画年鑑	キネマ旬報社	1946-	778.059
6. 映画原作事典 2007-2018 日本映画・外国映画・アニメ	日外アソシエーツ	2019	778.038
7. 日本映画原作事典	日外アソシエーツ	2007	778.21
8. 日本の映画人：日本映画の創造者たち	日外アソシエーツ	2007	778.21
9. 全国映画ドラマロケ地事典	日外アソシエーツ	2011	778.038
10. 映画賞受賞作品事典　邦画編	日外アソシエーツ	2011	778.033
11. 20 世紀アメリカ映画事典	カタログハウス	2002	778.253
12. 世界映画人名辞典・俳優篇 全 8 冊	科学書院	2007	778.033
13. アニメ作品事典—解説・原作データ付き	日外アソシエーツ	2010	778.77
14. テレビドラマ原作事典	日外アソシエーツ	2010	778.8
15. 落語演目・用語事典	日外アソシエーツ	2021	779.13
16. 最新スポーツ大事典　全 2 冊	大修館書店	1987	780.33
17. 最新スポーツ科学事典	平凡社	2006	
18. 図解スポーツ大百科	悠書館	2006	
19. 日本スポーツ事典　トピックス 1964-2005	日外アソシエーツ	2006	
20. 女性・スポーツ大事典	西村書店	2019	
21. スポーツ心理学事典	大修館書店	2008	780.14
22. スポーツ心理学大事典	西村書店	2013	780.14
23. 臨床スポーツ医学用語集	全日本病院出版会	2008	780.19
24. オックスフォードスポーツ医科学辞典（新装版）	朝倉書店	2021	780.19
25. カラースポーツ・運動栄養学大事典	西村書店	2018	780.19
26. カラー運動生理学大事典	西村書店	2017	780.193
27. スポーツ史事典:トピックス 2006-2016:日本/世界	日外アソシエーツ	2017	780.32
28. スポーツ大図鑑	ゆまに書房	2014	780.36
29. 21 世紀スポーツ大事典	大修館書店	2015	780.36
30. オリンピック記録総覧:メダリスト&日本選手	日外アソシエーツ	2020	780.69
31. 運動生理・生化学辞典	大修館書店	2001	
32. 大学駅伝記録事典：箱根・出雲・伊勢路	日外アソシエーツ	2015	782.3
33. メジャー・リーグ人名事典　（改訂新版）	言視舎	2013	783.7
34. 相撲大事典（第 4 版）	現代書館	2015	788.1

35. プロ格闘技年表事典　　　　　　　　　　日外アソシエーツ　　　2018　　　　788.032
36. 伝統ゲーム大事典 ： 子供から大人まであそべる世界の遊戯　朝倉書店 2020　791.9
37. 茶道大辞典　（新版）　　　　　　　　　　淡交社　　　　　　　　2010　　　　791.033
※言語に関するもの→前半の「2）言葉に関するもの」(p.134)を参照

0【文学・世界】

1. **集英社世界文学大事典**　全6冊　　　　集英社　　　　　　　　1996-1998
　　　デジタル版が、有料データベース「ジャパンナレッジ(JapanKnowledge)」でも提供。
2. 新潮世界文学辞典　（増補改訂版）　　　　新潮社　　　　　　　　1990
3. 図説翻訳文学総合事典　（明治初年〜昭和20年分）全5冊　　大空社　2009
4. 海外小説〈非英語圏〉原題邦題事典　　　　日外アソシエーツ　　　2015　　　　903.1
5. 世界文学史年表　（復刻）　　　　　　　　日本図書センター　　　2011　　　　903.2
6. 世界文学あらすじ大事典　全4冊　　　　　国書刊行会　　　　　　2005-2007　903.3
7. 現代世界文学人名事典　　　　　　　　　　日外アソシエーツ　　　2019
8. 最新海外作家事典　（新訂第4版）　　　　日外アソシエーツ　　　2009　　　　903.3
9. 架空人名辞典　（復刻）全2冊　　　　　　日本図書センター　　　2011　　　　903.3
10. 幻想文学大事典　　　　　　　　　　　　国書刊行会　　　　　　1999　　　　903.3
11. 世界ミステリ作家事典　本格派篇　　　　国書刊行会　　　　　　1998　　　　903.3
　　　『同：ハードボイルド・警察小説・サスペンス篇』(2003)
12. 図説　絵本・挿絵大事典　全3冊　　　　大空社　　　　　　　　2008　　　　019.5
13. 「もの」から読み解く世界児童文学事典　原書房　　　　　　　　2009　　　　909.3
14. 児童の賞事典　　　　　　　　　　　　　日外アソシエーツ　　　2009　　　　909.036
15. 最新文学賞事典　　　　　　　　　　　　日外アソシエーツ　　　1989　　　　910.26
　　　『同 89/93』(1994)、『同 94/98』(1999)　『同 1999-2003』(2004)、『同 2004-2008』(2009)、
　　　『同 2009-2013』(2014)、『同 2014-2008』(2019)
16. 海外文学賞事典　　　　　　　　　　　　日外アソシエーツ　　　2016

【a. 日本】

1. 日本児童文学史事典:トピックス 1945-2015　日外アソシエーツ　2016　909.032
2. **日本児童文学大事典**　全3冊　　　　　　大日本図書　　　　　　1993　　　　909.033
3. 日本文学史跡大辞典　全4冊　　　　　　　遊子館　　　　　　　　2001　　　　910.33
4. 古典文学にみる女性の生き方事典　　　　国書刊行会　　　　　　2008　　　　910.2
5. **古典の事典**　全15冊　　　　　　　　　河出書房新社　　　　　1986-1988　910.2
6. 王朝文学文化歴史大事典　　　　　　　　笠間書院　　　　　　　2011　　　　910.23
7. 近世文学研究事典　（新版）　　　　　　おうふう　　　　　　　2006　　　　910.25
8. ペンネームの由来事典　　　　　　　　　東京堂出版　　　　　　2001　　　　910.26

9. 日本現代小説大事典　（増補縮刷版）	明治書院	2009	910.26
10. 近代戦争文学事典　第1輯-第14輯 全14冊	和泉書院	1992-2020	910.26
11. 図説翻訳文学総合事典　全5冊	大空社	2009	903.3
12. 日本現代小説大事典　（増補縮刷版）	明治書院	2009	910.26
13. 日本プロレタリア文学史年表事典	日外アソシエーツ	2016	910.26
14. 温泉文学事典	和泉書院	2016	910.26
15. 文芸雑誌小説初出総覧　1945-1980	日外アソシエーツ	2005	910.31

『同 1981-2005』(2006)、『同 作品名篇』(2007)、『同 翻訳小説篇 1945-2010』(2011)

16. 現代文学難読作品名辞典	日外アソシエーツ	2012	910.265
17. 宮沢賢治大事典	勉誠出版	2007	910.268
18. 司馬遼太郎事典	勉誠出版	2007	910.268
19. 藤沢周平事典	勉誠出版	2007	910.268
20. 室生犀星事典	鼎書房	2008	910.268
21. 松本清張事典　（増補版）	勉誠出版	2008	910.268
22. 三島由紀夫事典	勉誠出版	2000	
23. 円地文子事典	鼎書房	2011	910.268
24. 有島武郎事典	勉誠出版	2010	910.268
25. 宮澤賢治地学用語辞典	愛智出版	2011	910.268
26. 漱石辞典	翰林書房	2017	910.268
27. 森鷗外事典	新曜社	2020	910.268
28. 江戸川乱歩大事典	勉誠出版	2021	910.268
29. 坂口安吾大事典	勉誠出版	2022	910.268
30. 日本文芸鑑賞事典　全20冊	ぎょうせい	1987-1988	910.26
31. 歴史・時代小説事典	有学出版社	2000	910.26
32. 最新文学賞事典	日外アソシエーツ	1989	910.26

『同 89/93』(1994)、『同 94/98』(1999)、『同 1999-2003＋別冊文学賞事典 賞名・受賞者名・
総索引 明治期～2003』(2004)、『同 2004-2008』(2009)、『同 2009-2013』(2014)、
『同 2014-2018』(2019)

33. 小説の賞事典	日外アソシエーツ	2015	910.26
34. 古典文学作品名よみかた辞典	日外アソシエーツ	2004	910.33
35. 新潮日本文学辞典（増補改訂）	新潮社	1996	910.33
36. **日本古典文学大辞典**　全6冊	岩波書店	1983-1985	910.2
37. **日本近代文学大事典**　全6冊	講談社	1977-1978	910.26
38. **日本現代文学大事典**　全2冊	明治書院	1994	910.26
39. 日本女性文学大事典	日本図書センター	2006	910.33

40. 日本幻想作家事典	国書刊行会	2009	910.33
41. 日本文化文学人物事典	鼎書房	2009	910.33
42. 社会文学事典	冬至書房	2007	910.26
43. ノンフィクション・評論・学芸の賞事典	日外アソシエーツ	2015	910.36
44. 文藝年鑑	新潮社	1949-	910.59
45. 詩歌作者事典	鼎書房	2011	911.033
46. 詩歌・俳句の賞事典	日外アソシエーツ	2015	911.036
47. 和歌大辞典 （3版）	明治書院	1992	911.1033
48. 図説和歌と歌人の歴史事典	遊子館	2010	911.102
49. 日本うたことば表現辞典 全15冊	遊子館	1997-2010	911.1033
50. 典拠検索新名歌辞典	明治書院	2007	911.1031
51. 万葉びとの心と言葉の事典	遊子館	2011	911.124
52. 新編国歌大観 全20冊	角川書店	1983-1992	911.108

　　古今和歌集などの上の歌、下の歌の両方から引ける便利な辞典。原典（例「後撰和歌集巻第13
　　恋五[2]　後撰」）のように表示され、個々の収録歌の頭には連番が付され、歌のあとには作者
　　名がある。有料データベース「ジャパンナレッジ（JapanKnowledge）」でも提供。

53. 逆引き季語辞典 末尾のことばから類語を探す（新訂） 日外アソシエーツ 2021 911.307			
54. 現代俳句大事典 （普及版）	三省堂	2008	911.3033
55. 俳文学大辞典	角川学芸出版	2008	
56. 名句鑑賞辞典	学研	2006	911.36
57. 角川俳句大歳時記 秋・冬・新年・春（新版） 角川学芸出版 2022 911.307			
58. 現代俳句表現活用辞典	東京堂出版	2006	911.307
59. 俳句季語よみかた辞典	日外アソシエーツ	2015	911.307
60. 川柳総合大事典（人物編、用語編）全2冊	雄山閣	2007	911.4
61. 三省堂現代川柳鑑賞事典	三省堂	2004	
62. 三省堂現代女流川柳鑑賞事典	三省堂	2006	
63. 現代詩大事典	三省堂	2008	911.5
64. 日本現代詩辞典	桜楓社	1986	911.5
65. 詩人データバンク 2003年版	竹林館	2003	911.568
66. キーワードで引く古事記・日本書紀事典	東京堂出版	2006	210.3
67. 源氏物語大辞典	角川学芸出版	2011	913.36
68. 戦国軍記事典 天下統一篇	和泉書院	2011	913.43
69. 平家物語大事典	東京書籍	2010	913.43
70. 浮世草子大事典 ： 江戸時代の社会・風俗がわかる 笠間書院 2017 913.52			
71. 歳時の文化事典	八坂書房	2006	382.1

72. 随筆辞典　全5冊　（新装版）	東京堂出版	1979-1985	914.5
73. 日本随筆辞典	東京書籍	1986	914.5
74. 完全版 おくのほそ道探訪事典：『随行日記』で歩く全行程　東京堂出版		2011	915.5
75. 日本漢文学大事典	明治書院	1985	919.033
76. 漢詩名句辞典	大修館書店	1980	921
77. 中国詩跡事典	研文出版	2015	921.033

(b. 外国)

1. 最新海外作家事典(新訂第4版)	日外アソシエーツ	2009	
2. 英米児童文学作品・登場人物事典	松柏社	2012	909.036
3. 20世紀英語文学辞典	研究社	2005	930.27
4. イギリス文学辞典	研究社	2004	
5. 事典・イギリスの橋：英文学の背景としての橋と文化　日外アソシエーツ		2004	
6. 事典・イギリスの民家と庭文化:英文学の背景を知る　日外アソシエーツ		2021	
7. フォークナー事典	松柏社	2008	930.78
8. ジョン・スタインベック事典	雄松堂出版	2009	930.78
9. 世界ミステリ作家事典　全2冊	国書刊行会	1998, 2003	
10. 世界児童文学百科・現代編	原書房	2005	
11. 英米児童文学辞典	研究社	2001	
12. 世界児童青少年文学情報大事典　全16冊	勉誠出版	2000-2004	
13. 研究社シェイクスピア辞典	研究社出版	2000	
14. ヘンリー・ジェイムズ事典	雄松堂出版	2007	930.278
15. ディケンズ鑑賞大事典	南雲堂	2007	930.268
16. アガサ・クリスティ大事典	柊風舎	2010	930.278
17. アメリカ文学必須用語辞典	松柏社	2010	930.29
18. 英米小説原題邦題事典	日外アソシエーツ	1996	930.31
『同 新訂増補版』(2003)、『同 追補版 2003-2013』(2015)			
19. 英語文学事典	ミネルヴァ書房	2007	930.33
20. シェイクスピア百科図鑑：生涯と作品	悠書館	2010	932.5
21. フランス文学小事典　（増補版）	朝日出版社	2020	950.33
22. ロシア文学鑑賞ハンドブック	群像社	2008	980.4
23. 西洋古典学事典	京都大学学術出版会	2010	991.033

X　事実・事項調査に役立つ主要オンラインデータベース一覧

　ここでは、非書誌類（目録、索引類）以外のインターネットのデータベースで利用できる事実・事項調査ツールを紹介する。先に述べた、書誌類のデータベースを合わせ活用願えれば幸いである。なお、こうしたデータベースの入れ替わりが激しいため極力最新情報に努めているが、追いつかない現状がある。適宜差し替えや補いをお願いしたい。

【学術・研究・企業情報】

① 「J-GLOBAL［科学技術総合リンクセンター］」
　　　　　　　（科学技術振興機構［JST→Japan Science and Technology Agency]）
　研究者情報、文献情報、特許情報、研究課題情報、機関情報、科学技術用語情報、化学物質情報、資料情報などの総合的学術情報データベース。なお、かつては、国立情報学研究所刊行『学術用語集』の一部が「オンライン学術用語集」（文部科学省が関連学会の協力を得て制定した各分野の学術用語を基に作成）として、国立情報学研究所により提供されていたが、2016 年から J-GLOBAL に統合された。

② 「アジア歴史資料センター　デジタル・アーカイブ」
　　　　　　　　　　　　　　（国立公文書館アジア歴史資料センター）
　明治期～昭和 20 年までの資料を主として提供。日本とアジア近隣諸国などの歴史に関する資料。国立公文書館、外務省外交史料館、防衛省防衛研究所から提供を受けている電子化資料を順次公開。

③ 「世界の国々」（外務省）
　「地図」または「国・地域」で探す世界各国の情報。基礎データの提供、国際問題などがあればテーマ別に情報掲載。

④ 「国連広報センター 公式ホームページ」（国連広報センター）
　国連の基本情報、国連決議・報告などの国連関連資料。

⑤ 「国会会議録検索システム」（国立国会図書館）
　1947 年～現在までの、衆参両院の全ての本会議、委員会発言議事録。

⑥ 「J-Net21［中小企業ビジネス支援サイト］」（中小機構）
　中小企業の経営情報を入手することができる。特に、「元気印中小企業」項目は、将来性のある中小企業探しの参考になる。就職支援にも役立つ。

⑦ 「特許情報プラットホーム（J-PlatPat）」（工業所有権情報・研修館）
　特許、実用新案の調査専用のデータベース。

⑧ 「JIS 検索」（日本産業標準調査会）
　JIS（日本産業規格）の調査ができる。

【その他、日常生活】

① 「全国郵便番号一覧‐郵便専門ネット」（郵便専門ネット）

　　郵便番号、住所、住所の読みなどの一部から検索。地名、読みを一覧できる。

② 「全国自治体マップ検索」

　　　　　　　　　　（地方自治情報センターまたは地方公共団体情報システム機構）

　　　地方公共団体ホームページへのリンク一覧。日本地図の都道府県名をクリックすると都
　道府県の地図が表示され、地図の中に表示された自治体名をクリックすると自治体のホー
　ムページに入り、各自治体の情報を得ることができる。同じものが地方公共団体情報シス
　テム機構からも提供されている。

③ 「都道府県のすがた」（帝国書院）

　　　全国の都道府県市町村の人口、地形、観光・祭り・伝統工芸、農業、工業の概況がマッ
　プとして表示される。また、市長村をクリックすると自治体のホームページにリンクされ
　ている。

④ 「国・地域別情報」［外務省海外安全ホームページ］（外務省）

　　　海外への渡航・滞在にあたって特に注意が必要な場合に発出される情報。

⑤ 「世界地図・世界の国旗」（Abysse）

　　　世界地図、世界の国旗（図柄）。面積、首都、言語、主要産業、貨幣単位などの基礎情
　報と国旗の意味なども掲載。「キッズ外務省」（外務省）の１メニューに世界の国旗あり。

⑥ 「世界の国旗」（asahi-net）

　　　世界の国旗一覧のみならず、インフォメーションコーナーがあり、最新のサッカーワー
　ルドカップなどの情報も提供。また、世界の大使館・観光局のリンクあり。

⑦ 「地図リンク集」（HIR-NET）

　　　日本地図、世界地図、路線地図、道路地図、古代地図、県地図など各種地図のリンク集。

⑧ 「世界の地図リンク集」（ベクター）

　　　世界地図、各国地図に分け、地図の紹介と解説が付く。日本の地図も含む。

⑨ 「MapFan［マップファン］」（MapFan）

　　　日本全国の詳細地図を住所・駅名・都道府県から検索できるほか、ルート検索、住まい
　一覧検索も可能（例：住所を入力するとその周辺の地図が出る）。

⑩ 「地図マピオン（Mapion）」（マピオン）

　　　国内ナンバーワン地図サイト。住所や駅名から検索。旅行・観光情報・市区町村別の天
　気予報、美術館検索など満載。

⑪ 「古地図コレクション」（国土地理院）

　　　国土地理院が保管する古地図コレクションをホームページ上で公開。カテゴリー別
　に調査できる。

⑫「**人名録　KEY PERSON**」（人文系データベース協議会）

令和5年3月現在、2004.4.28最終更新

政界、官界、財界、法曹界、学界、文学界、評論界、美術音楽界などの著名人から、芸能界、スポーツ界などエンターテインメントで活躍中の有名人を収録した名鑑、人名録、人名辞典。約8,900名採録。一般常識として知っておくと便利な各界で活躍中の人物の簡単なプロフィール（名前、読み、生年月日、職種、現職・経歴など）が見られる。

⑬「**人名録**」（CTK）

視覚障害者のための録音図書を音訳する上で必要となる人名を正確に読むために、新聞・雑誌などからピックアップして掲載したもの。最近の新聞の中から拾い集めた日本人・外国人の姓名・読み・職業が分かる「人名録」。

⑭「**名字見聞録**」（スペクトル）令和5年3月現在、2014.11最終更新

日本国内の珍しい名字、読みにくい名字を集めたもの。1万7,238名を採録。

⑮「**欧羅巴人名録**(ヨーロッパじんめいろく)」（worldsys.org）

個人が収集している外国人の名前データベース。英語・ドイツ語・フランス語・イタリア語・スペイン語・ロシア語・その他の語の名前を、原語とカタカナで収録。名前のカタカナ表記は一例。慣用的に使われるカナ、または主観で発音に近いカナで表記。

⑯「**無料人名人物検索 moogry**」

いくつかのサイトからの検索結果を横断して表示。Yahoo!、Wikipedia、Twitterなどから一気に画像やつぶやきを収集する人物検索サイト。

⑰「**知的財産用語辞典**」（弁理士　古谷栄男他）

特許・商標・著作権など知的財産に関する用語を解説。ビジネスモデル特許などの論文あり。

⑱「**公益法人 information**」（内閣府）

国・都道府県公式の公益法人行政統合情報サイト。このサイトを通して公益法人やNPOなど、国都道府県所管の全ての公益法人・NPOの名称、所管官庁、理事長名、住所などを確認することができる。

⑲「**わがマチ・わがムラ−市町村の姿−**」（農林水産省）

グラフと統計で見る水産業情報。農林水産省の統計データのほか、他省庁の統計データを利用して、都道府県や市町村ごとの農林水産業の状況などについて分かりやすくまとめたもの。メニューには、「市町村別の統計データを見る」「データ検索」「ランキング」「農村地域の姿」がある。

⑳「**インターネット図鑑『自然界』**」（ナレッジリンク）

自然科学データベース『自然界』をオンラインで提供。魚類、哺乳類、爬虫類、両性類が対象。

㉑「バードリサーチ鳴き声図鑑」（バードリサーチ）

　鳥の鳴き声総合図鑑。

㉒「鳴き声ライブラリー」（上田ネイチャーサウンド）

　8種類（山野の野鳥、カエル、コオロギ、哺乳動物、水辺の野鳥、セミ、キリギリス・バッタ、音風景）からの声を聞くことができる。

㉓「ハイパー植物図鑑-Hoshi Lab」（星研究室）

　大阪花の博覧会で参考出品されたマルチメディアによる未来の植物図鑑をオンライン上に実験的に移植したもの。日本でよく見られる500種類の園芸植物が和名・科名・学名・植物の持つイメージ・特性からの検索が可能。

㉔「Music Forest（音楽の森）」（ジャパンミュージックデータ［MINC］）　［会員登録者無料］

　音楽情報に関連する各団体のデータベースを統合。約524万曲の作品、約49万件のアルバムとそれに関連する情報を提供。

㉕「J-WID［ジェイ・ウィッド］作品データベース検索サービス」（日本音楽著作権協会：JASRAC）

　著作者などの関係権利者からの届出や、海外の音楽著作権管理団体からの資料、利用実績などに基づいて作成された作品データから成る。

㉖「コトバンク」（DIGITALIO、C-POT）

　朝日新聞、朝日新聞出版、講談社、小学館などの辞書から、用語を横断検索できるサービス。百科事典から、人名辞典、国語・英和・和英辞典、現代用語辞典や専門用語集といった内容まで幅広く網羅。様々な分野の専門用語集など、99辞書から収録。

㉗「goo辞書」（NTTレゾナント）

　小学館、三省堂などが提供する国語辞典、英和辞典、和英辞典、類語辞典、中国語辞典、百科事典などを収録。

㉘「Weblio」（GRASグループ）

　565の専門辞書や国語辞典、百科事典から一度に検索する辞書サイト。特に、英和・和英、日中・中日、日韓・韓日、インドネシア、タイ、ベトナム語の辞典など、日本最大級のオンライン言語辞書サービス。

㉙「略語検索」（データベース「世界と日本」他）

　データベース「世界と日本」（代表：田中明彦）、政策研究大学院大学・東京大学東洋文化研究所が提供する略語検索ページ。

［付］【調査に関する演習問題】

1）書誌に関する演習問題

1. 2011年に渡部昇一著『アメリカが畏怖した日本 ： 真実の日米関係史』（PHP研究所）という本が出ているが、どんな内容か知りたい。

2. 2000年の春頃、地上と霊界の純愛物語を描いたイギリスの名著『スピリットランド』が初めて邦訳されたが、出版者（社）と価格を知りたい。なお、2000～2005年中に国内刊行された市販図書の類書にはどのようなものがあるか知りたい。

3. 山本茂実が書いた諏訪の製紙女工史「野麦峠」を購入したいが、現在入手できるか。

4. 1980年代からのビールに関する本をより網羅的に調べたい。

5. 1985年以降の長野県「小布施」に関する本にはどのようなものが出ているか。

6. 1975年以降の潜在意識に関する雑誌論文をできるだけ多く収集したい。なお、記事の全文が電子体で無料入手できるものはないか。

7. **1980年以降の資生堂の経営戦略に関する雑誌記事をできるだけ多く収集したい。**

8. 今東光が雑誌『プレイボーイ』に「（極道辻説法）芥川龍之介の人物評」を掲載していたが、発行年月を知りたい。

9. コンピューター技術を活用した「会社のシステム化」に関する、ここ5年間位の雑誌論文記事と、その記事の内容が簡単に紹介されているものはないか。

10. "21世紀には、タバコの影響によって肺ガンの死亡率が世界一になる"という、平山予防ガン学研究所の発表をかなり前の『読売新聞』で読んだことがあるが、再度見たい。

11. かなり前になるが、沖縄の八重山列島サンゴ落書き事件が朝日カメラマンの自作自演であったという捏造記事を入手したい。

12. 幕府の高札を改廃し明治政府が出した「五傍の掲示」の全文を知りたい。

13. 勝海舟と西郷隆盛の江戸開城談判の新聞記事全文を見たい。

14. 大正期の「味の素」の広告を見たいが、何を調べればよいか。

15. 雑誌『国本』（国本社）の創刊号を見たい。どこの大学図書館に所蔵されているか。

16. 文芸評論家の磯貝勝太郎氏が「司馬史観と現代」について何かの雑誌に掲載しているはずだが、その雑誌名が分からない。また、所蔵図書館も知りたい。

17. 『伊達日記』3巻『政宗記』12巻の著者と所蔵図書館を知りたい。

18. 環境問題に関する参考図書（レファレンスブック）はあるか。なお、解題を合わせて見たい。

19. 江戸時代に発禁になった文献目録はないか。

20. 『赤穂義士随筆』を見たい。何かの叢書の一部に含まれていないか。

21. 昭和初期の『現代日本文学全集』という本のタイトル一覧を見たい。

22. 『大國魂神社略記』の簡単な内容と著者名を知りたい。

23. 『資治通鑑』の正式な読みと作者名および内容の概略を知りたい。

24. 『祖介亭雑文』という本の著者および簡単な内容を知りたい。

25. 雑誌『歴史研究』（新人物往来社刊）昭和62年の号に、新撰組の亡霊記事が出ていると聞いた。その号をできれば入手したいので、連絡先と電話番号を知りたい。

26. 図書館に関する英語の外国雑誌にはどのようなものがあるか、その誌名、発行所、年間予約価格が出ているものはないか。

27. 政府から出されていた『年次経済報告』平成12年版を見たいが、国立国会図書館に所蔵されているか。

28. 乗用車の国内生産量を調べたいが、どのような統計資料に出ているかが分からない。索引のようなものはないか。

29. マレーシアの華僑に関する雑誌論文と図書をできるだけ多く収集したい。

30. 平成17年の「船橋市で起きた市立図書館女性司書歴史教科書無断廃棄事件の最高裁判決」全文を見たい。また、その判例評釈および関連した雑誌記事も収集したい。

31. 『ハリー・ポッター』について論じられた雑誌論文を探している。

32. 宮武外骨の正式な読みと伝記文献をできるだけ多く収集したい。

33. 漫画家「はらたいら」の幼年時代のことを書いた「ぼくはいつもお山の大将」は何の雑誌の何月号に出ているか。昭和50年代後半頃と聞いたが……。

34. 詩人、大岡信の著作にはどのようなものがあるか。できるだけ多く知りたい。

35. ダンテの『神曲』の「地獄篇」にある「自殺者の森」を読みたいが、どんな和訳本があるか知りたい。

２）書誌以外（事項調査）の演習問題

36. 「うだつがあがらない」という言葉の語源を知りたい。

37. 「宣」という字は、人名に用いた場合どのような呼び方があるのか。

38. 「朝に道を聞かば、夕べに死すとも可なり」は、誰の言葉か。その意味も知りたい。

39. 「チャネリング」という言葉の意味を知りたい。

40. 居酒屋へ行ったら「あたりめ」というメニューがあったが、何のことか知りたい。

41. 大森貝塚を発見した「モース」の略伝を知りたい。

42. ダライ・ラマ14世の略伝と現在の居住地を知りたい。

43. わが国最初の公開図書館「芸亭」を設けた人といわれる石上宅嗣の略伝を知りたい。

44. 音楽評論家「属啓成」の正式な読みを知りたい。

45. 「ハイエク」の略伝を知りたいが、最も記述が詳しい人名辞典は何か。

46. 「達磨」という人の略伝と肖像を見たい。

47. ドストエフスキーの日本語表現には数種類あると聞いたが、それらを知りたい。

48. 全国の公共図書館長名と図書館所在地を知りたい。

49. 現在の文部科学省生涯学習推進課長の名前を知りたい。

50. 故・瀬島龍三氏の経歴および家族構成を知りたい。

51. 東京芸術大学名誉教授の大岡信氏の詳しい経歴と家族構成を知りたい。

52. 神奈川県厚木市にある「毛利台」の地名の由来を知りたい。

53. 鎌倉にあったといわれる「太平寺」の跡について、概略が書かれたものはないか。

54. 東京多摩地区の丘陵の種類とその特徴、高度分布図が出ているものはないか。

55. 台湾の地形を調べているが、地形図と写真の出ているものはないか。

56. 江戸時代に起きた「開国論」について、できるだけ詳しく述べた辞典はないか。

57. 「庄屋」と「庄屋格」の違いを知りたい。

58. 全国の主要貝塚の分布図を見たい。

59. 宝暦年間に現・東京青梅市に一揆が発生したが、正確な発生年と理由を知りたい。

60. 日本図書館協会が行ってきた図書の選定は、いつから開始されたか。

61. 大学図書館のレファレンス件数が出ている統計資料はないか。

62. 最近の自動車の生産高を主要国別に比較したい。

63. 平成27年度の学生数を国・公・私立別に知りたい。

64. ニューヨーク、ワシントン、サンフランスシスコの月別平均気温を知りたい。

65. 自動車に関する資料を多く持っている専門図書館を利用したいが、何を調べればよいか。また、利用の仕方も知りたい。

66. 現在の「図書館法」全文を見たい。

67. 野草で「オオイヌノフグリ」というものがあるが、これは正式な学名か。

68. 「世の中にたえて桜のなかりせば……」で始まる歌の全文を知りたい。また、何の物語にある歌か。

69. 宮沢賢治の『銀河鉄道の夜』のあらすじ・論評・参考文献を同時に紹介したものはないか。

70. 正岡子規の伝記の概要と、直筆の句短冊事例が出ているものはないか。

71. 大佛次郎著の『角兵衛獅子（かくべいじし）』を解題したものが欲しい。なお、その作品の口絵も見たい。

72. 小泉八雲とはどのような経歴の持ち主なのか、また代表的な作品とその解説が出ているものはないか。

73. 司馬遼太郎に大変興味を持ったので、彼の経歴と作品にはどのようなものがあるか知りたい。また、どんな文学関係の賞をとったか。

74. 『十王経』という仏典によれば、「閻魔大王は地蔵菩薩の化身」とあると聞いたが、本当かどうか確認したい。

75. 『レ・ミゼラブル』の著者ユゴー（ビクトル・ユゴー）は、画家でもあったらしいが、彼の作品が1点でも紹介されている事典はないか。

76. 日比谷公園の「日比谷」の語源と、昔の姿が紹介されているものはないか。

77. 会津藩の「白虎隊」と「幼少隊」、「婦女隊」の隊員数を知りたい。

78. 「常平通宝」というのは、どこの国のもので、いつ頃のものか。

79. 「托鉢教団」とは、どのような教団か。

207

英字索引

211

見ると勉強したくなる…
　勉強すると実践したくなる…
　　そして、実践すると…
利用者が喜ぶ図書館ができる！

国内唯一！

図書館司書が
　現場で求められる
　　スキル・知識をぐんと伸ばす
オンライン動画サイト…

司書トレ 登場!!

司書トレにアップされた動画は
レクチャーではありません。
何を読んで何を見て
どうやったらスキル・知識が身につくか
司書の諸先輩が教えてくれる
動画パス・ファインダーです。

あまり参加の機会がない司書向け研修。
1回話を聞くだけではなかなか自分も職場も
変わらない。

だから司書トレ

司書トレなら
「いつでも」「どこでも」
「何度でも」「PCでもスマホでも」
「どのテーマからでも」

1.動画で学び方がわかる
2.自分のペースで学べる
3.実践できる
4.振り返ってみてまた学べる

完璧な学びのサイクルが
すぐできあがる

「司書トレ」スキル・カテゴリー図　抜粋

司書に必要な**スキル・知識**のカテゴリーは合計**70以上**
今すぐ右の**QR**コードからスマホでカテゴリー図の全体を見てください。

図書館司書ための 動画パス・ファインダー 司書トレ	1テーマ1動画 約30分¥980（税込） **有名講師多数**	第1期15テーマ 大好評発売中!! **続々新作発売予定**

https://study.shisho.online/

販売元：株式会社DBジャパン

著者紹介：毛利和弘（もうり　かずひろ）

昭和 20 年 7 月 23 日愛媛県八幡浜市に生まれる。八幡浜高等学校(定時制商業科)卒業。昭和 44 年 3 月亜細亜大学商学部卒業。その後亜細亜大学職員として奉職。亜細亜大学図書館参考係・課長等を経て平成 22 年 3 月退職(奉職 40 年 1 ヵ月)。途中から大学職員兼大学教員(図書館学)の道を長く歩く。

経歴：元、日本図書館協会評議員・調査委員会委員長・利用教育委員会委員長・常務理事・短大高専部会部会長・図書館評価委員会委員、東京都図書館協会理事、大正大学・聖徳大学・明星大学・別府大学図書館司書講習講師、亜細亜大学・大東文化大学図書館学課程非常勤講師。武蔵野市図書館運営委員(12 年間)。

現在：近畿大学非常勤講師、日本図書館協会短大高専部会幹事(ワークショップ担当)、私立短期大学図書館協議会名誉会長。

研究：レファレンス業務、利用教育、文献調査法に関する研究と図書館経営論に多数の関係論文等がある。日本図書館協会監修ビデオシリーズ「図書館の達人」編集に参加。サブジェクトライブラリアンとしての研究主題は「心霊科学」(50 数年研究)。論文「霊魂は実在する」(『歴史読本 臨時増刊号 1982.9 月号 第 27 巻 13 号』同タイトルにて修正版を(『別冊歴史読本 世界の謎シリーズ③』平成 4 年 12 月号、第 17 巻 29 号)に発表。

趣味：写真、旅行、史跡・神社・仏閣巡り　　**血液型**：O 型

文献調査法
－調査・レポート・論文作成必携－(情報リテラシー読本) 第 10 版

2023 年 6 月 10 日　第 10 版第 1 刷発行
　　著者　　毛利和弘
　　発行者　道家佳織
　　編集・発行：株式会社 DB ジャパン
　　〒151-0073　東京都渋谷区笹塚 1-52-6　千葉ビル 1001
　　電話 03-6304-2431　　ファクス 03-6369-3686
　　e-mail　books@db-japan.co.jp
　　印刷　大日本法令印刷株式会社

　　著者自宅 〒197-0831　東京都あきる野市下代継 122-35
　　著者電話　042-507-4000　著者 e-mail　mouri@asia-u.ac.jp
　不許複製・禁無断転載 ＜落丁・乱丁本はお取り換えいたします＞
　ISBN 978-4-86140-366-8